零基础学习 第2版

吴式方架太极拳

吴维叔 著

北京时代华文书局

图书在版编目（CIP）数据

零基础学习吴式方架太极拳 / 吴维叔著. -- 2版 -- 北京 : 北京时代华文书局, 2020.1
ISBN 978-7-5699-3285-0

Ⅰ. ①零… Ⅱ. ①吴… Ⅲ. ①吴式太极拳－基本知识 Ⅳ. ①G852.11

中国版本图书馆CIP数据核字（2019）第257438号

零基础学习吴式方架太极拳（第2版）

LING JICHU XUEXI WUSHI FANGJIA TAIJIQUAN (DI ER BAN)

著　　者 | 吴维叔

出 版 人 | 陈　涛
选题策划 | 陈丽杰
责任编辑 | 陈丽杰　汪亚云
封面设计 | 程　慧
内文排版 | 段文辉
摄影摄像 | 陈菊仙
电脑编辑 | 吴青萍
视频剪辑 | 龙为光
演示讲解 | 吴维叔　徐有根
责任印制 | 刘　银　范玉洁

出版发行 | 北京时代华文书局 http://www.bjsdsj.com.cn
北京市东城区安定门外大街138号皇城国际大厦A座8楼
邮编：100011　电话：010－64267955　64267677
印　　刷 | 固安县京平诚乾印刷有限公司　电话：0316-6170166
（如发现印装质量问题，请与印刷厂联系调换）
开　　本 | 787mm×1092mm　1/16　印　　张 | 22.25　字　　数 | 320千字
版　　次 | 2020年3月第1版　印　　次 | 2020年3月第1次印刷
书　　号 | ISBN 978-7-5699-3285-0
定　　价 | 69.00元

◀作者与毛延林老师在西湖边合影

◀作者与毛延林老师一同研究拳术

▶毛延林老师演示吴式方架太极拳的马步单鞭——正面（右上）、背面（右下）

▼作者带领学生练习吴式方架太极拳

自序

1951年，也就是7岁时，我跟父亲学习杨式太极拳剑从而喜欢上了武术，此后又拜过数位名师学习太极、少林、形意、八卦诸拳。1971年开始，我有幸跟气功师、骨伤科医生毛延林学习吴式方架太极拳，深感此拳之优越。学练后我加深了对太极拳的领悟，同时也提高了我其他拳术的水平。我深感吴式方架太极拳容易得气，对慢性病有较快较好之疗效。

毛延林老师年轻时在上海跟吴鉴泉的长子吴公仪在上海的学生丁金山和丁德山学艺7年得到真传。他说吴式方架是吴公仪在原吴式圆架的基础上修润而创的。由于其特有的优点而被视为珍宝，因而武术界有“门内传方架”之说。吴式方架太极拳过去主要是在上海这个地域流传，再说吴公仪后来又去了澳门定居，所以总体说来练方架的人较少，大多数练太极拳的人很少知道吴式太极拳中还有方架，因此吴式方架太极拳在社会上流传不广。我认为只要人们能有接触方架的机会，在慢慢的认真深入的修炼中一定会被其特有的优越性所吸引，并为之去练习，去享受，去传播。

吴式方架太极拳动作舒缓，轻灵自然，连绵不断，小巧灵活，注重柔化，其动作好像楷书，一笔一画分得清清楚楚、方方正正。吴式方架太极拳的大多数动作圈走得小，但少数动作如“玉女穿梭”圈走得大，腰胯的转幅也大。它虽为小架子，但具有大架子的功底。吴式方架太极拳，动作分得细，它把复杂的动作细分为简单易学的分动作（像写字的一笔一画），使学练者易学易练。它以太极起势作为基本功的站桩配合练习套路，容易较快激发内气，使练习者得气后在自动调控的整体劲推动下做出一个又一个的套路动作，完全不需要自己人为刻意去用力做动作。

本书对吴式方架太极拳拳架动作的说明，通过文字、照片、动作演练光盘这三个部分来互相补充，互相弥补不足，使广大读者能较快、较好、较易地学会这套拳，使吴式方架太极拳发扬光大。让我和读者们来共同分享练习吴式方架太极拳带来的乐趣和好处。由于本人水平有限，定有许多不妥之处，望广大读者指正。

吴维叔

2014年7月于杭州

目 录

第三章　吴式方架太极拳套路

第一段

第二段

第三段

第一章

>>> 综合简介

一、吴式方架太极拳的源流与特点

100多年前，杨式太极拳的祖师杨露禅（1799—1872）在北京旗营任教。满族人全佑（1834—1902）在旗营任见习军官，同时跟杨学艺。全佑把杨露禅的杨式大架和杨的次子杨班侯（1837—1892）的杨式小架融于一体，自创太极功架。全佑的儿子吴鉴泉（1870—1942）把父亲所创之功架加以改进修润和充实后自成为一个流派，即吴式太极拳圆架，由于当时吴式方架太极拳还未产生，所以人们称其为吴式太极拳。吴式太极拳拳架紧凑，轻松自然，小巧灵活，连绵不断，以柔化著称，架子虽小但仍舒展大方，动作饱满，小架子却为大架子功底，步型多“川字步”，身型要求“立身中正”和“斜中寓正”。

吴鉴泉的长子吴公仪（1897—1968）把吴式太极拳圆架修润为吴式方架太极拳。吴式方架除了有吴式圆架的特点外，还具有其他流派太极拳的走圆弧螺旋、粘身发劲的共同特点。任何流派的太极拳中都存在着圆和方，而且是圆中有方、方中有圆，方和圆同时存在，如果失去一方，另一方就不存在了。那么吴式方架太极拳为什么称其为“方架”呢？我认为由于它的许多动作身体转幅小，掌臂的运动弧线走得小，有些动作强调取中走直，如“揽雀尾”“右虚步合臂（提手上势）”“搬拦捶”等，当然也有如“玉女穿梭”“云手”等身体转幅大，掌臂运动弧线大的。但从其整体外形看，吴式方架太极拳给人的印象是其拳架如同书法中的楷书，一笔一画清清楚楚，方方正正，动作分得细，更加便于学习练习，它不能像练圆架一样把动作打浑，要把做方架动作看作是写正楷字，它不是草书，要等第一笔（大动作中的某一个分动作）写好了到位了，再写第二笔，以符合自动调控，使动作节拍和内气运行相合。

吴式方架的有些动作与动作之间从套路运行中的外形看似乎略有停顿，其实这时暗意念没有停，它在为下一个动作蓄力。这样就有利于势能和动能、阴和阳的互相转换，有利于内气运转和自动调控。如果有时单纯去追求外在所谓连绵不断的运动，这时却造成了暗意念的中断，形成套路运动的内部断劲，反而不利于势能和动能、阴和阳的互相转换，不利于内气运转和自动调控。

吴式方架太极拳套路内在结构严谨，一环紧扣一环而势势相承。其套路动作（或者分动作）若抽掉一个就会感觉到不行，会使动作运行不顺而影响内气运转和自动调控。这正说明了它的内在结构严谨，环环相扣，像用砖头砌成的砖墙一样，使其间不能随便抽掉一块，若抽掉一块产生空隙，这里就会断劲。所以练习者必须认认真真、老老实实地一个分动作接一个分动作地练下去。

吴式方架太极拳拳架大小适中。一般讲，太极拳中的大架子易筋骨，小架子易静、气。而吴式方架太极拳相比较为中架子，使肢体圆周适中，故其既有益于易筋骨也有益于静、气。

吴公仪在上海将吴式方架太极拳传授给了丁金山、丁德山两兄弟。而后，吴公仪定居澳门，并教出了许多国内外学生。我的吴式方架太极拳老师毛延林在上海跟两位丁师学吴式方架7年得到真传。听毛延林老师说，两位丁师太极推手的功夫很好，年轻小伙子的身体只要被他们的手搭住就会像被粘住一样，如果这时谁想要脱离即使身体稍一动也会跌得老远。目前在上海体育馆和文化宫及公园等场所仍有练习吴式方架太极拳的人。他们所练的和我练的这套一样，是吴公仪原先定型的100式。近期在公园晨练时还见到过新加坡来杭州的几位旅游者也在公园练吴式方架，但其套路编排和部分动作有所改动。和其他流派的太极拳相比，练吴式方架太极拳的人较少，为防止这么好的拳失传，今以自己微薄之力，依靠广大读者、武术同仁合起来的大力，把吴式方架太极拳发扬光大。

二、吴公仪简介

吴式太极拳宗师吴鉴泉（1870—1942）有两子一女。长子吴公仪（1897—1968），次子吴公藻（1900—1985），三女吴英华（1907—1996）。1919年，吴公仪任山东省省长屈映光的武术总教练，1924年任张宗昌的搏击队总教官，之后又任上海精武体育会教习。后又受蒋介石聘请，任黄埔军校学生部及高级班太极拳教官。之后又任广州中山大学体育系讲师。当时许多社会名流拜其门下学习吴式太极拳。1928年，吴鉴泉受当时上海市政府、上海精武体育会、上海中法大学、国术馆和诸多社会名流的邀请，举家从北京南下到上海传授太极拳，并于1932年成立了“鉴泉太极拳社”。拳社由吴鉴泉任社长，其女婿马岳梁（1901—1998）任副社长。由于学者众多，每天不得不开设早晨、下午和晚上三班。1935年后，吴公仪和吴公藻在广州、香港、澳门等地先后成立了“鉴泉太极拳社”，之后还积极向海外推广，使影响更加扩大，并先后在马来西亚的槟城、新加坡、菲律宾的马尼拉等处成立分社，成为太极拳向海外推广的先驱之一。至今，吴式太极拳在海外影响仍旧深远，在欧洲及美国、加拿大等地均有“鉴泉太极拳社”，学练者众多。1942年吴鉴泉去世后，由吴公仪任“鉴泉太极拳社”社长，吴公藻和吴英华与马岳梁任副社长。我听毛延林老师说吴公仪从1952年开始定居澳门并传授吴式太极拳。

吴公仪功夫精湛，一生中与人较技、打擂无数，在这里介绍他无数次打擂中之一事。毛延林老师说1956年在澳门举行的世界拳王比赛中，一位欧洲拳王力大无穷，个子有1.9米高，许多中国好手败于他手下。吴公仪想去参赛，他儿子劝吴不要去，但吴公仪一定要去。到了赛区，吴公仪报了名上台参赛。拳王鄙视他个子矮小劝吴弃权，吴公仪毫不畏惧一定要比。拳王没办法只好与吴比。比赛铃铛一响，拳王开始用连击拳向吴进攻，拳势又快又猛。这时吴公仪一面退，一面不停地绕圈避让拳王。后来，吴公仪看准拳王一个空隙，突然来了个转身指裆捶直指拳王裆腹部位，这时拳王本能反应来了个急收腹想避开吴公仪之拳，但却把上半身胸腹部向前扑出暴露给了吴，吴公仪趁机把指裆捶变成向上的勾拳，拳王躲闪不及被重重挨了一拳，胸腹处内衣也被打破了并受伤倒地，裁判数到10拳王趴在地上还起不来。这次获胜和吴公仪的功力强，招式练得好、用得好有关。在吴式方架太极拳中，我们可以看到动作84的“搂膝指裆捶”到位后，原冲向前下方的右拳向上挑起成勾拳，然后接“进步揽雀尾”动作，作为套路动作也连接得很流畅，攻防突出。吴公仪一生及其后人为把吴式太极拳推向海内外进行了不懈的努力，做出了重大的贡献。

三、毛延林老师简介

毛延林老师祖籍浙江绍兴，1935年出生于浙江杭州。他14岁在杭州跟行医的外婆、舅舅学习骨伤科。1951年，17岁的他改行去上海仪表电镀厂当学徒工，因工作需要在上海定居了35年。由于他当时休假和加班调休多，所以在杭州的日子也较多。19岁时，他在上海外滩和一群小青年搞叠罗汉游戏，因他体力最好，所以被安排站在最下面去承受上面叠站着的好几个人的重量。由于罗汉叠得太高，使得游戏结束后上面几个人长时间爬不下来，站在最下面的他由于腰力不支而使身体向前扑出，造成两腰韧带断裂，腰椎骨折，人几乎成残废，走路时需两手托着腰，上半身向前扑着几乎与下半身成90°。那时他在厂里当锅炉烧炉工，他把腰背靠向锅炉的炉口用火烘烤，烤后叫其他学徒工用脚用力踩踏腰椎处想把身体直起来，但无用。他服了当时权威医师6个月的中药无效。尔后他向厂里请假回杭州，经外婆一个月的推拿、按摩，人渐能直立行走，再加舅舅的祖传中医伤药好，也促使其恢复较快。之后，毛延林老师向佘洪亮学混元杨式太极拳，经3个月的学练，腰椎开始复位，这年他21岁（1955年）。他这时把3年前叠罗汉时腰椎受伤的X光片给医生看，医生说受这种伤的这个人一定瘫痪在床上了。哪知他通过医、练恢复了，真是个奇迹。他在24岁（1958年）时，向沈少甫学心意六合拳

（十大形）和疾飞矮步子；25岁（1959年）时，向云游和尚杨继岳学罗汉气功。1963年，29岁的他在上海外滩跟吴公仪在上海的学生丁金山、丁德山两兄弟学习吴式方架太极拳7年，得到真传。

1958年，24岁的毛延林老师开始用业余时间给别人推拿治病和用气功点穴，效果很好。常见伤病经他手触便能知道哪一部位有疾患、病因及不治之预后情况。1970年，36岁的他开始研究中草药，研制的配方对各种炎症有一定疗效。但也在这一年，毛师母不幸去世。家中三个儿子，长子12岁，次子10岁，三子6岁，毛师用一根扁担，两只箩筐把三个孩子挑到浙江绍兴外婆家寄养，当时处境十分凄凉。后来三个儿子长大在上海很有出息，不断来信叫毛师回上海养老，但他一定要自己在外面打天下。

毛延林老师生活清苦，练功刻苦。壮年失妻，夜半孤寂时他就起床继续练功，直到筋疲力尽睡觉。每次厂里做夜班后下班时已是半夜二三点钟，他以太极起势的站桩松下去使脑子静下来站两个小时代替睡觉，第二天白天在家照样干家务，修自行车。他说他以这种站桩得到了充分休息，真正做到大脑皮层高度抑制，不影响健康。这种睡觉方式，我希望广大读者不要去模仿，因为这需要很深的修炼程度，这种高度入静一般人难办到。在这里只不过介绍一下毛师的特异，常人中的个例，我也不去学这种睡觉方式，切记！切记！大家还是平常练习时以松、静做好太极起势和练好整个套路，使得练拳后睡眠质量好起来。

毛延林老师练心意六合拳中的疾飞矮步子也刻苦用心。在上海时他从家出发到外滩去练拳也有十几里路，用矮步子走约一个半小时。他在杭州居住时，家住建国中路，到吴山上练拳也有近十里路。冬天一早，只见他赤膊短裤，背着一只放着衣物的吊桶包，以疾飞矮步子直奔吴山上，宛如戏剧舞台上《水浒传》中的武大郎。

毛延林老师说他冬天赤膊练功虽然属于罗汉气功，但身上气块随着意识指挥的路线移动，是在练太极拳时出现的。这是过去他在平心静气练太极拳时突然有一次身上出现了鸡蛋大小的气块，然后就能随意识指挥而移动。这种现象如一味追求要它出现，是不会出现的，因为这样思想就不安静了，就和太极拳的松、静相违背，反而有害。

1985年，在上海工作了35年的毛延林老师主动辞职，不惜丢掉厂里35年工龄回杭州定居并开私人骨伤科诊所。1988年，他在深圳利用点穴、推拿和自己研制的中草药治好了某领导经多方医治无效的20余年的风湿性关节炎。后来他研制了一种药，这药效果极好，使许多疑难杂症经它治疗后见效。毛老师的行医习武事迹曾被登入《中华名医大典》。近几年，他受聘到周围区县医疗机构协助发展骨伤科。但无论到那里，每天早晨都能看到他锻炼的身影。毛延林老师真可算作是武林奇人。

四、我的武术人生

一、多病的童年

我1944年生于浙江临海，祖籍浙江东阳。父母于20世纪30年代开始就一直在杭州居住。5岁时我患了麻疹，因在医治过程中没有避风调养，得了肺门淋巴结肿胀。当时体力极差，经常在短途行走后就会发高烧。那时用效果较好、价格昂贵的针剂链霉素，打得屁股上密密麻麻的都是针孔。为此，母亲把家里值钱的东西都拿去卖掉给我治病，可疗效仍不显著，于是病就这么拖着。望着我骨瘦如柴的身体，父母都说这孩子养不大了，还给我拍了遗照。当时我念小学一年级，由于身体不好而休学一年。医生说要卧床休息，毕竟整天躺在床上是件耐不住兴致的事。我家住二楼，窗外是另一层瓦房的屋顶。我在床上躺得耐不住了就爬出窗外到瓦房屋顶上玩，数数瓦片。有一次我又这样偷着玩，刚进屋的父亲找不着我吓了一跳，大喊着我的名字。我在屋顶上回应他，他大吃一惊，说上屋顶好危险。

父亲看我仅靠吃药治病效果不好，就让我跟他学杨式太极拳试试看。父亲年轻时在山东济南的财经学院就读，当时杨澄甫在学院里教太极拳，所以他有幸从杨师处学得杨式太极拳、剑。我先跟父亲在家里学，因没有武术基础和特殊爱好，所以觉得很难。那时目的仅为治病，我就静着心一遍遍做动作，渐渐有了较好的模仿性。几个月后我的体力、胃口渐渐好起来了，父亲就带我到六公园去练。以前我从家跑到六公园虽然只有3分钟路程，但被风一吹就要发烧。自从练了一段时间太极拳之后一天要去好几个来回，再加练拳，也不感到累，而且也不发烧了。记得当时我学“玉女穿梭”这个动作觉得很难，走四个斜角，掌还要在头前绕转一下，好长时间学不好。后经我父亲反复耐心讲解和示范，我终于掌握了。有一次我在公园练拳，一辆军车从远处开来，上面站着的解放军战士见我动作利落熟练，都为我鼓掌，因此我深受鼓舞。随着身体好转，我还学了杨式太极剑，不久我重返校园。

二、初入武林

练习了杨式太极拳、剑后，随着身体、体力好转，我对武术更加有了兴趣。我经常到书店翻阅武术书籍，还买了《一路华拳》《四路查拳》等书边学边比画。父亲还特意买了一本吴图南著的《太极拳体用全书》叫我好好看看。我想光靠看书学拳是很吃力的，能有老师指教更好。于是在1958年，我进入杭州东风少体学校武术班学习，由该校武术班当时唯一一名在册的教师奚诚甫老师传教。奚师那年年近70岁，1.85米的个子，人很魁梧。奚师是浙江天台人，年轻时在浙江宁波天童寺跟玉高法师和天台国清寺的方丈学艺10年，1928年南京国考中打过擂台，在杨式太极拳上是杨澄甫的入室弟子，精太极、少林、形意、八卦。他是1929年浙江省国术馆的筹建人之一，同时也是教师。在抗日战争时，他著书《脉蚕》，书中内容讲诊脉治病和点穴解穴，轰动中外医学界。奚师实力千斤，能把120斤重的春秋大刀舞得像车轮一样；善使飞镖，能口吐梅花针。奚师两眼炯炯有神，手臂特长，指粗掌大，见他练八卦掌美极了，真像一只凤凰。可惜当时那个年代没有摄像机，连拍张照片也是不容易的事，所以无法记录下这动人的一幕幕。

东风少体武术班开班时间是每天晚上，刚开班时操场上有500余名学生，学的是属于基础拳的练步拳。后来我知道练步拳有两种，一种是中央国术馆的，另一种是精武门的。奚师教的是精武门的。两种练步拳整套动作大同小异。比如第一个起势动作，中央国术馆称作“怀抱双掌”：两掌心相对，左掌在上对华盖穴，右掌在下对丹田，两掌抱于胸前上下平行；精武门则称为“太极势”：左掌在上立掌置胸前，右掌在下（掌尖向下）搁于裆前。因为练拳辛苦，再加当时大炼钢铁的运动又在进行，到了第二年许多学生放弃学武，只剩下二十余人坚持着。当时由于我们初中学生可以较少参加大炼钢铁运动，我很幸运的可以有更多的时间苦练武术。在东风少体校3年间我还学了十路弹腿、杨式太极拳剑、罗汉拳、杨家选、双刀、盘龙棍、形意、八卦等。

由于周六下午和周日都放假，我又可以利用这些时间到奚师家去把所学的拳术再请奚师点拨一下。奚师住上仓桥（当时叫江城路，城站火车站和南星桥之间），房子是沿街两层砖木结构瓦房，外墙为木板，上写“奚诚甫推拿诊所”“精传国术——太极、少林”。房屋为上下两层，下层主要为诊所，内置一方桌、两椅子，旁边靠墙放着一排排由低到高的储存着各种中草药的抽屉架。抽屉架下放着切中草药的器具。诊所内有一又窄又陡的小木梯连通二楼卧室。卧室内的床边上竖着一把刻有“绍兴国术馆”字样的柄尾有环的短柄大砍刀。此刀刀背很厚很重，像是练功用的。床边还立着一支很重的长枪，还有一对像是练习、表演用的有弹性的双刀。总体感觉房子不大，较挤。

练拳要穿过马路到对面经小巷到一拐角处的空地，奚师在那里帮我点拨动作。有一次我学了一套盘龙棍，该棍只有6个简单、朴实无华的动作，分别在东、南、西、北四个方位重复练习，形成全套24式，是实用棍法。它展示了劈、绞、挂、拨、压等几个基本棍法。奚师讲了该棍民间流传的出处——为北宋开国皇帝赵匡胤当年征战沙场时用的。传说赵用的是一铜棍，把一大蛇的皮内灌漆盘在棍子上，故称盘龙棍。然后他将棍横搁于庙内香桌的架子上。当香客们来朝拜时，其精神和念力都集中到棍中，于是该棍作战威力巨大，碰擦到敌方时不死即伤。盘龙棍学会易，练好难。其动作形式简单，内容（攻防应变）复杂。尽管当时物质条件艰苦，奚师还经常在我学习完毕后花一角钱在路边买6颗枇杷奖励我。

我家到奚师家有10余里路，要换两班公交车。为节省一点如今看来极不起眼的公交车费，同时又可以看到火车（我从小就喜欢火车），所以每逢周末，我都从家步行到铁路边再顺铁路朝奚师家的方向走，一路欣赏着来来往往的列车。这样既锻炼了身体，又看到了火车解了眼馋，还省了车钱。奚师经常和我谈起天台国清寺和宁波天童寺内僧人刻苦练武的情况；还有我所学的罗汉拳、杨家选、形意、八卦等有关的历史、故事、传说。他还从太极拳之粘，太极枪、剑之粘，又谈到棍之粘；谈到棍和剑同属平直形兵器，攻防上有相同之处，我听得津津有味。

奚师医术高，来他处就诊的伤病患者很多，所以经常要外出采各种草药。我和奚师一起在六和塔后山上采过几次。我还学会了几种草药的土名称和功效，如“七星草”吃眼红，有消炎清火的作用；“白企娥”治妇女病；“白接骨”接断骨用，把“白接骨”碾烂，敷断骨处包扎好，断骨就黏结好了。一次我不小心大拇指扭伤，奚师用两手掌夹住我大拇指，来回搓动，感觉其掌像铁板一样，我的手指扭伤处很快得到缓解。那时我年纪小，学什么只凭感觉，听说书的人说《金台奇侠传》中金台是练罗汉拳的，该拳如何厉害，于是我向奚师提出要学罗汉拳。听我父亲说形意、八卦很好，又见奚师走八卦像凤凰一样美而有气势，于是又向奚师学了形意、八卦。奚师总是孜孜不倦地指导我动作并且教导我说，精湛的功夫是要用心苦练的。

1961年，奚师回了天台老家。1962年我向杭州著名拳师何长海老师学艺。何师年纪比奚师小20岁，那年何师50岁，但也是一位名家。何师师承刘百川、韩庆堂。我当时看中了他那套气势大度有100余个动作的大洪拳。该拳不轻易教于人，一般都要在他处学习好几年，他看中你才教。何师看中我曾在奚师处学过，并且有扎实的基础，才教了我。大洪拳100式运动量很大，当时我虽年轻体力好，但一套练下来也感到够吃力。后来我发现其套路组合中能分成动作数量相当的3节，成为3套拳，每套30多式，可以分别练习。100式大洪拳学好后，何师要对学员进行考核。拳中有一个腾空侧飞腿接落地仆步按掌，落地时我用了很大气力用掌击地，何师说："维叔，你这样一击的力气，能有好几个动作好做了！"由于当时我年轻体力好，尽管这拳100式练起来累，而这飞腿落地用掌一击是在套路快结尾了，我还有足够的力气来用力击掌。后来我还跟何师练了12路弹腿和一些技击上的东西。12路弹腿是低弹腿；以前奚师处学的10路弹腿是高弹腿。练拳可以活络筋骨、调节血脉、促进思维，所以对学习也有帮助。我初中高中时成绩都很好，读高中时当过数、理、化课代表，经常帮成绩落后的同学补课。

三、上山下乡

1964年各大高校招生，成绩优异的我因为家庭背景的原因没能踏入大学校门。于是在1966年8月31日，我随着知识青年上山下乡运动的开展到浙江临安农村插队落户。

我插队的村庄是个生产大队，由数个生产小队组成，它属于半山区。村庄坐落在高台上，高台下有数千亩水稻田，背后是蜿蜒起伏的群山，山上林木葱郁。离村庄两三里处是一条原先清澈见底的近百米宽的大溪，叫天目溪。原本此处风景应该很秀美，但由于100多天没下雨，大溪旱成了小涧。我先入住搭伙在大队监察主任、共产党员章同志家。这个大队是个很大的自然村，像一个大镇，有数千人，民风淳朴。从水库上流下来的水一部分直接流入水田，另一部分经过村中大路边的水沟再流入田中，以方便各家各户清洗。这里属浙江西部山区，夏天白天热（由于四面有山，热气散不出去），但早晚还算凉快。我一到这里就干起了挑水抗旱、造水库、上山砍柴等农活。干旱使得池塘里只剩下一点快见底的泥水，大家把它一瓢瓢舀到水桶里，再挑到稻田里浇快干死的稻。为了以后干旱时百日无雨保丰收，生产大队决定在两个山间最陕处筑坝再造一个水库。下乡知青和农民各自用二角钢刺把山边泥土掘开，再用土箕装上泥挑到坝上。坝上专门有数个人负责按每个人挑上泥土的数量发竹签，每天完工后各人按所得竹签数交由自己所属的生产小队记工分。上山砍柴要走10余里山路（因为近处封山），由于山高总是感觉太阳没下山以为还早，但等把柴捆好搬到山下早已天黑。这时东家已在路口等着我，手上拿着饭团叫我吃，帮我把柴挑回去。记得有一次砍柴口干极了，见矮草丛中有一淙近1米宽小溪流出，我就扑倒 “咕咚、咕咚”大口喝水。等我喝饱站起，忽见小溪上游离我数米近处有一条2米长的大蛇被人打死后横在水上腐烂着。由于是夏天，令人作呕的恶臭飘来，我不由一阵恶心和寒战。

这里劳动强度大，一早出工，晚上各家还要切、煮猪草喂猪和打制草鞋，等等，有做不完的忙活，所以这里的农民基本没有习武的习惯。由于爬山、挑担需要两腿用劲，我的腿部韧带收缩得很快。每次春节回杭休假时练拳压腿舒展开的腿部韧带，在这里劳动两三天会发现又收缩了，所以踢腿没原先利索了。我不断提醒自己，在这艰苦的劳动环境里，绝不能把武术给荒废了。夏天双抢（抢收抢种）这一个月劳动强度大，时间长。早上5点出工，晚上9点完工，根本没有时间和体力练拳。双抢之外的其他时间我通常晚上做压腿之类的基本功，然后把整套拳拆成一节节练习，用脑子背拳，回忆默记一套套拳的内容。同时我趁冬天农闲和回杭休假期，抓紧练习并加大运动量。由于我在农村7年，咬定武术不放松，武术基本功没退步，套路动作也熟记于心。

一次，生产小队分配大家去割茅草盖棚。这些茅草一丛一丛长在石壁上，我用草刀一把一把地割着。这天我忘了带笠帽，太阳晒得头发昏，自己也开了个小差，忽发现山头倒过来了，这时惊觉自己摔下去了。此时头脑还算清楚，警示自己千万不要头着地，用手做着各种保护头的动作，同时感觉身上头上已多处被石壁尖棱处擦击。石壁有70°陡坡，我半摔半滚下去50余米直到山脚下，刚好一个马步使我站着。我用手一摸头上身上都是血，腰后面撞击出两个馒头大的肿块。我想自己走回去，但从远处急忙赶来的农民背着我跑了5里山路送我到了家。东家章同志煮了10只鸡蛋叫我带汤一下子吃掉，说是“发一发”。我想这一定是村民们为防止破伤风，增加抵抗力的土药方。生产小队还派人拿了乡村老中医给我开的中药方到10里路外小镇上抓药给我煎服。第二天早晨我在床上起不来了，全身疼痛。这时我想了个办法，像练武术基本功时向上踢腿一样，把向着床外边的那条腿向自己头上踢去，然后再向床边下用力一甩，利用惯性力使自己身体从床上竖起来。

农村7年，我学会了耘田、种收番薯、做秧田、拔秧、插秧、砍柴、割茅草、背毛竹、种菜等许多农活，培养了自己吃苦耐劳的精神，武术不但没丢弃，而且还有进展，可谓双丰收。

四、再接再厉　因武喜结良缘

1971年我回城到建筑单位工作，当过汽车装卸工，之后当了管理人员直到退休。由于干惯了农村的累活苦活，所以汽车装卸工这工作对我来讲还算轻松。由于装卸工实行包干制，下午很早就下班了。下班后我还经常到公园练习。回城这一年我就到孙中宣老师处学习武术。1958年我在东风少体校时，因孙师经常来我武术班和奚师交谈，所以我早就认识孙师。奚师还和孙师说："中宣，我兵器练过很多，就是双钩没练过，希望你的双钩以后能传人。"孙中宣老师师承刘百川、白振东，任过第一届杭州武协技术指导，省体委武术总教练。1957年他一人代表浙江省到北京参加了全国大中专院校武术教材组编工作。在二十四式太极拳、初级拳、剑、刀、枪、棍的组编中，受到工作组长李天冀的表彰。1959年国家出版的《四十八式太极拳》中采用了左右式均衡套路结构，这是孙中宣老师提出的"改造太极拳，采用左右式来均衡结构"的建议，得到了组长李天冀的赞同和采纳。该书出版后好评如潮，国家体总毛佰浩特来信向孙师祝贺。我家到孙师处很近，步行10分钟即到。晚上到他家时他正在吃晚饭，他极慢地斟着一小杯约60克的酒，我坐在一旁和孙师谈武术上的人与事，我俩谈得很投入。一个多小时晚饭结束后，孙师休息片刻，便教我动作约10分钟。几个动作要领我会了，便立刻回家"趁热打铁"把所学的动作用文字记下来，必要时还画草图，然后自己再比画一下，记住了就赶紧睡觉，因为第二天一早还要上公园练习。学习中孙师还教了我10个腿法、10个手法的基本功。这种单式虽然是少林长拳类的，但也是学习太极、形意、八卦的基础动作。它除了能加快学习和理解其他拳术，还可以较快用于实战。每当晚上我到孙师处去学时便进入了状态，把孙师处学的动作一路比画着，以便向他汇报时能通过。他家邻居和我说看到老远一个比画着的人就知道是你了。在跟随孙师几十年中，我学了单刀、双钩、八仙剑、青萍剑、三合剑、双剑、蛇拳、八极、螳螂、查拳、炮拳、杨式太极拳、春秋大刀、棍等20多项，还有技击方面的知识。

也就是在1971年，我还碰到了另一位好老师毛延林，我相信这是缘分。每当我早晨在公园练拳时，经常能看到一位身体壮实的晨练者，在练习“矮步子”。后来知道这步法出于心意六合拳（又叫十大形）。他有时赤膊练功，身上气块会移来移去；还能看到他在练一套太极拳很松，好像在练气功（我当时的感觉），后来得知这套拳叫吴式方架太极拳。那时我干汽车装卸工，身体仆着装卸砖头和抬重物经常闪腰，疼痛难忍。毛师知情后就会用指给我点穴。点穴过程根本不需要我把衣服撩起，他隔着衣服一点就准，然后再推拿一下，就一两分钟治愈，真的很神奇。我见毛师的吴式方架有特色，决意向他学。学之前他先叫我练一下我过去练过的太极拳动作后指出我“意识太浓”，毛师一再强调“无意识”。通过数年体会这个“无意识”使我感悟到原来是指暗意识指挥的自动调控。通过长期交往得知毛师是杭州出生，父母、姐妹都在杭州。他在上海工作，因加班调休多所以经常来杭。为了练好吴式方架太极拳，我在单位里争取多加班调休去上海。上海住房比杭州还紧张，到了晚上我们就把桌椅等搬到一边去，打地铺睡觉。我们两人脾气随和，相处得很愉快。我跟毛师还学了心意六合拳和混元杨式太极拳。在练习中如发现对拳上有不清楚的问题，我及时向毛师请教。毛师也争取能挤出更多的时间来杭州教我。1985年，毛师辞去在上海的工作，放弃35年的工龄，回杭州开了一家骨伤科诊所。毛师在杭州的骨伤科诊所到我家要换两班公交车，来回两个多小时。我有疑问的动作在电话上也说不清，所以我一发现有不懂的问题及时到他家问，他也一有空就到公园来指点我。孙师和我讲：“毛延林的这套吴式方架是好东西，你要原汁原味地攻下来，不要有任何改动。”

练武术不但强健了我的身体，也丰富完美了我的人生，还因武喜结良缘。我从农村回城的第二年，1972年有一个16岁的女学生到我这儿学武术。她能吃苦，学武认真，基本功好。她经常买补品给我补身体，有时我单位值班，她还经常来陪我。她有时碰到不如意的事，也一定到我跟前诉说。我心想她待我那么好，以后会不会成为我的妻子。她在我这儿学了12年的时候，28岁的她和43岁的我准备结婚。12年中大家已十分了解，性格都直爽、厚道、以诚待人。晚上，我和她坐在六公园长凳上谈了1个多小时，她坐凳那头，我坐凳这头，彼此相距1米多距离。我告诉她，你和我在一起我可能给予不了你较高的生活水平，但她还是那么执着。我送给她的聘礼是一对雌雄双剑。剑的长短、重量均按她身高设计，我画了图纸托龙泉剑厂定做的。1986年，女儿出生了，我万分高兴。取什么名字我想了很久，但也想不出满意的。经再三斟酌，决定按我非常喜欢的那套“青萍剑术”取名“青萍”。青萍二字象征高雅、脱俗。女儿长大后也很有武术天赋，也练了几路拳，进大学后还办了个武术协会，教了几十号人参加表演、比赛。

我夫人生孩子后恢复身体时，因着凉落下了病根，使过去由于练拳好转了的气管炎又复发了。她冬天鼻子里鼻涕像水一样流出来，一天要好几块干毛巾去擦，而且毛巾湿得可以用手绞出水来，长期服药效果也不明显。在这种情况下，我让她练练吴式方架太极拳试试看。她学练了3个月后，病情有明显好转，20年来一直没复发过。还有一个例子是1980年初，一位30多岁的女同志，从小不会出汗，夏天跑步、打少林拳及其他太极都不会出汗，身体热火火的难受。我教她练吴式方架，练了2个月她感到会出汗了，无比高兴说这是她一生中最幸福的日子。后来她还说原先肝里有一个小瘤也渐渐小下去了。按中医理论来讲，不会出汗叫“闭”，得气使经络通了，自然出汗了。同时这也和正确的练拳方法有关。很想以后再能碰到一个不会出汗的再来验证一下。

退休后，我有更多的时间研究和教学武术，并在杭州武术协会当过办公人员、常委、办公室副主任、顾问，参加各种武术活动、比赛。改编过许多传统武术套路，使其适合现在的表演、比赛在观感上和时间上的特殊要求。吴式方架我原本想拆编成一套不超过4分钟的套路去参加表演比赛用，但由于方架结构太严密，动作之间像砌成砖墙的砖头一样，互相之间交叉咬结，如果将其拆开重新组合，练起来感到不舒服，对气路和自动调控有影响，所以没能组编成功。这仿佛验证了孙中宣老师和我讲的话："要原汁原味地攻下，不要有任何改动。"但我又想，如果为了通过表演、比赛，向世人展示吴式方架太极拳的风貌，组编成一个短套路，以适合现代在表演比赛上对时间上的要求（不超过4分钟），哪怕对自动调控有影响，也未尝不可。因为真正练习时，还得练原传统的100式。也希望以后我和读者中有人能组编出一个不超过4分钟的短套路。另外：如查、炮、翻子、罗汉、蛇拳、八卦、双钩、八仙剑、双手剑、双匕首、太极刀、八卦子午鸳鸯钺、混元杨式太极拳、传统武式太极拳等20余个套路，经过我重新改造组编后教给我的学生参加表演和比赛。有10位学生以我处学的19个项目参赛，在2006年浙江国际传统武术大会上获15金4银。还有另一位成绩最突出的女弟子刘春晓在2003年至2007年的浙江省国际传统武术大会和2006年、2008年香港国际武术大奖赛中获22金、2银。数年中，我所获得的荣誉有杭州武协优秀教练员、优秀武术伉俪、优秀教练站等。

练功习武60年，共学得60套不同风格的套路，我感悟到"丰富多彩是中华武术的文化特征，万法归宗是中华武术的技击本源。静以养性。练武要讲科学。世上无难事，只怕有心人"。我感到每天练武不能停，离开了武术，会感到生活没意义，因为武术是我的第一生命。

第二章

>>> 怎样练习吴式方架太极拳

一、吴式方架太极拳的手型、步型与腿法

1．手型A

照片A1-1

照片A1-2

照片A1-3

照片A1-4

（1）拳（A1）

五指曲卷内收，大拇指压在食指和中指的第二节上，拳面须平，拳不要握得太紧。

①立拳（照片A1—1）：大拇指朝上，拳心朝向一侧的拳称为立拳。如动作“搬拦捶”“栽捶”“指裆捶”中向前和向前下方击出的拳都为立拳。

②俯拳（照片A1—2）：拳心朝下的拳称为俯拳。如动作30、43、74、95“翻身撇身捶”的分动作“丁步叉臂”中右曲臂拳是俯拳。

③仰拳（照片A1—3）：拳心朝上的拳称为仰拳。如动作30、43、74、95“翻身撇身捶”的分动作“丁步叉臂”中左曲臂拳是仰拳，最后分动作“转体劈打”中击出的右拳为仰拳。

④反冲拳（照片A1—4）：右臂拳逆时针拧旋，使大拇指朝下，拳心朝向一侧的拳称为反冲拳。如动作92“弯弓射虎”中右手反冲拳经右耳边向身左前侧击出，高约与头顶平。

（2）掌（A2）

四指自然并拢伸直，四指和掌背基本平展，大拇指自然分开。大拇指和四指不在同一个平面上，应各自处于两个相交平面上。而且大拇指不要外扩太开，要自然分开。按技击来说，如大拇指外扩太开，易被对方捏住掰伤。

①正立掌（照片A2—1）：掌向前推成掌心朝前下方叫正立掌，也叫前推掌，或者正竖掌。做这个动作时是我先以俯掌掌尖向前推移，然后坐腕前推至掌竖起约不超45°。这种坐腕前推掌也称舒指坐腕，坐腕也称塌腕。也有掌竖起不超30°的（特别是“揽雀尾”中向前右弓步做“按势”时这个前按正立掌也有竖起不超30°接近俯掌的）。并且掌在向前坐腕推掌中掌心有稍前凸之意，并注意这个意仅仅是淡淡的掌心前凸之意念，不要太刻意及故意用僵劲来表达这个意。立掌

照片A2—1

照片A2-2

照片A2-3

照片A2-4

照片A2-5

不要太接近垂直的原因如下：a.练习时有利于血液循环，舒指坐腕，人也感到舒服，立掌太接近垂直，不利于血液循环。b.其掌指及掌背和腕易被对方擒拿住而扭折伤，而且其垂直的掌背易被对方以掌背为倚靠点行捌手引带而使自己失势前倾。c.我向前出掌先以俯掌使掌尖朝前有刺击对方之意，然后坐腕用掌击打对方，有两次进攻之意。d.我先用掌尖接触对方用听劲听取对方虚实，然后前推进攻。e.当对方用手向我击来，我用俯掌向下按采其臂，使其拔根失势，如果对方想撤回手臂，我趁机重心向前沉移粘进向前下把按劲发出，这时我掌心是向前下方的。由以上从养生、舒适性、技击各种原因综合看，正立掌不能太接近垂直。如动作“揽雀尾”中的分动作“前按势”，动作“搂膝拗步”和“倒撵猴”中的分动作“搂膝推掌”，动作“迎面掌”都为正立掌。舒指坐腕，单掌前推时食指尖对鼻尖，掌根约齐肩平，掌尖高不过眼。

②侧立掌（照片A2-2）：立掌中掌心朝向一侧，小指一侧的掌沿

朝向前方的掌称为侧立掌。如动作“搂膝拗步”和“倒撵猴”中的分动作“前后分掌”中的向前推出的掌为侧立掌。

③侧掌（照片A2–3）：大拇指朝上，掌心朝向一侧，掌尖朝前或斜向前的掌称为侧掌。如动作“搂膝拗步”和“倒撵猴”中的分动作“前后分掌”中回引到耳侧的掌为侧掌，分动作“按掌穿掌”中从横于胸前的俯掌上面向前穿的掌为侧掌。动作“手挥琵琶”中最后定势时两掌一前一后合力同时整体向前略推出时两掌都为侧掌。

④俯掌（照片A2–4）：大拇指朝向一侧，掌心朝下的掌称为俯掌。如动作“搂膝拗步”中分动作“按掌穿掌”中横于胸前的按掌为俯掌，分动作“搂膝推掌”中搂膝的掌为俯掌，向前推出而还未成立掌时的掌有一俯掌过程。如动作“揽雀尾”中分动作“按势”中下按时右掌为俯掌，重心向前沉移右掌向前下按出成立掌前也有一俯掌过程。

⑤仰掌（照片A2–5）：大拇指朝向一侧，掌心朝上的掌称为仰掌。如动作36“左高探马”的分动作“左转虚步伸挒掌”中左伸掌为仰掌，分动作“丁步抱掌”中左肘回收置腰侧时的左掌也为仰掌。

▲备注

在动作“揽雀尾”中，左掌尖虚搭右脉腕，在做“掤势”时左俯掌在上，右仰掌在下，在做“捋势”时两掌都转成侧掌，在做按势时，转成左仰掌在下，右俯掌在上，直至向前按出使右掌由俯掌变成立掌。

（3）勾A3

①勾手（照片A3–a、A3–b）：勾手是利用腕力把数个或两个指尖抓捏在一起使手成钩形，它能攻能防。它利用手指尖一瞬间抓捏时产生的爆发劲攻击人，勾尖能啄击人的眼睑和身上各要害处、软档、穴位；它还能刁勾开对方攻来之手，当我手腕被对方所抓时还可以利用勾手的勾劲和手腕的拧转劲来脱手，用时是灵活多变的。

如（照片A3–a）是大拇指尖和近食指尖处自然松捏，手腕松弯曲，中

照片A3-a

照片A3-b

照片A3-2

照片A3-2a

指、无名指和小指随势向掌心自然松曲，这种捏法在练套路时比较舒松。这种勾手在击人时主要是用食指尖点击对方穴位。

如（照片A3－b）是大拇指和食指、中指三指的指尖自然松捏，手腕松弯曲，无名指和小指随势向掌心自然松曲，这种捏法在练套路时也还舒松。这种勾手在击人时是用大拇指和食指、中指三指尖抓击对方软档、穴位。

以上两种勾手在练习吴式方架太极拳中都可以用。其他流派的太极拳中还有用5指尖抓捏在一起的勾手用来抓击人的软档。动作“单鞭”和“退步跨虎”中有勾手。

②虚勾（照片A3－2、照片A3－2a）：这里所称的虚勾型，实际上也可称为虚掌。是在做动作“太极起势”时在站“平行步站立”的桩时，由于下实上虚向下松沉，自动调控把两手从大腿两侧向前上托起至约齐肩平时的一种自然松掌状态。这种松掌虚勾型是在手掌自然放松的情况下成为四指自然并拢稍回曲，大拇指尖和食指前端相接近的一种形状。

（4）手臂弯度A4（照片A4）

把手掌向前坐腕推出时，立掌竖起约不超45°，这时手掌背和小臂约成135°角，大、小臂交角也约为135°。在这种角度下的大、小臂交角形状，在吴式方架太极拳中称之为直臂。如大、小臂交角小于135°称之为曲臂。吴式方架太极拳中，只有在太极起势时，两臂掌向前上起掤时手臂较直，大、小臂交角是稍大于135°的。大、小臂前伸不能太直，太直易被敌所制，而且还不利于松沉。舒指坐腕，松肩、沉肩、坠肘，动作到位而不过极，留有余地。

照片A4

2．步型B

（1）弓步（川字步）（照片B1－1、照片B1－2、照片B1－a）：两脚全脚着地，两脚前后左右间距为一脚空当的正方形；前腿曲膝弓形，前膝盖向下的垂直线对脚尖但不超出脚尖（简称为膝盖对脚尖而不超出脚尖）；后腿自然伸直，两脚尖都应该朝前方，如果后脚尖外撇应不超过20°，这种弓步称之为“川字步”。川字步时身型要求身体向前斜直，把人的侧面作为平面来看，百会穴、会阴穴、脚后跟三点连成一条直线斜向地面，称之为“斜中寓正”。把人的侧面作为平面来看，前弓时鼻尖向下的垂直线不超出前脚尖。这样做，一方面为防止动作不到位而影响发力，另一方面也为了防止身体过分前倾而造成弓背、撅臀，头顶没有虚顶劲、后脚跟无蹬劲拔起等斜中不正而使重心向前失控易被敌所制。

照片B1－1

照片B1－2

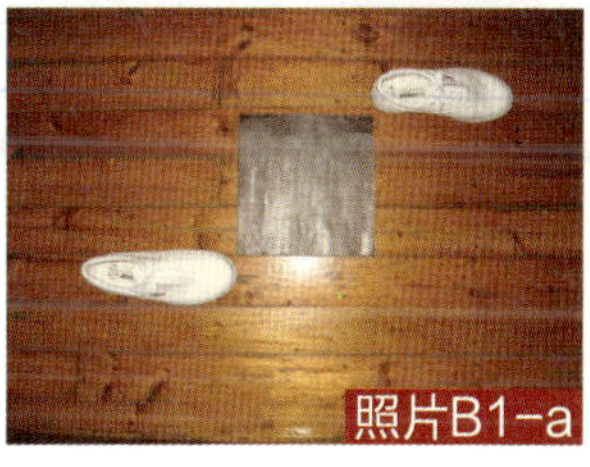
照片B1－a

照片B1-3

照片B1-4

照片B2

（2）侧弓步1（照片B1-3）：左腿曲膝侧弓（膝盖对脚尖而不超出脚尖），右腿在另一侧自然伸直，两脚尖分别向左右侧外撇。在动作34、62、78的“云手”中用到侧弓步1，其两脚尖外撇约45°。但在动作6“斜飞势”中用到的侧弓步，其两脚尖外撇不超30°，因为它是由前一动作“马步单鞭”直接原地挤靠而来，而马步时两脚尖外撇不超30°。侧弓步两脚后跟间距约两脚空当。

（3）侧弓步2（照片B1-4）：一腿曲膝侧弓（膝盖对脚尖而不超出脚尖），另一腿在另一侧面自然伸直，但两脚尖都指向身体右前侧，左前脚的脚尖内扣约45°，右后脚的脚尖外撇约45°，两脚平行，两脚跟间距约两脚空当。在动作34、62、78的“云手”中用到侧弓步2。

（4）马步（照片B2）：两腿曲膝半蹲，两脚左右分开，重心平均分于两脚，两脚跟间距约两脚空当，两脚尖外撇不超30°（膝盖对脚尖而不超出脚尖），重心可放脚后跟。动作“单鞭”和“扇通背”

定势时用的都是马步。

（5）虚步1（脚跟前落式）（照片B3-1）：后支撑腿曲膝半蹲承重（膝盖对脚尖而不超出脚尖），后脚全脚着地其脚尖朝前或稍外撇；前伸腿微曲，前脚以脚跟虚落地、脚尖上翘，两脚外侧约等于肩宽。如动作“手挥琵琶”和其他许多动作的过渡及重心向后沉移至后腿全承重定势，或者步子刚向前迈出，都要用到虚步1。为防止后支撑腿膝盖受力太大，重心应放于脚后跟，使膝盖受力相对减少。

照片B3-1

照片B3-2

（6）虚步2（脚前掌前落式）（照片B3-2）：后支撑腿曲膝半蹲承重（膝盖对脚尖而不超出脚尖），后脚全脚着地其脚尖朝前或稍外撇；前伸腿微曲，前脚以脚前掌虚落地，两脚外侧约等于肩宽。如动作28、72的“海底针”中用到虚步2。为防止后支撑腿膝盖受力太大，重心应放于脚后跟，使膝盖受力相对减少。

照片B4A

照片B4B

（7）丁步（照片B4a和B4b）：支撑腿曲膝半蹲承重（膝盖对脚尖而不超出膝尖），支撑脚全脚着地其脚尖朝前或稍外撇；另一腿曲膝以脚前掌虚踮于支撑脚内侧稍前面点，或者虚踮于支撑脚内侧中间。如动作36“左高探马”，动作38“右高探马”和动作80“左高探马”这三个动作中的分动作“丁步抱掌”中用的是丁步。

（8）仆步（照片B5）：两脚全脚着地，一腿曲膝全蹲，脚尖外撇接近90°（膝盖和脚尖朝向一致）；另一腿自然伸直（膝微曲）接近地面，脚尖向内扣。如动作64、87的“下势”中用到仆步。

（9）平行步站立（照片B6）：两脚约平行站立，重心平均分于两脚，两脚尖朝前或稍外撇，两膝微曲，两脚间距约一脚空当，两脚外侧约等于肩宽，重心可平均落于两脚后跟。如动作1“预备势”，动作2“起势”，还有动作7、24、68“提手上势”，它们的分动作中用到平行步站立。

（10）平行步蹲式（照片B7）：两腿以平行步站立势曲膝半蹲（膝盖对脚尖而不超出脚尖），重心平均分于两脚后跟。如动作7、24、68“提手上

照片B5

照片B6

照片B7

照片B8

势”中分动作“上步平行步蹲式合掌”中用到平行步蹲式。

（11）并步站立（照片B8）：两脚并拢，两膝微曲，两脚尖朝前，重心平分于两脚并放两脚后跟。在动作1“预备势”和动作100“收势”中的分动作中用到并步站立。

（12）独立步1（脚尖斜朝前）（照片B9－1）：支撑腿自然直立微曲，另一腿膝盖上顶曲膝提起，大腿稍高于水平，小腿自然向下垂，脚尖斜朝前方。在做各种“分脚”“踢脚”“蹬脚”等动作发腿前和腿发出收回时都要用到独立步1。

（13）独立步2（脚尖外撇上翘）（照片B9－2）：支撑腿自然直立微曲，另一腿膝盖上顶曲膝提起，大腿稍高于水平，小腿自然向下垂，脚尖外撇上翘。在动作46“退步打虎”中的分动作“独立跨虎”和动作65“金鸡独立”中用到独立步2。

照片B9－1

照片B9－2

照片B10－1

照片B10－2

（14）交叉步1（蹲式）（照片B10−1）：两腿曲膝交叉半蹲，前曲膝的膝盖对脚尖而不超出脚尖，前脚全脚着地，脚尖外撇45°；后脚脚尖朝前，脚跟离地脚前掌踮地，后腿膝盖和前腿膝窝轻微接触。在动作37“右分脚”，动作39“左分脚”，动作40“转身左蹬脚”，动作49“左踢脚”中用到交叉步1。

（15）交叉步2（后直腿式）（照片B10−2）：前腿曲膝弓形（膝盖对脚尖而不超出脚尖），前脚全脚着地，脚尖外撇45°；后腿自然伸直，后脚尖指向前脚尖，后脚全脚着地。在动作37“右分脚”，动作39“左分脚”，动作58“野马分鬃”，动作59“玉女穿梭”中用到交叉步2。

3．腿法C

（1）蹬腿（照片C1）：支撑腿全脚着地自然伸直微曲，另一腿膝盖上顶曲膝上提后，脚尖上翘以脚跟为力点向前蹬出至腿自然伸直并微曲膝，前蹬脚不低于腰。

（2）踢腿（照片C2）：支撑腿全脚着地自然伸直微曲，另一腿膝盖上顶曲膝上提后，以脚前掌或脚尖为力点，脚面自然平展向前踢出至腿自然伸直并微曲膝，前踢脚不低于腰。

（3）分脚（照片C3）：支撑腿全脚着地自然伸直微曲，另一腿膝盖上顶曲膝上提，尔后小腿随腰胯拧转带动脚侧帮向侧上方外摆分，脚面平展，脚不得低于腰。

（4）单摆莲（照片C4）：左支撑腿全脚着地自然伸直微曲，右腿从左侧经胸前向右外侧作弧形摆踢，左臂掌从身右侧上方向左用掌心拍擦向右外侧摆踢的右脚面。

（5）双摆莲（照片C5）：左支撑腿全脚着地自然伸直微曲，右腿从左侧经胸前向右外侧做弧形摆踢，两臂掌从身右侧上方向左用掌心依次拍擦向右外侧摆踢的右脚面。

照片C1

照片C2

照片C3

照片C4

照片C5

二、吴式方架太极拳练习中的注意事项

吴式方架太极拳和其他流派的太极拳一样，是以太极拳理论为指导思想，以掤、捋、挤、按、采、挒、肘、靠为劲力内容，以左、右、进、退、中为步法，以弓、马、仆、虚、丁、独立等为步型，以蹬、踢、摆、踩等为腿法组成太极拳套路。读者们在学习套路时应仔细看动作的文字说明、照片和套路的光盘演练这三个方面。这三个方面各有所长，各有所短，它们之间互相补充，互相弥补不足。读者们特别要注意对每个动作、分动作要领的文字说明。下面所讲的吴式方架太极拳练习中的注意事项也很重要。

1. 动、静、轻、灵、松

“动、静、轻、灵、松”是吴式方架太极拳在套路练习中应该注意的，也是毛延林老师经常和我说起的方架走架要求。这里是根据我自身的体会在内容上加以扩展。

（1）动：太极拳是动中求静，在运动中求得心神安宁，一动无有不动，有时动作看似停，但意念不停。动作要求上下相合，左右相随，在自动调控的整体劲的推动下，使得做动作时身体该垂直的时候垂直，该斜直的时

候斜直，当暗意念引导的自动调控把一个动作做到位后，自动调控的整体劲又会自动把这个动作转换到另外一个动作，这也是用意不用力，用暗意念引导内气推动动作。吴式方架太极拳在缓慢、轻柔、精细、圆活、轻灵、均匀、连绵不断中动。是如“开合如抽丝，迈步如猫行”的动。在这里所说的“动”有三个方面的含义，即意念动、内气动和身形动。如果光是外在的身形动那是无根之木，是一种“拙力”，因为它不是太极拳意义上的动。用暗意念引导内气推动动作这样的身形动才是真动，才是太极拳意义上的动，才是太极拳论中的“以心行气，以气运身”。

（2）静：太极拳又是静中求动，消除杂念，静极则动，静是太极拳动力来源，静极能激发内气，静极易产生自动调控，静能使大脑皮层、中枢神经更好地集中加强对身体各部分和气血的控制，加速气血循环。太极拳走架过程中动中求静，静中求动。静了能更好地动，静有利于沉气。静与动是相对的，是互相转换的，是互相依存的。静是能量的积聚，动是能量的宣发。太极拳正是通过这种动与静之间的相互制约、相互依存、相互转化而使意气形的整体运动更加充分，更加内外合一。

（3）轻：吴式方架太极拳走架中是“开合如抽丝，迈步如猫行”的动，轻而灵活的动。如“太极起势”中手提上来如需1斤的力，绝不用1斤1两。松了才能轻，轻又促使松，迈步上前要先松胯，松腿，松了自动调控的整体劲才能把脚轻缓向前迈出。如“搂膝拗步”中的“十字合掌”和“上步前后分掌”中两掌缓缓合拢，再两掌缓缓分开，沉肩松肩、松臂、坠肘，两手如浮于空气中缓缓开合如抽丝，同时上步的脚向前轻缓迈出如猫行。在心静中轻轻动，在轻轻动中心又静。

（4）灵：轻灵、灵活、虚灵，身体和意念向下松沉，形成下实上虚，风吹杨柳根不动，根基很扎实。身体上部像杨柳树一样松柔，但下脚稳实。柳枝只要微风一吹就会摆动，人的身体像柳树一样有了敏感的听劲，能感知对方的劲力情况从而化解后即刻进攻。在练习方架套路动作中，无论动作升降，开合，进退，腰胯的拧转，由于身体和意念向下松沉，自动调控的整体劲能把这些小动作表现得清楚、轻灵、虚灵而不僵滞，协调而有韵味。轻能促使灵，灵能促使轻，轻而灵才能随机应变。

松：松包含着意念松和身体松。意念松中还包含着精神安静内敛而无其他杂念，专心一致练功。意念松带动引导身体松，身体松又促使意念松，二者形成良性循环。这个松是身体和意念向下松沉，从头到脚顺势而下，它像从上而下泻落的瀑布，像一件凌空挂着的衣服，下面毫无阻拦，使其有下坠之劲意。向下松是降低一个人重心的方法，动作蹲得低并不一定就是重心低，只要身体能一直松到脚，哪怕是站着也叫重心低。身体从上到下节节松开，使皮肉因松开而向下有坠拉之意。通过向下松身体便会向四面松开，促使内气运转，产生内劲形成自动调控推动动作。松是给太极拳走架时加了润滑油，意念和身体从百会穴开始向下松沉到涌泉穴，由于松打通了身体内外各部分通道，减少肌肉在力量传递时的阻力，开放毛细血管，减少血液循环阻力，加速血液循环。松又促使静，静又促使松，松静形成良性循环，松又促使更好地动。松是松柔，不是松软，要松得有掤劲，松得越彻底，就柔得越好，由松入柔，积柔成刚，绵里藏针。由松到紧所发劲力大，由紧到紧所发劲力小。松沉和静极激发内气，形成推动太极拳架的自动调控。松和静促使轻和灵。

“动、静、轻、灵、松”这五个方面是相辅相成、互相促进、互相依存的。但松和静是主要方面，松促使静，静又促使更好地松，松和静形成良性循环。静极则动，松又促使更好地动，有了松和静，才能动得轻灵，动得虚灵，动得轻缓，动得舒缓，动得连绵不断。但在推手技击发劲时，又能适时、得机、得势而动得快如闪电。

2．做好弓步（川字步）

吴式方架太极拳的弓步和吴式圆架一样又叫川字步，即前腿曲膝弓形，后腿自然伸直，两脚前后、左右间距为一脚空当，两脚尖朝前，后脚尖如外撇应不超过20°，这称之为“川字步”；身体向前斜直，百会穴、会阴穴、脚后跟三点连成一斜直线，这称之为“斜中寓正”。做好弓步（川字步）应注意以下两点。

（1）弓步应分两步做及其他

当某个动作要上步成弓步时，一般来说是先一脚轻缓上步成脚跟虚落地、脚尖上翘的虚步，这时后腿曲膝承重，身体垂直。然后第一步是重心缓缓向前沉移成前脚全脚着地，同时前腿曲膝弓形（膝盖对脚尖而不超出脚尖）到位，这时后腿仍弯曲，身体垂直。第二步是后腿由弯曲渐成自然伸直，同时身体由垂直变成向前斜，这时前面曲膝弓形腿的膝盖不能再向前冲。身体前斜是适当前斜，它是由于后腿由弯曲变成自然伸直，后脚的蹬劲，腰胯的拧转劲这些整体劲力的推动下才使身体适当前斜，它和身体过分前探失控是不同的。弓步完成时，把人的侧面作为平面来看，百会穴、会阴穴、脚后跟三点连成一条斜直线，鼻尖向下的垂直线不超出前脚尖。但严格一点说，身体前斜时的眼睛不是看着前面的地面的，而是看着向前推出的掌的，这时头是有点向上昂的，所以这时应该是百会穴前面的囟门穴（婴儿头顶骨缝没闭合时的软穴处）和会阴穴、脚后跟三点一线，鼻尖向下的垂直线不越过前脚大脚趾上的大敦穴，但一般练习无须这样精确。身体向前斜直时不能弓腰、撅臀，头顶应有虚顶意，后脚有蹬意，形成对拉拔长。两脚前后、左右一脚空当已很吃功夫，体现了小架子是大架子的功底。年纪大的和膝盖不好的练习者前后空当可缩小为半脚或大半脚，但左右还是应保持一脚空当以保证动作的平稳度。

（2）做好川字步与后脚尖朝向的调整

由于在套路前面动作的运行、变换和方位变化这种“历史”原因造成做后面动作的弓步时后脚脚尖外撇过大，这时需要通过后脚拧转来调整使其成为川字步。后脚拧转调整的方法有两种：一种是以后脚的脚跟为轴心拧转同时脚尖内扣来使脚尖朝前。另一种是以后脚的脚前掌为轴心拧转同时脚跟向侧外推来使脚尖朝前。应该根据两脚左右空当的大小来决定是以脚跟为轴拧转还是以脚前掌为轴拧转。当左右空当适合或较大时，应该以后脚的脚后跟为轴拧转同时脚尖内扣来使脚尖朝前。当左右空当较小时应该以后脚的脚前掌为轴拧转同时脚跟向侧外推来使脚尖朝前。后脚拧转成川字步是为了保持左右两脚间有一定的空当来使动作有一定的平稳度，同时又是为了保持腰胯良好的工作状态，使它不因为由于后脚脚尖过分外撇被向后牵扯拉住而影响向前做动作和发力。

如动作3“左掤挤”的定势是分动作（5）“挤势”，在这个挤势中左弓步的左前脚已内扣45°。但当它转换成动作4“揽雀尾”的分动作（5）“掤挤势”时，由于方位角度的变化使其原内扣45°的左前脚在这里成了右弓步中后面外撇45°的左后脚，这时两脚左右空当又极小，所以当做右弓步挤势时左后脚应以脚前掌为轴心顺拧转同时脚跟向左侧外推来使左脚尖朝前。这个左后脚脚前掌的拧转和同时左脚跟向侧外推主要靠腰胯右转和左腿由弯曲变成自然伸直来一起协调完成的。

如动作30“翻身撇身捶”的定势是“转体劈打”，它由前面的动作变化过来时已使后面左脚的脚尖外撇角度较大，再加上其右脚向前落步时左右空当也较大，所以做“转体劈打”时其左后脚应以左脚跟为轴心顺拧转同时左脚尖内扣来使左脚尖朝前。这个左后脚脚跟拧转和同时脚尖内扣主要靠腰胯右转和左后腿由弯曲变成自然伸直来一起协调完成的。

3. 注意身体前斜和垂直的变换规律

“斜中寓正”是吴式方架太极拳在练习中经常出现的身型特点。我们在套路练习过程中需要把这一特点自然明显地表现出来，这里所说的前斜是指适当前斜。什么时候身体需要前斜，什么时候身体需要垂直，不要做成需要身体前斜时却垂直了，需要身体垂直时却前斜了。前斜和垂直做得不适时、不到位，都在对抗和消耗整体劲。只有前斜和垂直的变换适时、到位，符合整体劲推动的方向才叫顺势。当一个人掌握了自动调控后，在自动调控整体劲的推动下前斜和垂直就能准确、适时、自动地表现出来。

一般来讲，当弓步动作定势时身体应向前斜。如动作“揽雀尾”“搂膝拗步”“倒撵猴”“迎面掌”“撇身捶”中那些有弓步的分动作如定势了，这时身体应该向前斜。还有如虚步动作最后定势了身体应稍前斜。如“手挥琵琶”中最后在分动作“挥琵琶势”中虚步定势，两掌略前推也同时定势，这时身体应稍前斜。还有如“海底针”中分动作“虚步下插”时，身体应稍前斜。

一般来讲，当动作处于两个相连动作的过渡时，身体应垂直。当要上步做下一个弓步动作时，我一脚向前轻缓迈出成脚跟虚落地、脚尖上翘的虚步，这时身体应垂直；到重心向前缓缓沉移至弓步形成时，身体由垂直渐变成向前斜。如做动作“搂膝拗步”时我先一脚向前轻缓迈出成脚跟虚落地的虚步，这时身体垂直；然后重心缓缓向前沉移成弓步，同时做搂膝推掌，同时身体前斜。当我原弓步重心要后移时，我先身体后下沉坐，身体由原前斜变成垂直；然后我以垂直之身使重心缓缓向后沉移至后腿曲膝承重，前脚成脚跟虚落地、脚尖上翘的虚步。如“倒撵猴”“如封似闭”等许多动作中有重心后移的分动作都是这样做的。还有如“手挥琵琶”，当我重心缓缓向后沉移时身体垂直，当我虚步定势两掌略前推也同时定势时，这时身体稍前斜。

在吴式方架太极拳的练习过程中，身体时而向前斜，时而垂直。通过使人身体一斜一竖地连续不断运动，不但使人在练习过程中为做下一个动作蓄力，使人做动作舒适顺势，同时这样也成了自动调控的助力剂。因为一方面这种身体的一斜一竖是由自动调控的整体劲推动出来的，另一方面这一斜一竖也是顺势，并为下一个动作积蓄推动力，所以它又反过来促进了自动调控，成为自动调控的助力剂。

4．保护好膝盖

太极拳套路练习中两脚的虚实变换及迈步动作缓慢，再加半蹲的架式又很多，造成单腿承重时间较长，如果方法不得当，日久易使膝盖受伤。所以在套路练习过程中要注意保护好膝盖。吴式方架太极拳虽然架子相对小，但它却是大架子的功底。要牢牢记住“膝盖对脚尖而不超出脚尖”。吴式方架太极拳的“川字步”是两脚前后、左右距离为一脚空当，所以两脚前后距离不能太大。

从静态来看：应该做到“膝盖对脚尖而不超出脚尖”。(1）当做虚步时，后面承重的支撑腿的膝盖应和支撑脚的脚尖朝向一致（简称膝盖对脚尖)；支撑腿的膝盖向下所做的垂直线不超出支撑脚的脚尖（简称不超出脚尖)；重心这时最好能落在支撑脚的脚后跟上以保持支撑腿膝盖减少受力。当重心缓缓向前沉移由虚步向弓步过渡时，有使后面支撑腿膝盖向前冲出支撑脚脚尖的过程，但由于这时重心已一部分转移到了前面的脚上，虽然这时支撑腿膝盖前冲但膝盖受力也不大。这和虚步时后面支撑腿膝盖如向前冲出支撑脚脚尖易使膝盖受伤是两回事。(2）当做弓步时，前面曲膝弓形腿的膝盖应对脚尖而不超出脚尖。

从动态来看：应该做到步子向前迈出和后退时，两脚前后的间距不应该太大。应该是“上步成虚步时应不牵动后面承重腿膝盖向前冲出承重脚脚尖，后退时不牵动前曲膝弓形腿的膝盖向后退移”。(1）如果当步子向前轻缓迈出成虚步时若两脚前后的间距过大，必牵动后面承重腿膝盖向前冲出承重脚脚尖，使重心不能落在承重脚的脚后跟而落在脚尖上，因而增加了膝盖受力。(2）当步子向后退时如果两脚前后的间距过大，必牵动前曲膝弓形腿的膝盖向后退移。这样，当重心缓缓向后沉移成虚步时必然造成虚步前后步距过大，使重心落不到承重脚的脚后跟上，造成承重腿膝盖向前冲出承重脚脚尖而增加了膝盖受力。(3）弓步应分两步做：前面已提到过，做弓步时第一步是先重心向前缓缓沉移成前腿曲膝弓形，同时膝盖对脚尖而不超出脚尖先到位定型定下来，这时后腿仍弯曲，身体垂直；第二步时后腿由弯曲渐成自然伸直，身体由垂直渐成向前斜，这时前弓形腿的膝盖不能向前冲出脚尖，这样前曲膝弓形腿的膝盖受力不会增大。

两脚在静止不动或者拧转时，膝盖都应该和所对应的脚尖始终朝向一致。如动作“白鹤亮翅”的分动作“左转捌靠”和“沉坐提臂”中腰胯共左转90°，但这时由原平行步站立转变成平行步蹲式的两脚仍站在原地不动，两膝盖不能随左转而向左扭转，而应该仍在原处对应脚尖。如动作“云手”中做“左云手”时腰胯左转，同时左脚以脚跟为轴脚尖向左外展，这时左膝盖也应同时随动并和左脚尖相对应。做“右云手”时腰胯右转，同时右脚以脚跟为轴脚尖向右外展，这时右膝盖也应同时随动并和右脚尖对应。

有些年纪大的或者膝盖不好的练习者可以先练练高架子。两脚前后距离不一定非要达到一脚空当，也可按大半脚或半脚空当来练，待以后腿适应了再酌情来决定自己前后空当用多少，要根据自己身体的实际情况量力而行。两脚前后距离甚至可以更小，前面的脚的脚跟也可后退到后面的脚尖横侧，还可以后退到后面的脚的内侧，成为练站式太极拳也有锻炼的效果。这时弓步前斜幅度很小，马步左右两脚间只有一脚空当宽，而不是两脚宽，这时重心前后左右变化幅度小。当然，两脚左右之间的空当还是应该保持一脚距离，以实现含裆，有利于气下沉，有利于保持动作平稳度的需要。

在练习吴式方架太极拳之前和练习之后可以做做膝关节操。练习前做可使膝关节慢慢开始进入运动状态，使其有个适应的过程。练习之后做也是对膝关节进行维护、按摩、保养。也可以在练习前做一做其他热身动作，但应以有利于膝关节的动作为主。另外，在整个套路练习过程中，动作应松沉、松顺，要松胯、松腿，防止僵劲。腿在支撑重量，绝对的松是没有的。这个“松”是相对的松，是相对于“僵”而言。如果某一腿用僵劲支撑及没有做到“膝盖对脚尖而不超出脚尖”，必然造成膝盖受力过大。如果能合埋用力，松顺，膝盖受力相对减少许多。总之，要把保护好膝盖放在重要位置。

5．关于呼吸

练习吴式方架太极拳一般可用自然呼吸，一般讲千万不要用呼吸去配动作，因为是配不好的。如果硬要去配动作，必然造成憋气。因为太极拳一个动作还未做完，呼吸已不止一次了。用呼吸去配动作只会配出毛病，损害健康和气血运转。只有像《易筋经》一类的保健功法才可以用呼吸去配动作，它们的动作每一个开合配一次呼吸。

吴式方架太极拳练习时间长久后，动作也全纯熟了，可采用腹式顺呼吸（丹田呼吸的一种）。如吸气时丹田鼓出，呼气时丹田内收。这种呼吸法是一种横膈膜肌的上下运动形成“气沉丹田”，使气不会上浮，并加大了肺活量，加强肺组织弹性。呼吸时应该用力自然轻缓，千万不要憋气。但如果在推手时刚好相反，我劲发出时呼气，丹田鼓出，以助发力，稳固重心。孩子在娘肚子里和出生时用丹田呼吸，以后随着年纪慢慢大起来，呼吸渐渐上移到喉，可见丹田呼吸之重要。丹田呼吸时肺活量大。

练习太极拳时，一般用的都是鼻呼鼻吸，这样做也比较卫生。但也有少数太极拳前辈用口吸鼻呼。他们说口吸进气离丹田近，由于舌顶上颚，嘴唇微开一缝，所吸进之气已被舌头向两边分道过滤，所以不存在不卫生的问题。这种方法由于在历史上有人用过，仅作参考。我本人也没用此法。

从大的方面讲练太极拳时不要用呼吸去配动作，但如果碰到少数特殊动作时最好动作能配合一下呼吸。如在做“海底针”动作时，由于稍向下俯身使腹部压力增加，所以这时应该把气呼出来以减小腹部压力。当做“单摆莲”和“双摆莲”动作时由于起腿相对较快和高，这时腹部压力增加，所以这时应把呼吸调整为呼气，以减小突然增加的腹部压力。年老体弱的练习者这时也可把腿摆得低一点、慢一点。其他如做“下势”动作时也可以配合调整为呼气。如果有时呼气时下蹲仆步动作还未完，但气快吐完，可再轻快吸进一口气，再轻轻吐出。须轻松自然，绝不可以憋气。在一次呼吸中如过分追求气过长过强，也要造成憋气，极有害。

6. 练习太极拳不应该配音乐

太极拳是一种高级内家拳，是一种在练习时不需要音乐伴奏，不依赖于音乐的低碳环保拳。在太极拳比赛和表演时，或者在太极拳的教学光盘中，搞个背景音乐放一下，加些外在的包装，以活跃气氛，增加观感效应也是需要的、应该的。但表演、比赛太极拳时配音乐是展示给人看，而且演练者的精神是对外的，这和自己个人修炼时精神关注对内刚好相反。如果在每天自己练习时，也把表演、比赛时配音乐的那套东西照搬过来，那真是大错而特错了。因为自己修炼和展示给人看的目的不一样。

太极拳的表演、比赛和自己修炼属于此一时也、彼一时的两种不同的环境。自己练习是精神专注对内，身体和意念向下松沉，耳不闻外面。太极拳的静中求动是对练习者自静性的修炼，通过自静来集中加强大脑皮层和中枢神经对身体内外各部分的控制，产生内气推动拳架运动。这就是所谓太极拳静极则动，静是太极拳的动力源。喜、怒、哀、悲、恐、惊、思的七情偏胜皆伤其气。心平则气周，心静气血周流全身。虽然练习太极拳时，人的大脑皮层的运动中枢是兴奋的，但大脑皮层其他很大的区域是处于抑制状态的，这样大脑才能充分休息，人才能清除疲劳，恢复元气。练习太极拳时配音乐，使得人脑要分散一部分精力去接收和分析音乐从而降低了对身体内部的控制，造成对身体的锻炼效果大打折扣。太极拳是一种精神内省、内敛的高级内家拳，练习时需要宁神，全神贯注，把心意引向自己内部引导内气推动动作，即在身内用心。而音乐强迫你听，起分心作用，它把人的心意引向外部。所以练太极拳时如果配音乐，使得一方要求精神向内，而另一方则使你精神向外，造成南辕北辙。

人练太极拳时，其内气旋律节奏，起承、开合、虚实转换极其复杂，而且开中有合，合中有开，承中有起，起中有承，上合下开，上升下合。这绝不能用简单的音乐旋律来主导，而且不能共鸣。音乐至多是个噪音，放音乐乱气。一心不得二用，不可能一面听音乐，一面专心打太极拳，这样练是走马观花，玩耍太极拳，糟蹋太极拳。表面看有些音乐节奏舒缓，和太极拳的缓慢运动似乎相符，但内在却不符。太极的气是无极生太极，无中生有，以静极带动，动为阳，静为阴，阴阳交变，不需要外界音乐这种“有”的东西，和外在音乐不能合二为一而共鸣。拳有内气韵律和全身气行有关，和音乐不合拍。内家拳由内练到外，练意练气，以心行气，以气运身，意气、阴阳相合，阳极生阴，阴极生阳，阴阳互换，不需要也不应该，而且也不可能由外在音乐能够来促气。人本身具有自静这个本能，为什么没完没了地要靠音乐。天籁之音心意生成。这是在练太极拳的过程中，通过入静的自静性修炼，静极动，动促静，动中求静，静中求动，松静良性循环，天人合一，全身正气鼓荡，舒服之意由心而来，心领神会，而不是靠音乐所谓能和气共鸣。天籁之音是一种“意境”，是一种“内在的”“抽象的”心声，而不是实际存在的外在的音乐。太极拳论说得好，“打拳心是主”，“以心为主，而五官百骸无不听命”。外国人之所以千里迢迢来学习太极拳的目的是为了学习它的博大精深的内涵。练太极拳配音乐，背离太极拳的本质，本末倒置。

如今的晨练中交谊舞、排舞、民间舞音乐很响，其次是木兰拳、太极拳音乐稍轻。纵观以上晨练项目，唯有太极拳是可以属于不配音乐，不依赖于音乐的低碳环保拳。我亲见许多练太极拳配音乐已十几年的晨练者，一旦没有了音乐也就静不下心来打太极拳了。一次某太极拳教练站的音响坏了，于是从人脱口而出说“要打哑巴太极拳了”。于是从人练起太极拳来索然无味，动作丢三忘四，不知所措。而前人创造的太极拳，只要练习者稍一入静，便能趣味盎然，心旷神怡，其乐无穷。由于长年累月练太极拳配音乐，造成对音乐过分的心里依赖，降低了锻炼效果。这种不好的习惯迎合了当今社会上的浮躁风，这绝不是与时俱进，因为它违背了拳理和科学。如果杨澄甫等太极先师九泉有知，不知会作何感想。

太极拳是一种高级内家拳，有心法，精神对内不对外，听音乐是对外。内家拳是拳，不是拳舞、拳操和抒怀类节目那样需音乐来调控。不把太极拳本质的东西作为思想理论基础，并作为自己平时练习的指导思想，追求本末倒置的外表，只会使太极拳留下一个躯壳，一个没有灵魂的躯壳，造成太极拳的异化，有害于太极拳的真正发展。

7. 其他注意事项

（1）动作分清与连绵不断：吴式方架太极拳的每一个大动作都是由数个分动作所组成的。所以书上每一个大动作都由数张照片所组成，即一个分动作配一张照片。如动作5“单鞭”由5个分动作（1）“扣脚勾手”，（2）“左脚移右后”，（3）“后下沉坐”，（4）“左转掤带”，（5）“右转左前按掌”所组成并配了5张照片。这样做是为了方便读者能仔细、清楚地看懂动作进行学习，在学习中把每个大动作一点一点地分开来研究。但是当动作学会后在练习套路时，不但要保持每个大动作和每个分动作清楚准确的表达并使其动作到位，使其即不要含糊不清也不要有停顿，而且还必须把每个大动作和每个分动作之间演练得连贯流畅，一气呵成，连绵不断。这样练习有利于激发内气产生自动调控。

但有时不能仅仅为了要达到动作外形上的所谓连绵不断而人为刻意地把动作之间紧密连贯起来因而忽视破坏了内劲的连贯，外形看似乎动作连贯，实质内部断劲。如动作30“翻身撇身捶”的分动作（3）“丁步叉臂”中的右丁步要向右前侧迈出成右虚步时，如果用自动调控练时暗意念会先引导松胯、松右腿产生提劲把右脚轻缓向右前侧迈出成右虚步。这时光从外形看原先在右丁步中还未迈出的右脚好像有短暂的停顿，但这时意念（暗意念）没有停，它在引导松胯、松腿蓄力，这叫动作外形看好像停但意念没停，劲路没断，这也叫动作连绵不断。如果这时为了片面追求外形上所谓的连绵不断（实质应叫作连续不断）而直接人为刻意地用明意念把右丁步的右脚直接向右前拎出去，这样暗意念断了，内劲断了，实质上破坏了连绵不断。在方架其他一些动作的练习中也可感悟到这个道理。

（2）折叠：如做“左搂膝拗步”时腰胯须先右转再左转，做“右搂膝拗步”腰胯须先左转再右转。做“提手上势”中分动作“右弓步挤势”时，腰胯须先稍左转再向右转同时重心向前沉移做右弓步挤势。这种现象叫折叠。在做“搂膝拗步”和“倒撵猴”的分动作由“按掌穿掌”过渡到“搂膝推掌”时有一个使百会穴虚顶同时身体向后微竖起然后再向前斜直的过程。我们做“按掌穿掌”时从外形看身体似乎是垂直的，但这时还没有真正垂直，是微前斜，但光从外形看不出。所以过渡到分动作“搂膝推掌”时，有一个使身体向后微竖起同时百会穴虚顶的过程来使身体真正垂直，然后再使身体向前斜直同时搂膝推掌。要使身体前斜必先垂直的现象也叫折叠。折叠是自动调控推动出来的，反过来又促进了自动调控。它不但使做动作极舒服而顺势，而且还有利于内气运转，有利于阴和阳的互相转换，有利于动能和势能的互相转换。所以说折叠不但表现在外形，还反映在内部。没有折叠就会断劲、别扭，有了折叠才会真正做到动作连绵不断。这个在做“搂膝拗步”和“倒撵猴”中使百会穴虚顶同时身体向后微竖起然后再向前斜直的这个折叠比较难做，初学者可暂时不做这一小部分，待以后动作熟练了、深入了再去做。

（3）三尖相对：即向前推出的掌的食指尖和鼻尖、脚尖三尖相对，以求得取中。这是一种出掌对中心线的一种方法。因为光是食指尖对鼻尖是不能取中的。在平时练习和太极拳的比赛、表演中经常能看到一些人在做搂膝拗步时向前推掌偏向一侧。如有些人在做左搂膝拗步时，向前推出的右掌偏向了右侧，在做右搂膝拗步时，向前推出的左掌偏向了左侧，没有取中。强调三尖相对只是一种取中的办法，它没有让人在做搂膝拗步时由于强调三尖相对而使人身体侧向在前面的脚的一侧，身体还是应该正身向前的。希望读者们能到具体练习中去感悟三尖相对。三尖相对求得取中，守住自己的中心线，有利于攻防。

（4）腰胯合一：吴式方架太极拳强调腰胯合一，要求身体转动时腰和胯应该合成一个整体转动，腰动胯必跟着动，不可分离。要以腰胯的转动来带动身体的转动和手臂的运动。腰胯合一有助于动作顺势，有助于整体劲的发挥。吴式方架太极拳在练习过程中所碰到的许多后脚拧转的动作，都是为了使得后面的脚的脚尖改变其因外撇过多而对腰胯的转动所起的牵制作用，以保持腰胯转动时没有后面牵拉的阻力而实现腰胯的顺利转动和合一。如动作4“揽雀尾”中在做分动作（5）“掤挤势”时，当两掌抱圆向前挤出时，由于这时两脚左右间空当小，左后脚原先又外撇了45°，所以在这里应以左后脚的脚前掌为轴顺拧转同时左脚跟向左侧外推来使左脚尖朝前而使腰胯顺利右转。当做动作41“搂膝拗步”之（1势）“左搂膝拗步”的分动作“搂膝推掌”时，由于在前面的动作40“转身左蹬脚”中右独立步的右脚尖应外撇约45°才能做蹬脚动作，所以在这里做左搂膝右推掌时右后脚应以右脚跟为轴逆拧转同时右脚尖内扣成脚尖朝前来使腰胯顺利左转。其他有许多动作由于后面的脚的脚尖已朝前或稍外撇，对腰胯转动没有起牵制作用，所以后脚就不需要拧转。还有如动作“左右分脚”前的动作“高探马”中的“转脚分掌”和动作“野马分鬃”中的“转脚挤靠”，这些以脚前掌为轴的拧转也是为了使腰胯顺利转动而合一。脚的拧转和腰胯合一的配合还有助于使膝盖和脚尖始终朝向一致，防止膝盖损伤。

（5）侧胯不要突出：无论何种动作，何种步形，如虚步、弓步、各种站立步，身体两边的侧胯应该平直，不要向一侧突出。特别是做虚步时，支撑腿一侧的胯若不注意很容易向侧面突出。胯若向侧面突出造成身体不中正、不正直，两肩不平，影响做动作的平稳、美观和向下松沉。

（6）特殊照片编号的含义：表达动作顺序的照片一般编号后面若出现了“a、b和−1、−2、−3”等字样，这种编号叫特殊编号，它有如下作用。

①某一个动作为了使读者能看清楚，利用两个或两个以上不同角度来表现它，故在一般编号后面接上a或b。如动作67“斜飞势”中的分动作（6）“背靠势”，其正面照片编号为378，其身体左侧面照片编号为378a。如动作5“单鞭”中的分动作（5）“左前按掌”，其正面照片编号为34，其身左侧照片编号为34a，其身右侧照片编号为34b。

②某一个动作如由两幅或两幅以上的连续照片来表现它的过程，故在一般编号后面接上−1、−2、−3，如动作4“揽雀尾”中分动作（5）“掤挤势”用25−1、25−2、25−3共3幅照片来表现其中“掤”的连续过程。

③在这里顺便说一下有些分动作照片没有编上特殊编号，但由于该分动

作在套路中的方位使读者难以看清楚，所以就改变了拍摄角度，其动作在套路中的方位朝向书上都有说明。如动作“双风贯耳”根据它在套路中的方位读者应只看到动作的身右侧，但为了把向前上击出的两拳位置高度和角度表现清楚特用了正面拍摄，但这动作在套路中的方位是斜朝向东南AC的。

（7）顺时针与逆时针的表达：在太极拳的练习过程中，会出现手臂和掌的拧转，掌尖的画圆孤，脚跟或脚前掌的拧转。如碰上其拧转与画圆弧的方向和时针走动的方向一致叫顺时针，若和时针走动的方向相反叫作逆时针。所以手臂和掌的拧转方向表达有顺拧转和逆拧转，掌尖的画圆弧的方向表达有画顺弧和画逆弧，脚跟和脚前掌的拧转表达有顺拧转和逆拧转。另外腰胯的转动一般是用左转和右转来表达，而不用顺转和逆转。

（8）位置的大约描述和精确判定：在有些动作中如手的位置简单描述只能用一个大约的位置，要不然文字就太繁多。如“搂膝拗步”中的分动作“前后分掌”中往回引的侧掌在书中只能大约、笼统地写回引到耳侧。其实确切的位置应该是回引的侧掌掌心比耳朵低一点，再向前一点，只有这样才能保持侧掌这一侧肩的松沉和手臂的松适。如果回引的侧掌掌心正对耳朵，易造成肩难以松沉，手臂太紧。如单鞭中的最后一个分动作“右转左前按掌”中，书中只能大约地写左掌按向身左前侧的东南AC处，右勾手指向身右前侧的西南BC处。那么这时手臂和胸的交角是否是135°，我看是应小于135°，因为只有这样才不影响含胸拔背。还有比如动作3“左挪挤”中的分动作（2）“右侧提挪”中在身右侧向上提挪的右侧掌应该在身右侧稍偏向前一点的位置。还有在做蹬踢脚动作时分劈于身侧面的侧掌也应该稍偏向前一点。因为只有这样才能保持含胸拔背，大臂和肩处的松适，可是在动作说明中只能简单大约地写手臂置身侧面。关于位置的大约描述和实际的精确判定希望读者们能在实际练习中去进一步感悟和精确判定。

（9）中盘架子高度不变，不要起波浪形：练习吴式方架太极拳和其他太极拳一样，中盘架子高度应不变，不要有明显的一起一伏如同波浪形。如数个“搂膝拗步”连做时拳架高度应不变。练习时中盘架子高度不变可保持重心平稳，使前攻之劲不易被对方掀起。

（10）练拳与养生：要使身体健康除了练习太极拳外，还需要注意其他方面的养生。在有弄堂风或屋檐风等地方狭小空气流速快的地方不要练太极拳。因为在这种地方练拳如“乱箭穿身”，所以古代有“避风如避箭”之说。练拳的环境须空气新鲜，如碰上大雾天不要到外面去练，若家中客厅较大可以在客厅里练，若房间较小也可把拳架升高用小步子练，也可专练套路中的几个片断动作。练拳的好的环境对呼吸系统，对心血管和人的心情关系重大。下午2点至4点也是练拳的好时间，这时外面植物的光合作用还占着主导地位，空气中氧气也还充沛；晚上由于植物的呼吸作用占主导地位，使其放出的二氧化碳多，空气较差，如这时想练习，可在家中练习。晨练的时间不要太早，等太阳出来之后的时间练习为好。但按一般的晨练习惯，这时大部分晨练者都上班或回家干事去了。早晨不要空腹练拳，应先吃一些如粥、饼干、糊或面包等易消化的食物，也不要吃得太饱，半小时后即可练拳。这样不但能获得练拳所需的能量，也保护了肝功能。练拳前或者练拳中如有大小便应及时解出排毒，千万不要将其憋住。练拳后不要马上吃东西，应休息片刻使身体恢复正常，平静下来后如需要吃可适当吃点。练拳后不要喝冷饮，不要吃冷食，不要淋冷水浴，如口干应喝点温水，如出汗应先把汗擦干，如想淋浴应淋温水浴。饮食方面不要暴饮暴食，不偏食，忌烟酒，有吸烟饮酒习惯的应不要过量。节制房事，防止体力过耗而损害健康。生活起居要有规律，练拳不要过度，以练后不疲劳，不影响睡眠为好。另外还应保养情绪，心平气和，防止喜、怒、哀、乐、悲、恐、惊、思这些情志上的七情偏胜，防止因这些情志在自己的意识中长期激烈地占据主导地位而影响气血运转从而影响健康，应及时警觉而尽早排除它。

三、吴式方架太极拳与自动调控

自动调控是太极拳套路在练习过程中的一种现象和功能，也是太极拳通过修炼产生的一种成果。吴式方架太极拳能较快激发内气，较快实现自动调控。本文讲解我在吴式方架太极拳的自动调控问题上的一点心得体会，并和读者们一起来探讨。下面我分三个问题谈：1.什么叫自动调控；2.怎么样来实现自动调控；3.自动调控有什么好处。

1.什么叫自动调控

在练习太极拳套路的过程中，在暗意念的引导下使内气产生的整体劲推动拳架自动地、连绵不断地由一个动作到位后再转换成另一个动作，这样连续不断地转换下去从而完成整个套路，并在这一过程中自己感觉到主观上并没有人为刻意地用力来做动作，而是好像由一股内在的劲力在推动着自己完成动作并使其到位，这样一种现象和功能我把它称之为“自动调控”。所谓自动调控，简单概括地说就是“暗意念引导内气产生的整体劲推动太极拳架运动的整个过程”。自动调控不但出现在太极拳套路的每一个动作中，而且还出现在每两个相邻动作之间的连接中，因而它可以贯穿在太极拳套路的整个过程中。

太极拳套路可以用明意念练，也可以用暗意念练。所谓明意念，是指直接从身体外部去指挥动作的意念，是一种意念较浓的支配方法。所谓暗意念，是指从身体内部引导内气去推动动作的意念，是一种意念较淡的支配方法。由于暗意念是通过引导身体内部的内气去推动动作，所以暗意念和动作之间的关系是间接的。通过暗意念去激发引导内气，再由内气去推动动作形成自动调控。所以由内气推动的动作，也可看作是自动调控的推动。由内气推动的劲力是整体劲，所以自动调控也以整体劲在推动动作。而用明意念指挥动作是表层局部的力。

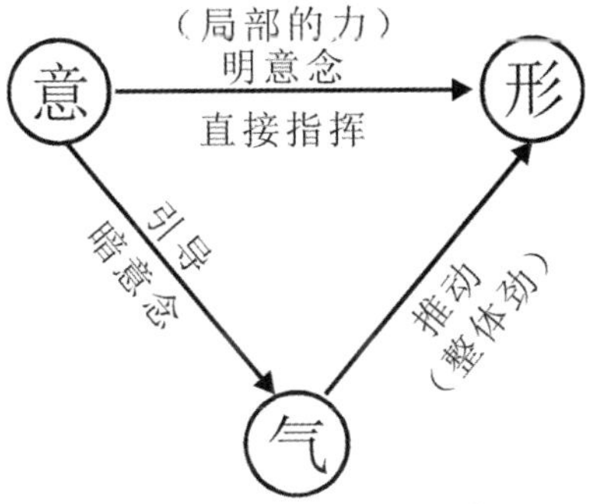

图1

如图1所示：“意”指明意念和暗意念，“气”指内气，“形”指动作。图中所示的“意、气、形”三者的关系反映了明意念和暗意念对动作的不同作用。用意念直接从身体外部去指挥动作，这种意念是明意念，在这里“意”和“形”两者之间的关系是直接的。用意念从身体内部激发引导内气去推动动作，这种意念是暗意念，在这里“意”和“形”两者之间的关系是间接的，因为这两者之间夹着一个“气”，“意”要依靠“气”来推动“形”。

明意念和暗意念：（1）都是人的意念；（2）是人的意念活动的不同表现方式。太极功夫好的练家，暗意念引导内气的功夫深了，在攻防上无所谓明意念和暗意念，因为其明意念和暗意念可以讲已融合，其意念引导的内气功力立刻会激发出来。但作为初学者一定要把明意念和暗意念分清，只有这样才能学习自动调控，才能有利于自动调控。

我们通过一遍遍地练习太极拳，使动作由不会到会，渐渐提高动作的练习水平，并使动作由不正确到渐渐正确，在头脑中形成“动力定型”，并向人脑这个电脑中输入了动作程序，慢慢学会身体和意念向下松沉产生内气形成自动调控，并把动作自动地、连绵不断地由这一个转换成下一个，进而完成整个套路。

在吴式方架太极拳中当某一个动作做完后要上步去接下一个动作时，一般都是一脚向前轻缓迈出成脚跟虚落地、脚尖上翘的虚步。如果用明意念来做这个动作时是意念直接从外部去指挥脚，使其向前轻缓迈出成脚跟虚落地、脚尖上翘的虚步。这种明意念是很人为刻意的。明意念指挥产生的劲力是表层局部的。如果用暗意念来做这个动作的话是在身体和意念向下松沉的情况下，由于胯、腿也松了，练习者静静地让暗意念激发引导的内气将腿缓缓提起使脚轻缓向前迈出成脚跟虚落地、脚尖上翘的虚步。这种将大腿轻缓提起使脚轻缓向前迈出成虚步的劲力是自动调控的整体劲。这种由暗意念来引导内气推动动作是由内而发的，是自然自动的，是练习者静静地让内劲将腿轻缓提起使脚轻缓向前迈出成虚步，而不是刻意的用明意念直接从外部去指挥脚向前迈出。暗意念引导内气推动动作形成自动调控，符合太极拳论所说的“以心行气，以气运身”，“先在心，后在身”，“以意领先”，“意到则气到，气到劲自到”，“用意不用力”。暗意念是淡淡的，若有若无的，它引导内气推动动作时，全身肌肉放松无僵滞和拙力，动作舒缓、柔和、连绵不断。

2. 怎么样来实现自动调控

怎么样来实现自动调控，其实就是讲实现自动调控的机理是什么？要实现由暗意念引导的内气推动动作的自动调控，需要身体和意念向下松沉造成下实上虚。所以说下实上虚是实现自动调控的重要机理。这种下实上虚不是脚下面力气用得大一点，手上面力气用得小一点。而是太极拳论的“劲从脚跟起，节节贯通”，“其根在脚，发于腿，主宰于腰，通过背脊和肩臂，形于手指”。这种“劲从脚跟起”并向上“节节贯通”的劲是整体劲。下实上虚是各种流派太极拳练习时共有的要求之一，是稳固下盘，提高健身治病和技击效果的重要锻炼手段。

（1）练好太极起势，做好下实上虚

太极拳的每一个动作都是一个桩，练太极拳套路又叫变桩（活动桩），即由一个桩缓缓地变成另外一个桩，如此连绵不断地一个桩一个桩地变下去进而完成整个套路，并在其间表现出攻防含义。练习太极拳套路的变桩过程和下实上虚与自动调控关系密切。《黄帝内经》中有形容站桩是：“提挈天地、把握阴阳、呼吸精气、独立守神、肌肉若一。”古人看见一棵树一动不动地竖立着，但能生生不息，于是人们也去模仿树一样站立着，并和医学等理论结合起来，使站桩成为一门学问。站桩是通过一定的静态站立姿势，使身体和意念向下松沉，使内气顺畅，血液循环加速，培补一个人的本元，使下盘扎实，使拳术体用兼备。所以武术界有“百练不如一站”之说。但这里所说的是固定桩，不是太极拳自动调控中的变桩。我们学习自动调控和下实上虚可以先从学习站好太极起势这个桩开始，先以站固定桩的形式练习，等到“得气”了就可以变桩进行自动调控。

太极起势是一个很好很重要的桩，它虽简单但练好也不容易，从它这里我们可以品悟到太极拳的许多道理。练习起势时可以由两脚左右为一脚空当的平行步站立开始，头身正直，膝盖微曲，内脚尖朝前，重心放脚后跟。含胸拔背，虚灵顶劲，舌顶上颚，两肩松平，两臂掌自然下垂松挂在两肩关节下，手掌在放松的情况下成为四指自然并拢稍回曲、大拇指尖和食指前端成相接近的虚钩形（虚掌、松掌），以两掌心向内并虚贴两大腿外侧。眼睛向前平视，或者在虚灵顶劲时眼球松并有点斜向前下视，眼睛半闭半开使眼神内收，眼光只能斜下看到约一尺距离处。排除一切杂念，精神安舒放松，可自然呼吸，练习时间长了也可以腹式顺呼吸（吸气丹田鼓出，呼气丹田内收）。身体和意念从百会穴开始慢慢向下松沉到涌泉穴，在这一过程中带动命门松并向身后放出，同时气沉丹田，促使尾闾内收，胯也自动内收，这时把人的侧面作为平面来看，百会穴、会阴穴、脚后跟这上、中、下三点连成的一条直线垂直于地面。这样一种站立姿势称作站要站棵松，它有利于气的下沉和贯通。尾闾内收是一个整体行为，而不是人为刻意地使尾闾骨这个部分局部用点力使它内收。它是在虚灵顶劲、含胸拔背等身体和意念向下松沉的基础上，促使命门松向后放出，同时促使气沉丹田，因此在这种情况下产生了一个使尾闾骨内收的整体劲。如果单靠尾闾骨这部分局部用力使其内收，这种尾闾内收是不能持久的，因为它没有前面所说的整体行为的大环境所产生的整体劲推动和长时间维护其内收。只有尾闾内收了，百会穴、会阴穴、脚后跟三点连成的一条线才真正是一条直线（把人的侧面作为平面来看）。

当身体和意念向下松沉到涌泉穴时，会感到有一股劲力把双掌慢慢向上托起，两掌向前刚离开大腿时两掌心是相对的，继而在上托过程中两掌心渐转向朝身内侧斜向下，当托到齐肩高时两掌心才全部朝下，而且两掌指自然下垂，两手腕上提。在两掌向上托的过程中会感到自己并没有用力，是好像一股内在的劲力在把双掌向上托起，同时会感到百会穴会自动微微上顶。这就叫太极起势，这就叫劲从脚跟起，这就叫下实上虚，这也叫得气，这就是自动调控。这就是我们通过身体和意念向下松沉到涌泉穴开发了暗意念，并用暗意念引导内气推动动作形成自动调控。这种把两臂掌向上托的劲是整体劲。如果是自己人为刻意地用力即用明意念把两臂掌向上拎起来，这是上半身局部的力，叫失重、拔根。我们把这种下实上虚的状态形容为“风吹杨柳根不动”。为什么刮台风时硬碰硬的梧桐树易吹倒，而杨柳树却很难吹倒？因为前者是硬顶，后者是松柔。这种站桩方法能使身体变得很虚灵，像杨柳树一样有一点微风就感觉到，有利于练听劲，同时下面的脚像打桩一样根基越沉越深，使下盘稳固，有利于健身、推手等技击。通过太极起势练习，会发现百会穴自动微微上顶，人感觉高大，两脚如打桩向下越沉越深中会品悟出太极拳的“对拉拔长，曲中求直”的含义。但必须注意的是，这个百会穴上顶是“微微”的顶，是自动调控中的内劲产生的。它必须遵照下实上虚的原则，在身体和意念向下松沉的状态下由自动调控产生的内劲使其微微上顶，从外形看身体高度并没有因百会穴上顶而加高。这个顶的意念不能浓，只能淡，只能虚，不能太刻意，要不然极易造成气逆而上，切记！根据下实上虚的原则，两脚如向下打桩越沉越深的成分多，而百会穴向上虚顶的成分少。它是在这样一种内心感悟状态下的对拉拔长。我们从身体和意念向下松沉到涌泉穴，两臂掌自动向上提掤中去品悟出“劲从脚跟起，节节贯通”的含义，更加明白太极拳论中“其根在脚，发于腿，主宰于腰，通过背脊和肩臂，形于手指”。怪不得武术界有句俗语：“太极拳的动作都是从脚底下打出来的”，“是脚底在打太极拳”。同时还使我们明白，只要身体和意念能向下松沉到涌泉穴，哪怕是站着也叫重心低；如果松不下去，哪怕再蹲得低也叫重心高。练太极起势中还品悟到，光有虚灵顶劲，含胸拔背，如果没有身体和意念向下松沉，两臂掌也不会自动向上提掤，因为不能“劲从脚跟起，节节贯通”。还品悟到身体和意念向下松沉能促使虚灵顶劲，含胸拔背，命门后鼓，气沉丹田，并促使尾闾内收。含胸拔背有互相循环的因果关系：如能含胸必能拔背，如能拔背必能含胸。可“尾闾内收”永远是“果”而不是“因”，尾闾内收的这个“果”，永远是由于虚灵顶劲，含胸拔背，身体和意念向下松沉，命门后鼓，气沉丹田等这些“因”造成的。尾闾内收它必须是前面这么多整体行为的“因”才能使其在套路演练中保持持久一贯的“果”。在意念的引导下使身体不但向下松，也会向四面松开，同时百会穴向上虚顶，两脚向下越沉越深，人会感觉膨胀高大，好像和大自然融为一体，真所谓“天人合一”。练太极起势中还能品悟到，当身体和意念向下松沉到腰时，两臂掌就能离开两大腿外侧向前上起掤，当向下松沉到大腿时，两臂掌继续上掤，但如果到约接近齐胸高这位置，两臂掌如上不去了，那是由于小腿没有松，这时我们通过意念向下松沉的引导来促使小腿松，两臂掌会继续向上提到齐肩平而完成“向上提掤”这个动作。松是一种状态，不是松软无力，是松柔产生对动作的推动力。身体和意念向下松沉的下实上虚告诉我们意念不能太浓，太浓影响自动调控。由于身体和意念向下松沉，使暗意念引导内气推动动作形成自动调控，从而使自己感觉到没人为刻意用力，这时自己的意念是很淡很淡的。如果这时意念太浓，造成意气上浮而不下沉，自动调控停止，变成明意念直接从身体外部去指挥动作。

（2）“静中求动”和“动中求静”

自动调控的过程是“静中求动”和“动中求静”的相互过程。做太极起势应先心神安静，调整好站立姿势，身体和意念向下松沉，静极则动产生自动调控的整体劲推动动作。在自动调控的整体劲推动一个动作接一个动作的过程中，始终保持心神安静，始终保持身体和意念向下松沉，排除一切杂念。如果在这一过程中出现了某一动作需人为刻意用力去做时，肯定这时身体和意念没有向下松沉。这时需通过意念的引导来继续向下松沉，自动调控又会重新出现。如动作“白鹤亮翅”的分动作（2）“沉坐提臂”中当身体后下缓缓沉坐，左臂掌从身左前下向上缓缓提起如提到一半时若上不去了，若要提上去需刻意用力了，这时除继续松臂、松肩、沉肩外，还需通过意念的引导做到松腰、松胯、松腿后左臂又能自动上扬，身体也会自动后下沉坐到身体垂直而完成这个分动作。然后自动调控的整体劲会使腰胯自动右转并带动上扬的两臂掌和身体整体右转完成分动作（3）“右转捌”。继而自动调控的整体劲又会使两肘自动稍内合并向下沉采同时带动上扬的两掌降至约齐鼻尖高，完成分动作（4）“蹲式合肘”，这时白鹤亮翅动作已做完。然后，在自动调控的整体劲继续推动下做出动作“左搂膝拗步”“手挥琵琶”等，进而完成整个套路。在自动调控推动下的套路练习中可以发现身体斜直必然会自动变成垂直，垂直也必然会自动变成斜直，弓步必然会自动变成虚步，虚步也必然会自动变成弓步。阳极生阴，阴极生阳，阴阳转换，在内气推动下一个动作到位完成了，必然要推变成另外一个动作。在某一位置的手，不可能永远在这一位置，在内气推动下必然要改变位置。在套路练习中通过“静中求动”和“动中求静”的良性循环，有利于使自动调控推动动作一个接一个地变化下去而完成整个套路。

（3）慢练中悟出“不丢不顶”

练习套路时，要遵照前面讲过的“动、静、轻、灵、松”的原则，要练得慢，在慢练中去品悟出如何做到“动、静、轻、灵、松”，品悟出得气，品悟出动作是否正确，在慢练中纠正动作，通过慢练来品悟出自己的自动调控的速度。一般讲一套方架用一般性速度，即不快不慢的速度练完需25分钟左右。我的学生当中有用慢速度练完一套用45分钟或1小时的，应该因人而异，在学习自动调控中自己去摸索练完一套所需的时间。每个人自动调控的速度是不一样的，自动调控速度要遵照太极推手中“不丢不顶”的原则。如推手中若对方跟进一寸，我也退一寸，叫不丢不顶；若我退多于一寸叫作丢，我丢开了对方，若我退少于一寸叫作顶，我顶住了对方。如果设自己自动调控的速度为10V，当自己练习套路的速度大于10V时叫作“丢”，即丢开了自己的自动调控的速度，向前走了，太快了，叫作“耗气”；如果当自己练习套路时的速度小于10V时叫作“顶”，即顶住了自己自动调控的速度，太慢了，叫作“憋气”。不按自己的自动调控的速度练，不按整体劲推动的速度和方向练，都在消耗和对抗整体劲。所以练习太极拳套路时，不但要顺其势，还要顺其速，按自己自动调控的速度和方向练，又叫“养气”。当一个较长的传统太极拳套路，为了表演、比赛的需要经过改编成为短套路，只要编得好，编得合理流畅，经过自己练习熟练后仍然能在平时练习中实现自动调控。功夫好的练家，气路可快可慢，自己可以控制，同样一套拳可以练成慢架和快架，这样的人比较少，不要硬去追求，以好好慢练为好。

蹬脚和踢脚时的自动调控是当身体和意念向下松沉后，自动调控的整体劲先把大腿上托、膝盖向上顶（小腿自然下垂跟着上升），当大腿高度到位后，整体劲又自动把小腿和脚向前送出完成蹬踢。同时，在这一过程中，当自动调控的整体劲随着身体重心上升把大腿上托时，同时把两交叉的臂掌向上托至额前，然后当小腿和脚向前送出时两臂同时做分劈动作。单摆莲和双摆莲是要人为用点力的，但如果腿上韧带拉得松点，会去少对抗自动调控的整体劲，动作会利索点。年纪大的人练习各种腿法，不要勉强，可低一点。

（4）做好身体的斜与正

在练习套路时要做好身体的斜与正。①我们把人的侧面作为平面来看。在做身体垂直站立和身体垂直的虚步时，应把百会穴、会阴穴和脚后跟三点连成的一条直线垂直于地面。在做身体斜中寓正的弓步时，这时身体的侧面图大约是一个直角三角形；即百会穴、会阴穴和脚后跟三点连成的一条直线斜向地面成为这个直角三角形的一条斜边；由于作弓步前推掌时眼观推掌所以头稍有点昂起，故可看作是百会穴前的囟门穴（婴儿头顶骨缝没闭合时的软穴处）和会阴穴、脚后跟三点一斜线；而鼻尖和前弓形腿的脚尖连成一条直线垂直地面成为这个直角三角形的一条直角边。②在做弓步身体前斜的动作时，上半身不要去刻意用力前斜，要根据下实上虚的原则，劲力来源于脚跟，以脚为根，上半身是虚的为零，头顶是虚顶，要利用后脚的自然蹬劲使后腿由弯曲变成自然伸直的过程中把劲力向上传递到上半身去推动其前斜。只有这样才能使身体前斜的度数准确到位而不过极。吴式方架太极拳在练习过程中由于身体斜和正的互相交替出现，使内气活动的中心点在身体前斜时在后面的命门，在身体垂直时在前面的丹田，这样有利于气的疏泄和收纳，使气的吐纳加强；而且由于身体的一斜一正形成动能和势能的顺利的互相转换，并和内气运转结合成为自动调控的助力剂而更加有利于自动调控。③下面从动作14“上步搬拦捶”来看动能和势能的互相转化。当动能使动作重心向前沉移成弓步，同时身体由原垂直变成向前斜，同时两合掌向前发出，这时完成了分动作“弓步合掌”，这时动能转化成了势能；在这个势能转化成的动能的推动下使重心向后沉移成虚步，同时身体由原前斜变成垂直，同时原右侧掌变拳向后弧形回拉并且原左侧掌稍回收成侧立掌护胸前，这时完成了分动作“后坐搬拦”，这时动能转化成了势能；在这个势能转化成的动能的推动下使重心向前沉移成弓步，同时身体由垂直变成向前斜，同时右拳向前击出完成分动作“弓步冲捶”。在下一个动作15“如封似闭”中在动能和势能的互相转化下先使重心向后沉移成虚步，同时身体由前斜变成垂直，同时两掌经捋臂后掌心向内并左右分开；然后重心向前沉移成弓步，身体由垂直变成前斜，同时两掌转掌前按。方架其他各个动作之间，及组成每个动作的分动作之间都存在着动能和势能的互相转换。每个动作或分动作的终点，也就是下一个动作或分动作的起点，每当动作或分动作到位了动能又转化成了势能并为下一个动作或分动作积蓄动力。动能和势能的互相转换也说明了动与静互相转换的关系，动能够转化为静，静也能转化为动。说明了阳极生阴、阴极生阳的阴阳之间的互相转换。身体的一斜一正有利于阴和阳，动和静，动能和势能的互相转换，有利于内气运转。促进了自动调控。身体垂直有利于气的下沉，身体一斜一正有利于气的疏泄和收纳，使气的吐纳加强，所以身体的一斜一正把气的下沉和吐纳都管到了，是一种协调。在自动调控推动下套路动作中动能和势能的损耗是由自动调控中产生的内气来补充的。

关于弓步时身体前斜的程度可以在实际练习时多多地去摸索领悟。一般来讲，如做动作“搂膝拗步”和“倒撵猴”的弓步时身体向前斜直（三点一线），而其他如“挤势”“迎面掌”“玉女穿梭”中的“拗弓步架推”等身体应稍前斜。吴式太极拳弓步身体要前斜是由于其后腿脚尖朝前所致，如果不前斜侧胯会不舒服。它不像杨式太极拳后面那只脚的脚尖外撇约45°~60°，所以身体一般是垂直的。综上所述，后面那只脚的脚尖朝向的不同形成了不同的力学框架。

（5）练太极拳不配乐

要使自己学会自动调控，那么练习太极拳时不能配音乐。因为自动调控需要自己一心专注入静，身体和意念向下松沉，静极则动，激发内气产生自动调控。听音乐练太极拳不是真正入静，再优美的音乐这时也是一种噪音。虽然平时听听音乐确实能使人愉悦心情，陶冶情操，我也喜欢听。但是音乐是有情感的。中医学理论告诉我们“心平则气周，心喜则气缓”。练太极拳时只有心平心静才能促使气血更好地周流全身，才能静极则动，激发内气推动动作。相比较而言，练太极拳时心平总比心喜要好。有些人练太极拳心静不下来，依赖听音乐来实现所谓把心静下来，但这样的静下来不是真静，也不是真松。应该在一心专注练拳中去培养自己的自静能力来做到不依赖于音乐。

（6）松静促使肌肉良好合理收缩

推动拳架运动的自动调控整体劲的劲力是来源于肌肉的收缩。因为一切劲力都是由于肌肉的收缩产生的，没有肌肉的收缩就不会有劲力的产生。自动调控是由于身体和意念向下松沉后所激发出来的一种大脑皮层和中枢神经有序、合理、高效的指挥能力。自动调控中的无意念，实际上是有意念，叫作暗意念。暗意念指挥的自动调控使产生劲力的肌肉的松和紧最合理，最恰到好处，做到松而不软，紧而不僵滞。如太极起势，两臂掌向前上提掤时是由于肌肉收缩产生了使两臂掌向上提升的劲力。为什么以自动调控做起势时自己会感觉不到是由于肌肉的收缩收紧而使两臂掌产生向上的提升劲，只感觉是在松的和没有用力的状态下使两手臂掌向上提掤。这是因为在自动调控中，由于身体和意念向下松沉，打通了身体各部分通道，以最小的消耗，用最小的劲力，最合理的用力，产生的阻力最小，发挥了最大的运动提升效力，再加上这种整体劲是由暗意念引导内气推动动作形成的，自己自然感觉不到用了劲力。并且这时体内毛细血管打开，血液循环加速，内脏功能增加，大脑皮层、中枢神经指挥功能加强，体内正气鼓荡，元气充足，更使自己感到是内气在推动，自己没人为刻意用力。

（7）循序渐进不要急躁

学习自动调控心不能急，要循序渐进慢慢来。心急的话心就不能入静，心不静就影响身体和意念的向下松沉，反而对自动调控不利。不要过分去追求，生活中有更重要的工作和事业要去干。只要以松静之心和松静之身去练习方架套路，按动作要领练，逐步掌握其内在规律，使自己在客观规律面前得到自由，慢慢地就会学会了自动调控，事半功倍。如果站桩心静不下来就不要死站，可马上打太极拳。站桩时间不必太长，在慢速度练习方架套路和短时间练习起势桩中也能较快掌握自动调控。学习动作不要贪多贪快，要认真仔细地多看看文字、照片、光盘这三个部分，因为它们各有所长，各有所短，可互相弥补不足。要认真积极练习，科学练习，增强悟性，要注意小动作。要等前面的动作巩固掌握了再去学习后面的动作。这样一定能较快、较好、较顺利地学好吴式方架太极拳。

阳极生阴，阴极生阳，当一个动作到位后，自动调控的整体劲会自动把这个动作推动到下一个动作，不需要人为主动刻意用力。如动作“揽雀尾”中掤挤势到位后，自己主观上不要人为刻意用力去急着做“捋势”，只要身体和意念是向下松沉的，暗意念引导的整体劲会以自身自动调控的速度，先使身体重心向后下沉坐，同时身体由前斜变成垂直，同时两掌转成侧掌，然后重心缓缓向后沉移做捋势；当重心缓缓后移到左支撑脚时，前面的右脚会自动成脚跟虚落地、脚尖上翘的右虚步。捋势到位后主观上不要人为刻意急着去做“按势”，在自动调控的推动下自然会转掌成右俯掌下按，同时坐胯、含胸、稍收腹，然后自动调控的整体劲又会自动推动重心缓缓向前沉移成右弓步前按掌。由一个动作推动到另一个动作，在慢练中实现，让暗意念引导内气来推动动作，防止用明意念从外部去指挥动作。在心静和身体及意念的向下松沉中，在慢练中，来悟出自己的自动调控速度，并使套路动作连绵不断。

3．自动调控有什么好处

自动调控是由于在套路练习中身体和意念向下松沉，静极则动，松静良性循环，由内气来推动动作所产生的一种现象和功能，好处不言而喻。

它能集中加强大脑皮层和中枢神经对身体各部分的控制能力，最大限度地开放毛细血管，加速血液循环，改善微循环，加强内脏功能，疏通经络。松使毛细血管口径变粗，使血流循环外周阻力大大减少，使高血压降低，低血压调高，加强末梢循环，开放毛细血管，减轻心脏负担。松减少了做动作的阻力，像机器上加了润滑油，使动作更加轻灵和虚灵。由于两脚的虚步、踮步和弓步的自动、合理变换，使脚前掌涌泉穴一会儿适当受压，一会儿又松开使其减压，好像在对其进行按摩、挤压以增加其血液回流能力。许多动作把重心放在脚后跟来练习，又使涌泉穴适当涵空使其受压力小，使气血顺利通过人体第二心脏，防止气血瘀结下半身或上半身，促使气血循环畅通，防止气逆而上。由于按自动调控引导的推动拳架运动的整体劲的速度和方向练是“不丢不顶”，使动作顺其势、顺其速，这时阻力极小，是“养气”，是培补本元，练习后使精力更加充沛。自动调控的整体劲所推动出来的身体一斜一正有利于气的吐纳，更加促使“以心行气，以气运身”。

由于引导自动调控的是暗意念，而以自动调控的暗意念来练太极拳能使人更加入静、更加松沉，促使更快更好实现静极生动，动中求静，形成良性循环，并在方架套路练习中使自动调控能够自始至终地维持着。自动调控中的静比用明意念、比听音乐练太极拳的所谓使人心静更加入静。人人都知道人的思维是在上面，在头脑中。但在自动调控中是利用身体和意念向下松沉到涌泉穴的这种方法，来使头脑虚空，毫无杂念，使身体松沉、松柔，各处毫无僵滞，减少运动阻力，打开身体各部分通道，把人的思想活动从上面移到下面脚底上去。把人脑和思维移到下面去，这不是说人脑真的生在下面，思维真的由下面而生，而是利用把人脑和人的思维移到下面去的这种象征性的方法来帮助入静，使意念和身体容易向下松沉，从而稳固下盘，实现下实上虚，实现劲从脚跟起，使脚底成了动力源，思想指挥源，使其向上传递动力，节节贯通。所以武术界有句俗话：“太极拳的动作都是从脚底下打出来的。”就是这个道理。

自动调控推动出来的动作最舒服正确。如动作“搂膝拗步”中的分动作“搂膝推掌”，自动调控使手掌推出时舒指坐腕成竖掌竖起不超45°，腕齐肩平，这时前推掌的掌背和小臂交角为约135°，大臂和小臂交角为约135°。如果这时手臂想再伸直一点，前推掌再竖起一点，就要人为地刻意再用一点力，同时会感觉到这时会使自己重心失控，易被对手所制，同时还会感觉到这时动作会不舒服，会僵滞。如动作“搂膝拗步”中的分动作“前后分掌”，只有当自动调控推动出来的这个动作的一掌以侧立掌前推，另一掌以侧掌回引所到达的位置最舒服正确。如果这时想把前面的侧立掌再向前移一点，把回引的侧掌再回拉一点，就要人为刻意去用力，不但不舒服，而且还要影响含胸拔背。自动调控能防止动作做得太过和不足。

太极拳的美和韵味是由于在下实上虚和内气推动动作形成自动调控的整体劲的推动下，使动作到位、协调而自然流露出来的，而不是靠人为的刻意做作，怒气拙力，意念过浓来表现的。任何慢性疾病、精神疾病、意识过浓，气逆而上都会使下肢无力，这叫失重，叫下虚上实。而通过太极拳自动调控的训练，要把以上病态改造成下实上虚，从而达到健身治病的目的。太极拳的自动调控、下实上虚的练习实践，使人们享受到无穷的乐趣和良好的意境感受，并对增强健身、疾病治疗和技击效果，及太极拳的韵味和美的展示有着不可低估的作用。

四、太极十三势与用法

太极十三势由掤、捋、挤、按、采、挒、肘、靠八种劲力和前进、后退、左顾、右盼、中定（简称进、退、左、右、中）五种步法所组成。太极十三势和弓、马、仆、虚等步型组成太极拳套路。太极十三势是构成太极拳套路的重要成分，也是表现太极拳攻防技法的基本要素。我们讲套路动作的用法是指套路动作的攻防含义，而太极十三势是攻防中最本质、最直接的技法。太极拳任何动作中不管其主要由哪些劲力所组成，但掤劲都不能丢。在两个人互相之间的武术攻防中，我直接走到对方身外侧叫作“直接走外圈”，我直接进入对方身内侧叫作“直接走里圈”，我从对方身外侧进入到对方身内侧叫作“外圈里走”，我从对方身内侧走到对方身外侧叫作“里圈外走”。在后面讲吴式方架太极拳套路时，详细而形象地讲解了动作“如封似闭”在攻防中关于里圈和外圈的4种走法。

太极拳套路中的每一个动作都具有攻防含义，并都由一种或数种劲力所组成。但在实际对抗时不应该说我用了如“搂膝拗步”“白鹤亮翅”等动作，而是应该说用了什么劲力，如用了“提掤劲”“按采劲”“采挒劲”等。因为实际对抗时的情况千变万化，运用的也只有劲力变化这种基本要素，而不是套路上具有特定姿势的架式。套路上的动作只能拆散成基本要素临场而变来运用的。

太极拳套路中的每一个动作都具有攻防含义，它“会意”的成分很多。一个看似简单的套路动作，具有多种攻防含义，其形式虽然简单但是攻防内容复杂。如动作“野马分鬃”中的分动作“右虚步合臂（提手上势）”，其外形只是前脚虚步，两掌一前一后合置胸前，看起来动作很简单，但其攻防内容很丰富。这个动作表示我用两手分别封住对方手臂的腕和肘，我可以将其向我侧下捋采来使其前跌，也可将其向我前方掷出使其后跌；或者我向侧下捋采时，其想用劲回拉来保持平衡，我即刻趁机将其向我前方掷出使其后跌；或者我向前将其掷出时，其想用前耸劲来保持平衡，我即刻趁机将其向我侧下捋采使其前跌。我两手封住对方手臂后，还可以用脚踩蹬其小腿迎面骨或膝盖。

掤：是一种向前、向上、向斜上、向外的劲力，它好像一只充满气体的球对外有膨胀劲拒敌于门外。太极拳任何动作及其他任何劲路中掤劲都不能丢。动作“太极起势”中之掤是当对方用双手分别抓住我两腕臂时我两手向前上起掤使其后跌。动作“揽雀尾”中之掤是当对方用右手攻我胸时，我右小臂掌粘搭住其右臂外侧，并通过我腰胯右拧转带动我右小臂掌向我右斜上掤开其臂并向前滑到其肘部使其拔根，同时我左掌击其右腋肋。做掤势时须把后脚之劲传向腰胯，并通过腰胯的拧转和腰的挺劲和沉肩来催动肘把劲力传向小臂，使其产生向前、向斜上的挤劲和掤撑劲。

捋：是一种向旁侧向后的横的劲力。它根据对方劲路进攻的方向，顺其势将其走化并引领到我身体左侧或右侧，并在对方劲力上顺其势再稍加上向旁侧的力，使对方受到向前跌出的更大合力。做捋势时腰胯要顺应捋的方向而左右拧转。当对方用左手攻我胸时，我腰胯左转侧身让开，并在其左臂外侧我同时用左手粘搭其左腕臂，用右手粘搭其左肘臂并同时随腰胯左转向左侧后捋带，使其拔根前倾而向前跌出。如“揽雀尾”“搬拦捶”“玉女穿梭”等动作中都包含有捋劲。

挤：是一种向外压迫对方，阻止对方劲力运转的劲力。挤的劲力是向前再向前下。它需要后脚的蹬劲，前腿的弓劲，腰的挺劲，抱圆作挤势时的两掌臂有向外扩张的掤劲，大家同时整体向前把挤劲发出。当我用右手攻对方被对方捋势化解，我即刻两臂掌抱圆作挤势压迫并阻止对方捋劲的运转使其向后跌出。如“揽雀尾”“提手上势”和“玉女穿梭”等动作中都包含有挤劲。

按：是一种向下和向前下的劲力。在向下的劲力中还包含着采劲，故也称向下按采。当对方用左手攻我胸腹时，我向后坐胯，空胸空腹，同时用右掌粘搭其臂向下按采使其拔根失势。如果对方想用回拉劲来保持平衡时，我即刻趁势弓步进身粘进向前下把按劲发出，使其向后跌出。如“太极起势”“揽雀尾”“提手上势”“玉女穿梭”等动作中都包含有按劲。

采：采有两种解释，一种是指向下的劲力，如向下沉采，向下按采。如对方用手向上托我肘时，这时我小臂置对方手臂之上方，我用俯掌粘握对方肘窝部，并沉肩、沉肘、转腰，同时我俯掌向下沉采使其拔根前倾。还有一种解释是指劲力的态势变化，是从摘花当中引用来，如一沉一带，一上一下，一左一右，一前一后，一顺一逆等，把矛盾对立的两种劲力在先后运用中迅速变化。如动作“上步搬拦捶”，当对方用右手攻我胸时，我右手粘握其右腕臂，左手粘握其右肘臂，同时腰胯右转、重心后移，两手合力下采使其拔根前倾；若这时对方想用回拉劲力来保持平衡时，我即刻顺势腰胯左转重心向前沉移，同时两臂合力向前发劲将其掷出，使其后跌。

挒：是一种横向的劲力，把对方攻我的力进行转移，并顺应对方劲力的方向。它需要腰胯的拧转劲和挺劲，肩的沉劲，两脚的扣劲来带动两手臂向左右横挒。如动作“白鹤亮翅”，当对方用右手攻我胸或头时，我腰胯稍右转侧身让开，同时用右手粘搭住其右腕臂，用左手粘搭住其右肘臂，同时我腰胯继续右转两手向右挒去使其拔根失势向我右侧跌出。

肘：是一种用肘击人的劲力，有沉肘、横肘、顶肘三种。它由腰胯和腿的状况而定。如动作“揽雀尾”中的分动作“怀抱七星”中是下沉肘，其用法是当对方用手向上托我右肘时，我用沉肩坠肘，塌腰坐胯，腰胯松沉，空腹含胸等整体行为使右肘向下沉采使其拔根前倾。如动作46“退步打虎”中的分动作“左转横靠肘”中用的是横肘靠击，它依靠腰胯的向左拧转来带动两肩随转，同时用左手将对方攻来之手臂向我左侧后捋开并同时上托，同时我右曲臂肘向前靠击其身；它依靠腰胯向左的拧转劲，含胸沉肩，右后脚蹬劲，左前腿弓劲，左手捋劲，来形成一个右曲臂肘向左前横肘靠击的整体劲。如动作“翻身撇身捶”中用的是前顶肘，它需腰的长挺劲，后脚蹬劲，前腿弓劲，催动右肩向前顺跟右肘，推动右肘向前顶击（粘身发劲）。

靠：是指利用肩、背、臂、胯、臀靠击对方的劲力。靠击时要双方身体贴近（有依附、倚靠）并在得机得势时才能用，以身体突然激发出来的整体向外的压迫劲。它遵循“劲从脚跟起”的原则，向上顺势传向靠击点。如动作“斜飞势”“十字手”“野马分鬃”中都包含有靠劲。传统武术中有“拳失用肘，肘失用肩，肩失用身”之说。如我右手击对方，被其向我左前下侧捋采时，我顺势右脚上步封其脚或插裆，同时用右臂肘和右肩及身靠击对方。

进：是指上步前进封住对方的脚或插裆，缩短我和对方距离的一种步法。它和后面所讲的“退、左、右、中”步法一样，都是为了使自己在武术攻防中和对方保持适当与合理的距离、位置、角度并有利于自己的防守和进攻而不利于对方。如动作“上步搬拦捶”“上步揽雀尾”“搂膝拗步”“搂膝指裆捶”“上步七星”等都包含着上步。

退：是指后退、撤步。这种退并不是远离对方消极的退，而是通过向后卸步，不但卸其力，还使其难以接近我，使我和对方保持适当距离便于我攻防。如动作31“卸步搬拦捶”，当对方用右手攻我胸，我腰胯右转侧身让开，同时我在其右臂外侧我右掌粘搭其右腕，左掌粘搭其右肘臂向我右侧搬开，如果这时对方蓄力继续上步攻我，我左掌封拦住其右臂肘使其不能前进，同时我右脚后退用右拳击其胸肋。其他动作如“倒撵猴”“退步打虎”“退步跨虎”等都包含着退步。

顾盼（左顾、右盼）：左顾、右盼有两个含义。一是指攻防中步法不但有前进、后退，还要根据对方的情况向我左侧或右侧移动，不断调整自己的步法和重心。二是还要环顾敌向我左右两侧的进攻，把我左右两侧都要管住。要利用腰胯的左右拧转将对方攻来之劲力向我左右两侧化带。

定（中定）：中定是指在和对方的攻防中，不论自己的步法和重心如何变化、移动，都要得守住自己的中心线，又叫取中。这点在前面讲的“其他注意事项”之（3）“三尖相对”中已谈到。防守、进攻要不离自己的中心线，向下的重心线不要超出两脚形成的底面。要不偏不倚，立身中正，支撑八面。不要因“过劲”而使自己劲力、重心失控而被敌所制。自己的虚实变幻要使对方难以捉摸。对方动急，我侧急应，动缓则我缓随，彼不动己不动，彼微动，己先动，要使人不知我，我独知人，永远立于不败之地。

五、太极拳十要

杨澄甫口述　陈微明笔录

（一）虚灵顶劲　顶劲者，头容正直，神贯于顶也。不可用力，用力则项强，气血不能流通，须有虚灵自然之意。非有虚灵顶劲，则精神不能提起也。

（二）含胸拔背　含胸者，胸略内涵，使气沉于丹田也。胸忌挺出，挺出则气拥胸际，上重下轻，脚跟易于浮起。拔背者，气贴于背也，能含胸则自能拔背，能拔背则能力由脊发，所向无敌也。

（三）松腰　腰为一身之主宰，能松腰然后两足有力，下盘稳固；虚实变化皆由腰转动，故曰："命意源头在腰隙"，有不得力必于腰腿求之也。

（四）分虚实　太极拳术以分虚实为第一义，如全身皆坐在右腿，则右腿为实，左腿为虚；全身皆坐在左腿，则左腿为实，右腿为虚。虚实能分，而后转动轻灵，毫不费力；如不能分，则迈步重滞，自立不稳，而易为人所牵动。

（五）沉肩坠肘　沉肩者，肩松开下垂也。若不能松垂，两肩端起，则气亦随之而上，全身皆不得力矣。坠肘者，肘往下松坠之意，肘若悬起，则肩不能沉，放人不远，近于外家之断劲矣。

（六）用意不用力　《太极拳论》云：此全是用意不用力。练太极拳全身松开，不使有分毫之拙劲，以留滞于筋骨血脉之间以自缚束，然后能轻灵变化，圆转自如。或疑不用力何以能长力?盖人身之有经络，如地之有沟洫，沟洫不塞而水行，经络不闭则气通。如浑身僵劲满经络，气血停滞，转动不灵，牵一发而全身动矣。若不用力而用意，意之所至，气即至焉，如是气血流注，日日灌输，周流全身，无时停滞。久久练习，则得真正内劲，即《太极拳论》中所云："极柔软，然后极坚刚。"也太极拳功夫纯熟之人，臂膊如绵裹铁，分量极沉；练外家拳者，用力则显有力，不用力时，则甚轻浮，可见其力乃外劲浮面之劲也。不用意而用力，最易引动，不足尚也。

（七）上下相随　上下相随者，即《太极拳论》中所云："其根在脚，发于腿，主宰于腰，形于手指，由脚而腿而腰，总须完整一气。"也手动、腰动、足动，眼神亦随之动，如是方可谓之上下相随，有一不动，即散乱也。

（八）内外相合　太极拳所练在神，故云："神为主帅，身为驱使。"精神能提得起，自然举动轻灵。架子不外虚实开合。所谓开者，不但手足开，心意亦与之俱开，所谓合者，不但手足合，心意亦与之俱合，能内外合为一气，则浑然无间矣。

（九）相连不断　外家拳术，其劲乃后天之拙劲，故有起有止，有续有断，旧力已尽，新力未生，此时最易为人所乘。太极拳用意不用力，自始至终，绵绵不断，周而复始，循环无穷。原论所谓"如长江大河，滔滔不绝"，又曰"运劲如抽丝"，皆言其贯串一气也。

（十）动中求静　外家拳术，以跳踯为能，用尽气力，故练习之后，无不喘气者。太极拳以静御动，虽动犹静，故练架子愈慢愈好。慢则呼吸深长，气沉丹田，自无血脉贲张之弊。学者细心体会，庶可得其意焉。

第三章

>>> 吴式方架太极拳套路

一、吴式方架太极拳的动作方位定法

过去太极拳的动作方位朝向都是以东、南、西、北来定的。如图2所示，太极起势正身朝南面，那么人的背面为北面，人的左侧为东面，人的右侧为西面。以这样的定位方法固定后，如搂膝拗步在9势、11势、26势、70势中都是向东，在17势、54势中都是向东南，在41势、83势中都是向西。以这种定位方法，太极拳基本上是在东西方向的长条地上来回练着。

从以上定位中看到太极拳基本上是在带有长条形的东西线上来回练着。以后万一受场地条件限制，比如场地是南北长条形地或再偏斜一点，使得太

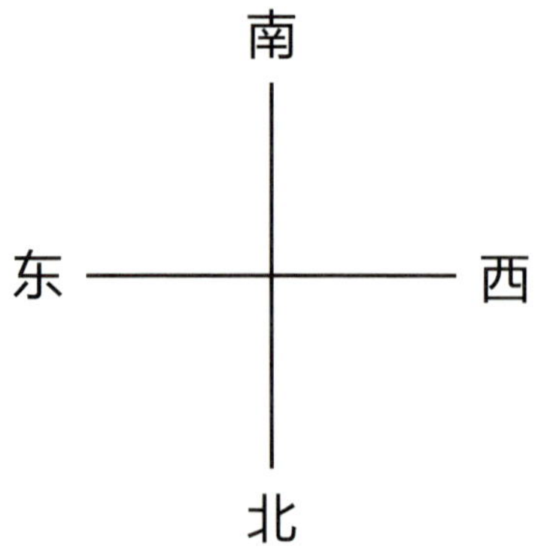

图2

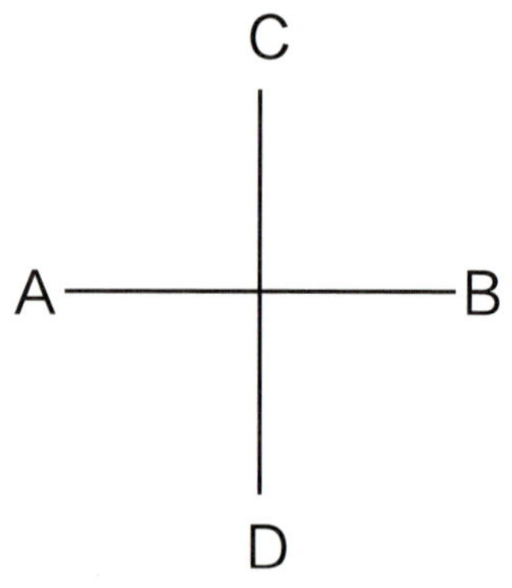

图3

极起势不能朝向正南面来练，这时用A、B、C、D的定位方法比较容易和方便，即太极起势无论朝向何方均以图3所示，起势正面必然是C，背面必然是D，左侧必然是A，右侧必然是B。以这样的定位方法固定后，如搂膝拗步在9势、11势、26势、70势中都是向A，在17势、54势中都是向AC，在41势、83势中都是向B。以这种定位方法，太极拳基本上是在AB方向的长条地上来回练着。

由于考虑到有一部分人还习惯于东南西北的定位方法，所以在这本吴式方架太极拳的书上如图4所示，把东南西北和ABCD的定位方法并起来用，以适合读者各取所需。以这样的定位方法固定后，如搂膝拗步在9势、11势、26势、70势中都是向东A，在17势、54势中都是向东南AC，在41势、83势中都是向西B。以这种定位方法，太极拳基本上是在东西AB方向的长条地上来回练着。

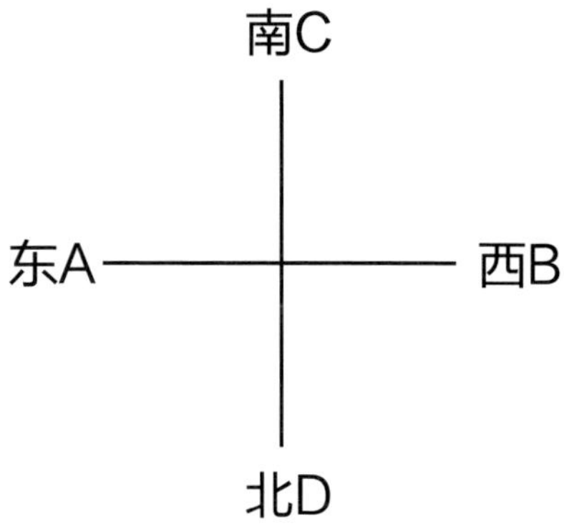

图4

二、吴式方架太极拳套路动作名称和顺序

第一段

1. 预备势（南C）
2. 起势（南C）
3. 左掤挤（南C）
4. 揽雀尾（西B）
5. 单鞭（正身向南C，眼观向东南AC的左掌）
6. 斜飞势（向身左侧东A）
7. 提手上势（南C）
8. 白鹤亮翅（南C→东A→南C）
9. 左搂膝拗步（东A）
10. 手挥琵琶（东A）
11. 搂膝拗步（左、右、左3势，东A）
12. 手挥琵琶（东A）
13. 按掌（东A）

14. 上步搬拦捶（东A）

15. 如封似闭（东A）

16. 十字手（南C）

第二段

17. 斜左搂膝拗步（东南AC）

18. 抱虎归山（北D稍偏西B）

19. 斜揽雀尾（北D稍偏西B）

20. 斜单鞭（正身向西南BC，眼观向南C略偏西B的左掌）

21. 肘底看捶（东A）

22. 倒撵猴（左、右、左3势，面向东A，退西B）

23. 斜飞势（向身左侧东A挤靠）

24. 提手上势（南C）

25. 白鹤亮翅（南C→东A→南C）

26. 左搂膝拗步（东A）

27. 手挥琵琶（东A）

28. 海底针（东A）

29. 扇通背（东A）

30. 翻身撇身捶（西B）

31. 卸步搬拦捶（退东A，面向西B）

32. 上步揽雀尾（西B）

33. 单鞭（正身向南C，眼观向东南AC的左掌）

34. 云手（共3势，向东A移动）

35. 单鞭（正身向南C，眼观向东南AC的左掌）

36. 左高探马（东A→南C）

37. 右分脚（东南AC）

38．右高探马（东A→北D）

39．左分脚（东北AD）

40．转身左蹬脚（西B）

41．搂膝拗步（左、右2势，西B）

42．进步栽捶（西B）

43．翻身撇身捶（东A）

44．左高探马（东A→南C）

45．披身右踢脚（南C→东北AD→东南AC）

46．退步打虎（东南AC→北D→东A→北D→东南AC）

47．右蹬脚（东南AC）

48．双峰贯耳（东南AC）

49．左踢脚（东A）

50．转身右蹬脚（东A）

51．上步搬拦捶（东A）

52．如封似闭（东A）

53．十字手（南C）

第三段

54．斜左搂膝拗步（东南AC）

55．抱虎归山（北D稍偏西B）

56．斜揽雀尾（北D稍偏西B）

57．斜单鞭（正身向西南BC，眼观向南C略偏西B的左掌）

58．野马分鬃（共5势）

（1）右野马分鬃（西北BD）

（2）右野马分鬃（西北BD）

（3）上步左野马分鬃（西B）

（4）上步右野马分鬃（西北BD）

（5）右野马分鬃（西北BD）

59．玉女穿梭（共6势）

（1势）左玉女穿梭（西南BC）

（2势）右玉女穿梭（东南AC）

（3势）右野马分鬃（东南AC）

（4势）右野马分鬃（东南AC）

（5势）左玉女穿梭（东北AD）

（6势）右玉女穿梭（西北BD）

60．揽雀尾（西B）

61．单鞭正身（向南C，眼观向东南AC的左掌）

62．云手（共2势，向东A移动）

63．单鞭（正身向南C，眼观向东南AC的左掌）

64．下势（东A）

65．金鸡独立（左、右2势，东A）

66．倒撵猴（左、右、左3势，面向东A，退西B）

67．斜飞势（向背后北D背靠，面向南C）

68．提手上势（南C）

69．白鹤亮翅（南C→东A→南C）

70．左搂膝拗步（东A）

71．手挥琵琶（东A）

72．海底针（东A）

73．扇通背（东A）

74．翻身撇身捶（西B）

75．上步搬拦捶（西B）

76．上步揽雀尾（西B）

77．单鞭（正身向南C，眼观向东南AC的左掌）

78．云手（共2势，向东A移动）

79．单鞭（正身向南C，眼观向东南AC的左掌）

80．左高探马（东A）

81．迎面掌（东A）

82．转身单摆莲（西B）

83．右搂膝拗步（西B）

84．搂膝指裆捶（西B）

85．上步揽雀尾（西B）

86．单鞭（正身向南C，眼观向东南AC的左掌）

87．下势（东A）

88．上步七星（东A）

89．退步跨虎（东A）

90．转身迎面掌（西B）

91．转身双摆莲（东A）

92．弯弓射虎（东北AD）

93．左高探马（东A）

94．迎面掌（东A）

95．翻身撇身捶（西B）

96．上步仆面掌（西B）

97．上步揽雀尾（西B）

98．单鞭（正身向南C，眼观向东南AC的左掌）

99．合太极（南C）

100．收势（南C）

三、吴式方架太极拳套路动作的详细说明和拳照

第一段

1．预备势（南C）

（1）并步站立

面向正南C站立，头身正直，眼睛向前平视，排除一切杂念，精神安舒放松，舌顶上颚，两腿并拢，两膝微曲，两脚尖朝前，重心放脚后跟。虚灵顶劲，含胸拔背，两肩松沉而平，两臂自然下垂松挂在肩关节下，两掌心向内并虚贴大腿外侧，两中指分别对两侧裤缝。可用意念从百会穴开始慢慢向下松一直松到涌泉穴，在这一过程中也带动命门松向后放出，气沉丹田，促使尾闾内收，胯也内收。这时把人的侧面作为平面来看，百会穴、会阴穴、脚后跟这上、中、下三点连成的一条直线垂直于地面。(照片1)

（2）平行步站立

①身体重心缓缓移到右脚，左腿松掉，使左脚跟渐渐上提，左脚前掌虚踮地。(照片2)

②左腿继续轻缓上提，使左脚尖离地向身左侧横开约半步，约等于自己一脚空当处作左脚尖落地处，这时重心仍落右脚，左脚前掌于身左侧虚踮地。(照片3)

③左脚掌缓缓全落地踏实踏稳后，全身重量渐渐平均移分至两脚，这时两脚外侧约等于自己的肩宽，重心仍落脚后跟。身体仍保持百会穴、会阴穴、脚后跟这上、中、下三点连成一条直线垂直于地面。(照片4)

照片1

照片2

照片3

照片4

2. 起势（南C）

（1）两掌向前起掤

两掌向前离开大腿外侧时，手掌在放松的情况下成为四指自然伸直并拢稍回曲、大拇指尖和食指前端相接近的虚钩形。两掌以肩宽距离缓慢向前上升提，并且两掌臂稍微曲，在由下向前上的提升过程中，两掌心先是相对的，然后渐渐两掌心斜向下，到齐肩平时，两掌心才全部向下，而且两掌指自然下垂，两手腕上提，这时不要耸肩，要沉肩。身体继续向下松沉，自动调控的整体劲会通过沉肩带动两肘微微下沉，并再由微微下沉的两肘带动两手腕微微下沉而牵动两掌原先下垂的手指轻缓上扬成四指自然伸直并拢指尖朝前，大拇指自然分开，四指和掌背基本平展的俯掌，眼睛向前平视。（照片5、6、7、8）

照片5

照片6

照片7

照片8

▲注意

两掌向前起掤时，两手腕有同时向上提和向前顶之意。最后把下垂的手指牵动上扬成平展掌的这一微微沉肘沉腕的动作，下沉的幅度极小、细微，不仔细看不易看出。

（2）两掌向下按采

①平行步站立不变，沉肩沉肘，两肘向后下缓缓沉拉并带动两掌向下按采，使两直臂变曲臂；当两肘收到各自相对应的两腰侧时，两大臂置两腋肋边并下垂，并注意这时两肘和两大臂不要去紧贴腋肋，要和腋肋相距约一平拳空当，简称肘不贴肋；两小臂俯掌以约肩宽位于两腰左右侧前互相平行并和地面平行，即大小臂成直角，眼向前平视。(照片9)

照片9

②平行步站立仍不变，两腰侧的两肘位置先不动，两俯掌继续缓缓向下向后按采，到两俯掌要接近两大腿外侧时，两肘离开两腰侧向后稍顶出，并带动两俯掌回收到两大腿外侧成直臂下按势，两俯掌大拇指尖分别对两裤缝处，眼向前平视。(照片10)

照片10

（3）身体下蹲

身体垂直，重心渐移右脚，两腿缓缓曲膝下蹲，两俯掌仍以按势分别置于两大腿外侧，两大拇指尖对裤缝，眼向前平视。(照片11)

照片11

>>> 动作2起势用法

（1）用腕部向前上起掤

①当对方用双手抓捏或按我双腕臂时，我提腕垂指向前上起掤，利用腕部的上提前顶之劲向前发出，使其身体向后倾斜而跌出。

②或者当对方用双手抓捏我双腕臂时，我先松肩沉肩，掌指尖向下插而把对方的力往下引使其失势，对方必然要用回拉力来保持平衡，这时我立刻粘跟住其向前上起掤，使其身体向后倾斜而跌出。

③当对方用双手攻我胸时，我用双臂向前上起掤粘防开其攻来之手臂，用提腕之腕背向前击打其胸、腋部；对方如后退，我可掌背、掌指平展向前发劲，用掌尖刺击其胸、腋部。

（2）用腕的沉采

当对方用双手向上托我肘部时，我用在其两臂上方的双掌握粘对方肘窝部，我立刻沉肩、沉肘，并以两臂带动双掌及腕往下一沉按采，使其拔根前倾。如果我为防止对方趁势前撞或者前跌时撞到我，这时我也可以同时转身（左转或右转），并用采捌劲使其向我左侧或右侧跌出。如果我再配合身体下沉坐同时左、右转体采捌，这样就会使对方跌到我身体的左右侧后。

3．左掤挤（南C）

（1）左掤势

①身体垂直，重心仍坐右脚，左腿松掉并缓缓上提，使左脚跟渐离地成左脚前掌虚踮地；左腿继续轻缓上提，使左脚尖离地向前轻缓迈出成左脚跟虚落地、脚尖上翘的左虚步，眼观前方。(照片12)

②身体垂直，右直臂俯掌仍按置右大腿外侧；左直臂俯掌由左大腿外侧向前、向右、向上再稍向左走逆弧成曲臂抱圆置左胸前，左掌心向里对

照片12

照片13

照片14

▶注意

回引到右耳侧的右掌指一定应倒向右侧，而不能向左侧斜倒。因为如向左侧斜倒，那是人为的刻意，不是自动调控。

左胸，左掌尖斜向右侧45° 成左掤势，左掌心和胸距离大约两手掌长，眼观左掌。(照片13)

（2）右侧提掤

身体垂直，重心仍坐右脚，眼仍观左掌；在右大腿外侧的右直臂俯掌顺转90° 并从身右侧下向右侧上，以直臂、右侧掌（掌心向前）缓缓提掤升移至齐肩平；在沉肩、松肩、松臂、松掌向上提掤时，右腕有同时向上提和向右侧顶之意；右掌指由于提腕和自身重力作用，在整个右侧提掤过程中始终自然斜下垂。(照片14)

（3）右掌回引

身体垂直，重心仍坐右脚，眼仍观左掌；由于上势右侧提掤中右腕有同时上提和向右侧顶之意，到了齐肩平时提劲还在，这时右臂以右肘为轴心并右肘稍下沉带动右直臂渐渐变成右曲臂同时带动右侧掌回引至右耳侧，右掌四指仍倒向右侧。(照片15)

（4）合掌势

身体垂直，重心仍坐右脚，眼仍观左掌；右掌以掌心朝前向左掌心推合，并在这一过程中使向右侧倒的右掌以右手腕为轴渐渐逆折转成向左侧45°斜倒，最后合到左掌心上；手心相合的两掌成约90°交叉（即前面的左掌掌心向里，四指向右侧45°斜倒，在后面的右掌掌心向前，四指向左侧45°斜倒），眼观两合掌前方。（照片16）

照片15

照片16

▲注意

在分动作（4）“合掌势”中，两合掌臂抱圆应饱满，使其不丢掤劲，并应沉肩。从分动作（1）“左掤势”到分动作（4）“合掌势”，由于在做这些动作过程中右腿单腿支撑时间较长，所以更应该注意右膝盖对右脚尖并不得超出右脚尖，同时把重心放在右脚跟。这样，作为右支撑腿的右膝盖相对放松，而且受力小，右膝盖不易受伤。切记！切记！

（5）挤势

①先上势左虚步的左脚以虚落地的左脚跟为轴脚尖往右内扣45°，然后右后脚蹬劲使身体重心缓缓向前沉移，左直腿缓缓变成左曲膝至左脚全脚落地成左腿弓形；同时齐胸高的双合掌随重心前移向前挤出，这时右后腿还应该是弯曲的，右后脚全脚着地，身体垂直。（照片17，照片17a＜相机在身右侧＞）

照片17

照片17a

②右后脚继续蹬劲，使右后腿由弯曲渐渐变

照片18

照片18a

成自然伸直而完成左弓步，同时两合掌继续前挤，身体稍前斜，眼观两合掌前方。(照片18，照片18a＜相机在身右侧＞)

▲注意

（1）做挤势①使左脚跟虚落地的左脚内扣45度时，如果身体和意念能向下松沉，两腿都能松掉，那么自动调控的整体劲就会把左脚以虚落地的左脚跟为轴自动向右内扣45°，而不需要自己人为用力。如果松不下去，则要故意人为用力来使左脚内扣。

（2）做挤势②弓步前挤时，只要身体和意念能向下松沉，自己会感受到自动调控的整体劲会使左前弓步有弓劲，右后脚有蹬劲，腰有挺劲，百会穴虚顶，同时推动抱圆的有掤劲的两掌向前把挤劲发出而完成挤势。

>>>动作3左掤挤用法

（1）左掤挤可以和前面太极起势中的两掌向下按采结合起来用，当我用下按采使对方向前将跌出时，对方一定要向身后用劲回拉来保持平衡，这时我可立刻用合掌挤势向其胸部发出，使其向后跌出。

（2）如对方右手击我，我在其右臂内侧用左掌将其击来之手向左掤开，并立刻合掌击其胸部。

4．揽雀尾（西B）

（1）合掌拧旋

前面的左腿曲膝弓形和身体稍前斜不变，左右两肘稍向外撑顶开，同时带动原胸前相合的两掌稍回收，同时两合掌以掌心为轴心，使在前面的左掌顺拧转约45°，同时使在后面的右掌逆拧转约45°，并使左掌指向右，右掌指向左，眼观两合掌前。(照片19)

（2）右侧分掌

腰胯不要转动，前面的左腿曲膝弓形和身体稍前斜仍不变，以右肘为轴心，使右小臂带动右侧掌以弧形向身右上、再向右下分掌劈至约齐肩平的西B方向，右臂由原合掌时的曲臂变成直臂，左曲臂抱圆的左掌心仍对左胸前，在分掌过程中眼睛始终跟着右侧掌走。(照片20)

▲注意

分动作（1）“合掌拧旋”与（2）“向右侧分掌”的劲来源于自动调控的整体劲，即暗劲（内劲）。身体和意念向下松沉，产生劲从脚跟起，整体劲灌到胸前抱圆的两臂掌，产生向外沿扩张的掤劲继续向外膨胀，终于使右小臂以右肘为轴心并带动右掌离开和它相合的左掌以弧形向右侧分劈至约齐肩平。完成这些过程，完全不需要自己人为刻意用力去做，自己感到是在放松状态下没有刻意用力，是由暗劲（内劲）、整体劲帮助自己完成了动作。

照片19

照片20

照片21

照片22

照片23

（3）右虚步合臂（提手上势）

①上势左曲臂掌对左胸，右侧分掌，眼观右掌姿势不变；身体不要转动，重心坐左前脚，右后腿松掉由原自然伸直渐变成弯曲，右脚跟渐离地使右脚前掌虚踮地，身体由稍前斜变成垂直。（照片21）

②身体仍垂直，重心坐左脚，腰胯右转，同时原虚踮地的右脚前掌随转顺拧；同时随转原对左胸的左掌向前缓缓伸出，同时随转右直臂肘稍下沉，带动右侧掌稍回引，使右直臂变成稍曲；当身体转到面向身前西B时腰胯右转停止，这时右脚向身前的西B方向轻缓迈出成右脚跟虚落地、脚尖上翘的右虚步，同时左掌尖虚搭右脉腕（左侧掌掌心向右，右侧掌掌心向左）；这时身体仍垂直，右食指尖约齐鼻尖高，眼睛在动作中始终观右侧掌前。（照片22）

③右虚步不变，左掌尖虚搭右脉腕；稍坐胯，稍收腹含胸，同时身体稍前斜；同时右肘再稍下沉（左肘随之稍下沉），并带动两侧掌稍回引形成合臂，右肘和腹部距离约一手掌半长，这时右大小臂交角约135°；右食指尖约齐鼻尖高，眼观右侧掌前。（照片23）

（4）怀抱七星

右虚步不变，左掌尖虚搭右脉腕；继续坐胯，收腹含胸，同时身体在上式稍前斜基础上继续稍前斜成约共前斜30°；同时右肘继续下沉（左肘随之下沉），在沉肘的同时左侧掌顺转90°为俯掌在上，右侧掌顺转90°为仰掌在下，右仰掌掌心斜向里上；右肘和腹部距离约一手掌长，右掌食指尖约齐鼻尖高，但鼻尖正对右掌中指，眼观右仰掌前。（照片24）

▲注意

坐胯是腰胯向下松沉，即塌腰的意思。前面分动作（3）“提手上势”和分动作（4）“怀抱七星”这两个分动作中右肘的下沉除了渐渐右曲臂沉肘使右肘下沉外，还有更重要的是靠松腰、松胯坐胯、收腹含胸和身体向前斜的带动使右肘下沉，右肘下沉是个整体行为。这里所讲的收腹含胸有空胸空腹之意，即含空进去避化对方攻势。另外还须松肩、沉肩。

（5）掤挤势

原右虚步不变，重心坐左脚，腰胯缓缓左转约30°并带动右仰掌稍下降作舀水状并指向身左前约30°处，左俯掌掌尖虚搭右脉腕随跟，同时身体稍竖起，眼观右仰掌前；然后重心缓缓向前沉移成右脚全脚着地，右腿曲膝弓形，左后腿由弯曲渐变成稍弯曲；同时腰胯右转并带动右仰掌向右、向前、向上作弧形掤势，左俯掌掌尖虚搭右脉腕随跟，右臂不要伸得太直，眼观右仰掌前。（照片25 1、25 2、25 3）

照片24

照片25-1

照片25-2

照片25-3

右腿仍曲膝弓形，腰胯继续稍右转，由于左后脚脚尖仍外撇45°，所以应以左脚前掌为轴心顺拧转同时左脚跟外推来使左脚尖朝前，同时左腿由稍弯曲变成自然伸直形成右弓步，同时随身右转两掌于胸前抱圆（左掌尖虚搭右脉腕）成挤势，右掌心向内，左掌心向外，身体稍前斜，眼观右掌前。（照片26）

照片26

▲注意

吴式方架太极拳中，有三种挤势的左右掌相合的方式不同：（1）动作3“左掤挤”中之挤势是右掌心虚合左掌心，是掌心和掌心相合。（2）动作4“揽雀尾”中之挤势是左掌尖虚合右脉腕，是掌尖和脉腕相合。（3）动作7“提手上势”中之挤势是左掌心上部虚合右脉腕，是掌心上部和脉腕相合。作为套路我们应该尊重并保留它的这种不同的特色，并在练习过程中把它反映出来。

（6）捋势

身体后下沉坐，左后腿由自然伸直变成弯曲，身体由稍前斜变成垂直；同时在腰胯稍右转的带动下使原先抱圆于胸前的两掌之右掌以腕为轴使掌尖向右下、向右上画逆弧，同时右掌逆转约90°成俯掌；然后在腰胯稍左转的带动下右掌尖继续向右上、向左画逆弧，同时右掌顺转约90°成侧掌（掌心向左），同时左掌尖虚搭右脉腕随动使左掌逆转约90°成侧掌（掌心向右），同时重心缓缓向后沉移，同时两臂缓缓稍沉肘并带动两掌做回捋，当重心全坐左脚时，右前脚成脚跟虚落地、脚尖上翘的右虚步，身体稍前斜，右肘和腹部距离约一手掌半长，右侧掌食指尖约齐鼻尖高，眼观右侧掌前。（照片27-1、27-2）

▲注意

做动作“揽雀尾”的“挤势”转入“捋势”时右掌尖画的逆弧是很小的，这和后面的动作59“玉女穿梭”之分动作“捋势”中用掌尖画的大弧相比较能明显看出来。

应该在身体垂直时再重心向后沉移做回捋。做回捋时，腰胯的转动幅度没有杨式太极拳那么大，方架的转幅比较小，“会意”的成分多，如果刻意去加大转幅，反而不利于做动作。

（7）按势

①右虚步不变，继续坐胯、微微收腹含胸；同时以左掌尖虚搭右脉腕，右侧掌逆转90°成俯掌在上，随动左侧掌逆转90°成仰掌在下，同时转掌中右掌在右沉肘带动下有稍向下按压之意，同时腰胯稍右转，右肘和腹部距离约一手掌长，身体稍前斜，眼观右掌下。（照片28）

②重心向前缓缓沉移成右弓步，同时腰胯稍左转，同时右掌向前缓缓按出成立掌，左仰掌掌尖虚搭右脉腕，右腕约齐肩平，右立掌掌尖约高不过眼，身体稍前斜，眼观右掌前。（照片29）

>>>动作4揽雀尾用法

（1）合掌拧旋：两肘稍向外撑顶开，是用肘尖向左右顶击与我靠近之人。

（2）右侧分掌：我用右掌劈打右侧攻来之人，或粘搭对方击来之手臂。

（3）右虚步合臂（提手上势）：当对方用左手攻我胸腹时，我左掌粘搭住其左腕，右掌粘搭住其左肘，同时两掌向内合劲，也可同时右掌向上托、左掌向下压，向对方实施反关节将其拿住被我所制，这时我两手合力向前发劲将其掷出使其后跌，或者向我左侧下捋采使其前跌。或者我将其手臂拿住向前发劲时，其想用前耸劲来保持平衡，这时我即刻趁机向我左侧斜下捋采使其前跌；或者我拿住其臂向我左侧斜下捋采时其想用回拉劲来保持平衡时，我即刻趁机两手合力向前发劲将其掷出使其后跌。也可我两手封住其手臂后用右前脚踩蹬其小腿迎面骨和膝盖。

备注：关于“右虚步合臂（提手上势）”这个动作的用法中如何去接住对方攻来之手臂有两种方法。①如果对方攻我的部位较低，如其用左手攻我腹部时，我可重心向后沉移，同时我左掌从其左臂手内侧用左掌心粘封住其左腕臂，我右掌心从其左臂外侧粘封其左肘臂，我两掌向内合劲，也可同时我右掌上托、左掌下压将其拿住。②如果对方攻我部位较高，如其用左手攻我胸或头时，我腰胯左转侧身让开，这时我在其左臂外侧用左掌采抓住其左腕臂并逆拧缠其左臂同时向下沉带，同时我右掌心粘压其左肘臂，同时我两掌向内产生合劲将其拿住。在后面所讲到“右虚步合臂（提手上势）”的用法中关于如何去接住对方的手臂不再细述。

（4）怀抱七星：当对方用手向上托我右肘时，我收腹含胸，同时向后坐胯沉肘，使对方受沉采劲拔跟前倾；或者当对方受我沉采劲而拔根前倾，想用回拉劲来保持平衡时，我即刻趁机向前把劲发出（用合掌挤势，或转掌向前下把按劲发出），使其向后跌出。

（5）掤挤势：当对方用右手击我胸，我在其右臂外侧用右臂仰掌由下向前、向右斜上掤架对方手臂，同时我腰胯右转把对方手臂向右柔化开，然后我右臂迅速向前滑进掤粘住对方右肘臂将其向上掀起使其拔根失势，右脚上前封住其脚或插裆，同时左掌击对方右肋部。如果我掤击对方时，对方以捋势破我掤势，我即刻转用两合掌抱圆的挤势破其捋势。

（6）捋势：当对方用按势破我挤势，我腰胯稍右转，同时用左掌粘住其左腕臂，右掌以弧形由下向右、向上绕向其左臂外侧并粘住其左肘，然后我腰胯左转重心后移向我左侧捋带使其拔根前倾。

（7）按势：当对方用挤势破我捋势，我转掌下按破其挤势，然后我即刻弓步进身粘进向前下把按劲发出，使其向后跌出。

（8）揽雀尾的其他灵活运用：

①穿腋掤带

当对方用右手攻我胸，我腰胯左转侧身让开，我在其右臂内侧同时用左掌粘搭住其右腕臂，同时我上右步封住其脚或插裆，同时我右仰掌从其身内侧经其右大臂下向其右外侧穿出，并使我右仰掌掤粘住其右腋肋近背处，然后我即刻腰胯右转掤带，使其拔根跌倒。也可我上右步后再上左步成右转掤带。

②捋采与按势

a．掤势转为捋采：当对方用右手攻我胸，我在其右臂外侧用右臂仰掌由下向前、向右斜上掤架对方手臂，同时我腰胯右转把对方手臂向右柔化开，同时上右步封住其脚或插裆，然后我右臂仰掌迅速向前滑进并掤粘对方右肘臂将其向上掀起使其拔根失势；然后我即刻右仰掌逆转成俯掌并同时采抓对方右臂，同时我重心后移腰胯继续右转，将其右臂向我右侧下捋采使其前跌。

b．捋采其左臂接按势：当对方用按势破我挤势或者用左手攻我胸，我用左掌采抓其左腕臂用右掌封其左肘臂，同时我重心后移将其左臂向我左下捋采使其拔根前倾，如果其想用回拉劲来保持平衡时，我即刻趁机弓步进身粘进向前下把按劲发出使其后跌。

c．捋采其右臂接按势：当对方用按势破我挤势或者用右手攻我胸，我用右掌采抓其右腕臂用左掌封其右肘臂，同时我重心后移将其右臂向我右下捋采使其拔根前倾，如果其想用回拉劲来保持平衡时，我即刻趁机弓步进身粘进向前下把按劲发出使其后跌。

d．下按势转为前按势：当对方用左手攻我胸腹部时，我腰胯稍左转侧身让开并重心稍后移，同时用右俯掌向下粘按其左臂使其失势，然后我即刻上右步进身粘进向前下把按劲发出，使其后跌。或者当对方用左手攻我胸腹部时，我腰胯稍左转侧身让开并重心稍后移，同时我用左掌采抓其左腕臂并逆拧缠其臂，同时用右俯掌向下粘按其左臂肘使其失势，然后我即刻上右步进身粘进向前下把按劲发出使其后跌。

备注：揽雀尾的运用在实践中可变化出许多灵活多变的用法。如掤势和前按势也可转为掌尖朝前而直取对方喉、眼。这是动作用法内涵中包含着的，但绝不能乱用。

5．单鞭（正身向南C，眼观向东南AC的左掌）

（1）扣脚勾手

上势右弓步不变，身体仍稍前斜。右脚尖以脚跟为轴心尽量内扣约不到90°，同时原右直臂立掌的五指下垂捏成勾手，右勾手手腕与肩平，左仰掌掌尖虚搭右脉腕，眼观右勾手前方的西南BC处。(照片30)

▲注意

扣脚勾手动作要同时做，身体不要转动，由于扣脚使身体产生了一个扭摆力，会把右直臂勾手扭摆到偏向身左前方西南BC处，并为进一步做下面的动作做好位置上的准备。

（2）左脚移右后

上势的右腿仍曲膝弓形，身体仍稍前斜，左仰掌掌尖仍虚搭右脉腕，眼仍观右勾手前方。左后腿以直腿势把左扣脚稍拎起离地，并从身体后面向右侧偏移约一脚空当处全脚落地。（照片31）

▲注意

由于第4势“揽雀尾”中，两脚跟分别落在左右约一脚空当的两条平行线上，但第5势“单鞭”的两脚跟应该在东西AB线上，所以必须把左后脚拎移到身后面的右侧，使两脚后跟落在东西AB这一条直线上，在左后脚拎移过程中不要改变原弓步大小，不要再加大左脚尖外撇的角度，并为进一步做下面的动作做好位置上的准备。

照片30

照片31

（3）后下沉坐

右腿仍曲膝弓形，左仰掌掌尖仍虚搭右脉腕，眼仍观右勾手前方。身体重心渐后下沉坐，左后腿由自然伸直渐变成弯曲，身体由稍前斜变成垂直。（照片32）

▲注意

身体重心后下沉坐是垂直向下沉坐，这时身体不要向后移动。

照片32

照片33

（4）左转掤带

身体左后拧转，同时左脚以脚跟为轴心脚尖缓缓外展，同时随转中左掌尖离开虚搭的右脉腕，并以左掌臂抱圆左掌心对左胸向身左后侧掤带，当转到身体正面向南C时，这时刚好成为左脚尖外撇不超30° 的正马步；这时左脚尖外展停止，但腰胯继续带动身体向左后再拧转约30° 并同时带动左胸前抱圆的左臂掌随转掤带，眼观左掌前方。(照片33)

▲注意

①在向左后掤带中以左脚跟为轴心脚尖渐外展的贴地拧转劲和右脚蹬劲，带动腰胯向左后拧转，并由腰胯的左后拧转同时带动抱圆的左臂掌向左后掤带，同时眼睛始终看左掌心前方，左掌心始终对左胸；同时稍曲的右直臂勾手的腕背受向左拧转力的推动，向身右前斜侧西南BC处推击（右腕齐肩平）；身体垂直，人好像坐在凳子上一样，膝盖对脚尖而不超出脚尖，可放重心于脚后跟，两肩关节松开，肩胯相合。

②注意左转掤带时，抱圆的左臂掌、左肩、两胸、腰胯形成了一个同步运动的整体框架，这时左肘不能脱离这个框架而单独向身左后顶出，要沉肩松肩，含胸拔背。

（5）右转左前按掌

其他部位原处不动，先左掌以腕为轴顺转约90° 成掌心向下的俯掌，同时左腕稍上提至齐肩平；然后腰胯向右缓缓拧转约30° 使身体回到正身向南C的位置，同时左掌渐坐腕向身左前斜侧东南AC处缓缓按出成立掌，左腕与肩平，眼观左立掌前方。(照片34、身左侧34a、身右侧34b)

▲注意

马步两脚尖外撇不超30°，正身身体垂直，人好像坐在凳子上一样，膝盖对脚尖不超出脚尖，重心平分于两脚，并可以放重心于脚后跟，肩关节松开沉肩，全身放松；在身体向右拧转左掌向左前按出时，同时右臂勾手在右前侧以直臂缓缓回引到正身时大家同时停住。左直臂按掌指向身左前斜侧东南AC处，左腕与肩平；右直臂勾手指向身右前斜侧西南BC处，右腕与肩平；两直臂坠肘。两臂向左右侧前伸出角度不能太大，太大不能含胸。以能含胸的角度是两臂与胸前横线交角小于135°。单鞭所有转体动作过程中，身体垂直，肩胯相合，以腰胯转动带动臂掌运动，不要摇晃。

照片34

照片34a

照片34b

>>>动作5单鞭用法

（1）当对方以左手攻我胸时，我可先用右掌小指一侧的掌沿处粘搭住对方左小臂上，然后我右小臂速逆拧转，使五指下垂勾挂粘搭住其左臂内侧并稍向我右外捋搁开后立刻用右手腕背击其左胸和下颚。在右勾手击对方时我腰胯向左拧转，使我右肩、臂、勾手向前推击成为一个整体劲。

（2）当对方在我背后近乎贴身时，我可利用身体后下沉坐用我之背臂往后撞靠对方，还有我利用左后拧转时抱圆的臂掌、肘也可向对方靠击。

（3）当对方用左手攻我胸时，我用左掌腕背粘搭住其左臂外侧，我以腰胯向左拧转掤化其之力，使其拔根失势，然后我即刻转左掌向其按出，使其向后跌出。

（4）当对方用右手攻我胸时，我用右掌掌沿粘搭住其右腕臂外侧，即刻我右掌稍逆拧转并五指下垂成勾手形刁住其臂并将其右臂掌向我右侧防开，同时我左脚上步封住其脚，同时我左掌从其右臂下方或上方进入击其胸或脸。

6. 斜飞势（向身左侧东A）

上势两脚位置不变，重心缓缓大部分移到左脚，成为左弓形的侧弓步，右腿自然伸直；同时前面做单鞭时的左前立掌仍以坐腕时的位置逆转成仰掌置身左前侧东南AC约齐头高处，左仰掌掌心斜向身右后上方，身体向左侧斜倒挤靠；同时右臂仍直臂，右勾手变俯掌并稍沉腕向身右侧前下按压至低于胯。眼睛从观左掌渐转成观右前下侧的右俯掌，身体右侧成一条倒向左侧的斜直线。（照片35）

▲注意

吴式方架太极拳中有三种形式的斜飞势各自分属于套路的3段中。这个斜飞势是原地贴身挤靠，由马步单鞭变成斜飞势的原地贴身挤靠中，原先两条似直非直、似曲非曲的手臂弯度没有改变，完全是重心向身体左侧平移，右脚蹬劲产生的整体劲挤靠，臀部左侧不能超出左脚外侧，以防重心失控。身体在一个立体平面中移动，腹部不要前凸，臀部不要后撅。当动作开始左立掌逆转成仰掌时，设想在左掌指前顶着一块板，左掌尖就顶着这块板像钻孔一样直臂逆拧转成仰掌。斜飞势完成时，两脚尖仍和马步单鞭时一样外撇不超30°，两脚重心放脚后跟，左膝不易受伤，左膝对脚尖而不超出脚尖。

>>>动作6斜飞势用法

（1）当我进入对方身内侧时，我上左步封住对方脚或插裆，同时我以臀部左侧贴住对方腹部，我左肩、肘、臂贴住对方胸、肩部，并以右脚蹬劲重心向左侧平移，向左挤靠。

（2）当我用左手击对方，对方以左手粘搭我左腕，右手粘搭我左肘，想用捋法使我向左前跌出，这时我除了可以用合手抱圆的挤法破之，还可以用斜飞势重心左移，身向左斜倒并逆拧转左臂掌，以挤靠劲同时向其发出，并把对方捋我之劲也加到其身上，使其向后跌出。动作运用可以根据我和对方的距离与角度及对方两脚的位置来决定是原地挤靠还是上步封脚、插裆加挤靠。

照片35

照片36

7. 提手上势（南C）

（1）拎腿前摆

重心坐左脚，右直臂的右掌提腕使右掌指下垂抓捏成勾手，并设想右勾手尖的手指捏着一条垂线下面连着右脚尖，并把右脚从身右侧缓缓向前拎到身前（南C）。拎右脚过程中右脚尖始终上翘并右脚跟稍离地，右腿以膝盖微曲的直腿形从身右侧向身前（南C）处摆移成右脚跟虚落地、右脚尖上翘的右虚步。同时原伸于身左前侧东南AC处的左仰掌顺拧转约135°成俯掌并同时回引至左耳侧。同时身体由左斜变成垂直，眼观右勾手前，右勾手背约齐胸高。（照片36）

▲注意

在右腿拎移过程中，以腰胯的向左拧转和右胯的提劲带动右直臂勾手和右直腿向前、向左摆移到身前（南C），拎腿摆移作定势时，身体是稍向左侧身的；左承重脚的重心可以放在脚后跟，以减少左膝盖的受力，要松肩沉肩、松臂、松腿松胯摆移。拎腿左摆定势时，右脚跟虚落地的位置要适当，要使左右脚横向有一脚空当，以符合太极拳需“含裆”的要求。切不可拎腿前摆时向左摆移过度而使左右两脚横向没空当，使得两脚在一直线上成夹裆而影响定势动作的平稳度。

（2）右弓步挤势

腰胯先稍左转，然后再向右转成正身，同时重心向前缓缓沉移成右弓步，左后腿由弯曲缓缓变成自然伸直时，同时左后脚以脚跟为轴顺拧转同时脚尖内扣成脚尖朝前；同时右勾手变掌并使右掌顺拧转约90°向胸前回收抱圆置胸前（右掌心向内）；同时原置左耳侧的左俯掌以左腕缓缓下沉渐成立掌并同时向前推移，使左掌心上部向前虚搭住右小臂脉腕处成两掌抱圆于胸前并随重心前移而向前挤出；身体由垂直变成稍前斜，眼观两合掌前方。（照片37）

（3）上步平行步蹲式合掌

上势胸前抱圆的两合掌姿势不变，以右前脚为支撑脚，左后腿由伸直变弯曲并带动左后脚稍离地上前到右脚边约一脚空当处成平行步蹲式，重心再平分给两脚并重心坐两脚后跟，同时身体由稍前斜变成垂直，眼观两合掌前方。(照片38)

▲注意

左后脚上步到右脚边成平行步蹲式时，左脚底应该平起平落。在由右弓步到上步成平行步蹲式时，身体重心高度不变。

（4）起身上提掤下按采

身体由平行步蹲式缓缓向上站起，同时原两合掌中的右掌逆转向上掤提，同时左掌成掌指朝右的俯掌在身前向下按采，等左掌下按采到下腹前位置时右掌上掤提至右额前并掌心斜向前下，这时两腿还稍下蹲，眼向前平视（照片39）；身体重心继续上升至两膝微曲的平行步站立为止，同时右掌继续稍逆转并向上提掤至右额前上方，这时右掌掌沿向上，右掌心向前，右掌背离右额约二寸，右掌下方离右额前垂直距离约一立拳空当；同时左俯掌由下腹前向左下侧移至左大腿外侧边仍俯掌（左掌尖向前，左大拇指尖对左裤缝），眼向前平视。(照片40)

照片37

照片38

照片39

照片40

▲注意

为了清楚说明动作，这里分成编号39和40两张照片来表示。但练习时需注意“起身上提掤下按采”这个动作的连续性和一气呵成。

（5）前下按采

上势平行步站立不变，右臂沉肘，以沉肘带动右小臂和掌并使右掌尖在右额前画了一小段顺弧成右掌尖朝上，右掌置脸前（掌心向前），同时身体向前斜出约30°左右；同时左掌臂放松，以左肩关节为轴，像荡秋千一样向前下直臂摆荡出去成左掌尖向前下的左俯掌，眼睛观右掌前。(照片41)

▲注意

右臂沉肘带动右掌画顺弧向前下按采和左直臂向前摆荡及身体向前斜这3个动作须同时进行，形成一个整体行为。两肩要松沉，不要低头，使右掌在脸前。

>>>动作7提手上势用法

照片41

（1）用挤劲发人

①当对方用左手击我胸时，我用右俯掌中大拇指这一侧粘搭住对方左小臂外侧，并使我右俯掌置对方左小臂下方，然后迅速以右肘为轴，右小臂掌画顺圈弧上拐，使我右小臂掌由对方左小臂外侧进入对方左小臂内侧的左胸前，同时我两手抱圆用挤劲向其发出。

②当我右手攻对方，对方用捋势化解我，我即刻两掌臂抱圆于胸前，同时重心向前沉移以挤劲向其发出。或者当对方攻势被我化解失势想后退时，我用挤劲向其发出。

（2）用提掤劲发人，或上提掤和下按采合用

①当对方用右手攻我胸时，我以左俯掌粘搭其右腕部向下按采，同时以右掌腕部（掌指下垂，掌腕上提的虚勾手）向上掤打其下颌；还可以再用我左手捏紧对方右腕臂向下沉拉，使对方身体向前倾，并以我右掌向下按其后脑，使其不得抬头而被我制服。

或者当对方用右手攻我胸时，我腰胯左转侧身让开，这时我在其身内侧用左俯掌粘搭其右腕部向下按采，同时我右掌粘搭住其右肘窝向上提掤并腰胯稍右转，同时随右转我右掌画顺弧后向下粘压其右肘臂实施了反关节，使其俯身前倾为我所制服。

②当对方用一手或双手按住我右腕臂时，我立刻向上起身并同时右臂掌向上掤提，使其拔根掀起，然后我右掌以腕为轴画顺弧进入对方手臂上方并粘搭住其臂腕后即刻向下按采使其向前跌出。向下按采时可配合向右转身。

（3）下按采及下按采和左手的配用

①当对方用手向上托我右肘时，我用右掌握粘对方肘窝部，并立刻沉肩，沉肘向下按采，同时配合向右转身使对方向前跌出。

②我在用下按采时，无论是右手按采对方手臂，还是向下按压对方后脑，我左手可同时向前下击打对方腹部或裆部；或我左手心向前下掏抓住对方裆部或托对方大腿，这样我左手力向上提掤，右手力向下按采，上下一错，使对方横着摔倒。该动作可以配合上左步同时右转腰来用。套路中的动作可以自己根据实战需要变化着用。

8. 白鹤亮翅（南C→东A→南C）

（1）左转捌靠

上势平行步站立，左直臂向前下摆荡和右掌前下按采及身体前斜约30°不变。腰胯向左后缓缓拧转约60°并带动两臂掌向左后捌靠，在腰胯向左后拧转中重心仍平均分于两脚，眼睛始终观右掌前。（照片42）

照片42

▲注意

必须是以腰胯向左后拧转来带动两臂掌向身左后捌靠，两臂掌和身体成为一个整体，由腰胯向左后拧转时带动两臂掌整体向左后转移。

照片43

照片44

（2）沉坐提臂

原平行步站立先不变，重心仍平均分于两脚，右掌仍置脸前；腰胯继续左转约30°，同时随转原向前下摆荡的左俯掌稍回落到左大腿前面，再向左侧、向上掤提画了一条顺弧，同时随着身体向下沉坐成平行步蹲式使身体变成垂直（这时身体朝向东A）。定势时两掌尖约齐头顶高，两掌心向前，两掌尖间距约等于肩宽并斜向里扣，两掌小指一侧的腕稍外顶，两肘稍外撑，每条手臂的大小臂成约135°角，两小臂向前斜出约45°，这时左掌离头远，右掌离头近，眼睛由原观脸前右掌转成跟随走顺弧的左掌直至定势。（照片43、44、45-1、45-2，相机右移）

▲注意

须松肩、沉肩、松臂、松胯。当随腰胯左转使左俯掌向左大腿外侧移时，脸前的右掌掌尖应随转指向左前，同时右肘向右侧稍顶出，同时向左外侧移的左俯掌掌尖也应随转指向左前。当左掌向上掤提时，同时身体开始向后下沉坐成平行步蹲式，同时身体由前斜变成垂直。这种动作的协调性，在自动调控中能更好地体现。当左臂上扬到一半上不去时，除继续松臂、松肩、沉肩外，还需通过意念向下松沉的引导做到松腰、松胯、松腿后左臂又能自动上扬。

（3）右转捌

蹲式步子不变，重心仍平均分于两脚，身体仍垂直。腰胯向右后拧转约90°，同时把分动作（2）“沉坐提臂”的定势整体由向东A转带到向南C而完成右转捌。运动过程中要沉肩，眼睛由观左掌变成观两掌前方，并渐使两臂掌和头的距离相等在身前成对称。（照片46，相机左移回正）

照片45-1

照片45-2

照片46

▲注意

在做“左转挒靠”“沉坐提臂”和“右转挒”动作的过程中，是由两脚蹬劲推动腰胯转动，由腰胯的拧转劲和挺劲带动手臂作左右转挒和沉坐上掤（提臂）的动作，这是所谓“劲从脚跟起”。如果身体和意念能向下松沉，自动调控就会使脚底自然产生蹬劲，腰胯自然产生拧转劲、挺劲，两脚自然有扣劲，两肩有沉劲，并带动两臂掌使动作自动向左转挒到位后，又自动沉坐上掤到位，再自动右转扌列到位而完成这些动作，并使两臂掌有向左右侧的挒带劲，和向上的提掤劲。整个过程是自动的，是暗意念在指挥，是暗劲在推动，而不是人为的刻意。

(4) 蹲式合肘

原平行步蹲式和身体垂直不变，重心仍平均分于两脚。两肘内合并同时下沉带动两掌食指尖降至约齐鼻尖高，这时两小臂掌在胸前间距约齐胸宽并接近平行，两小臂向身前斜出约45°，两掌心向前，两掌竖直，眼观两掌前。(照片47)

照片47

▲注意

身体和意念向下松沉，自动调控的整体劲，会使两脚有蹬劲，同时头顶有虚顶劲，同时肩胛骨下沉，这时两肘自然会产生向下的沉采劲。

>>>动作8白鹤亮翅用法

（1）当对方在我左侧近乎贴身时，我用左转挒靠，以左肘、臂和在上面的右掌靠击对方；当对方在我左侧或左前侧用腿踢我，或用手攻我，我左转挒用下垂的左臂掌粘拨开对方的腿或击我腹裆的手，我用上面的右掌臂粘拨开对方击我胸或头部的手，然后见机迅速反击。

（2）当对方用右手从我身左侧攻我头部，我先腰胯稍左转，同时身体和头稍向左侧斜让开对方攻势，我也可身体和头向前俯让开对方攻势并速左转进入对方右臂外侧；然后即刻我在其右臂外侧用右掌臂粘搭其右腕，同时用左掌臂粘搭其右肘，利用我腰胯右拧转向我右侧挒带，使其向我右侧跌出。如果对方在我身前用右手攻我胸或头时，我腰胯稍右转侧身让开并上左步，同时我在其右臂外侧用右掌臂粘搭其右腕，同时用左掌臂粘搭其右肘，并利用我腰胯继续右拧转向我右侧挒带，使其向我右侧跌出。上不上步是由我和对方距离角度来决定。

（3）当对方用双手向上托我两肘时，我用合肘下沉采之劲使对方拔根前倾。

9. 左搂膝拗步（东A）

（1）转脚十字合掌

身体垂直，两臂掌置身前先不变，重心先缓缓移向右脚使其成为支撑脚；然后右脚以脚前掌为轴心逆拧转约90°同时右脚跟向侧外推，同时左脚以脚跟为轴心逆拧转随跟（拧转中左脚尖上翘），同时带动身体左转约90°，使身体由向南C转到向东A；同时在转脚、转体过程中右小臂掌顺拧约90°成侧掌，右侧掌掌尖向前、掌心向左，并使其掌心向左靠向左侧立掌掌心虚合成十字合掌势；眼观两曲臂的十字合掌前，左侧立掌食指尖约齐鼻尖高，身体仍垂直，左脚成脚跟虚落地、脚尖上翘的左虚步。(照片48)

照片48

▲注意

在转脚中，右脚以脚前掌为轴心拧转时，脚后跟不能离地，须全脚落地，力点在脚前掌上，重心要全部坐右后脚拧转，转脚中身体不能摇晃，不能有高低。

照片49

（2）左虚步侧移、前后分掌

重心坐右后脚不变，身体仍垂直。腰胯稍右转，同时左侧立掌向前推出（左食指尖约齐鼻尖高），同时右侧掌回引到右耳侧（右掌心向左，右掌尖向前）；同时左前脚的脚跟向左侧移出约半脚空当仍成脚跟虚落地、脚尖上翘的左虚步，眼观左侧立掌前。（照片49）

▲注意

由于前面分动作（1）“转脚十字合掌”中通过转脚而使两脚左右之间的空当不够了，所以需通过左脚跟向左侧移出约半脚空当来补足规定的一脚空当以保持身体平稳度和太极拳含裆的需要。左脚向左侧移时，不要向前拉移，以免使两脚前后距离过大而牵动右支撑腿的膝盖前冲，造成支撑腿的膝盖承受力量过大而受伤。把左脚向左拎移是靠左胯的提力来使左直腿和脚向左侧拎移。身体和意念向下松沉，自动调控的整体劲会把腰胯自动稍向右拧转，同时把右侧掌自动回引到右耳侧，左侧立掌自动向前推，同时左脚自动向左侧拎移，而且偏移的距离恰到好处不大也不小，从而完成这个动作，而且身体也不会摇晃。如果身体和意念不会向下松沉，那么就要人为地刻意用力来做拧腰、前后分掌、向左侧拎脚这样的动作，有时身体还不稳要摇晃。

照片50

照片51

（3）按掌穿掌

重心缓缓向前沉移，腰胯缓缓稍左转，同时左直腿缓缓变成左曲膝至左脚全脚落地成左弓形（左膝对脚尖而不超出脚尖），这时右后腿应该还是弯曲的，右后脚全脚落地，身体垂直；同时原左侧立掌稍回收并下按横于胸前成俯掌，同时右侧掌经左掌背上方向前穿刺，眼观右侧掌掌尖前。（照片50）

（4）搂膝推掌

腰胯继续缓缓稍左转，同时左俯掌继续向下按经小腹前再向左前方搂并经过左膝前上方继续向左搂去并以俯掌置左膝外侧之上方，左掌尖朝前并离左大腿近膝处外侧约一个平拳空当；同时右侧掌逆转90°变成俯掌并在向前推刺中缓缓坐腕成推掌，右前推掌的右腕约齐肩高，右掌尖约高不过眼；同时右后腿由弯曲变成自然伸直成左弓步，身体由垂直变成向前斜直，如果这时候右后脚脚尖仍外撇较多，可以右后脚脚跟为轴心逆拧转同时脚尖内扣至右脚尖朝前，使左弓步成川字步，眼观右推掌前。（照片51）

▲注意

做“搂膝推掌”时，在前面做“按掌穿掌”时已经定位（到位）了的左前弓形的左膝不要再继续向前顶出而超过脚尖，从而使自己失重心或膝易受伤。向左搂膝，向前推掌，右后腿由弯曲到自然伸直（包括右后脚脚尖内扣），身体由垂直到向前斜直和向左拧转腰胯这5个部分大家要同时进行、同时到位来完成搂膝推掌这个动作。而这5个部分中是以腰胯的左拧转为主宰来带动其他4个部分一起整体运动。动作全部到位时虽然身体是向前斜直的，但身体必须是正身（正面）朝前方，不要做成向左侧身，并同时注意要用前面讲过的“三尖相对”来取中。

>>>动作9左搂膝拗步用法

搂膝拗步之劲力由采挒劲和掤劲组成，它可以对付对方多种进攻形式，所以它有多种用法。它即可击人（打击人），也可发人（将人掷摔出去）。

（1）前后分掌中的掤劲运用

①a.当对方用左手推击我胸部，或者用左手抓住我右腕臂时，我用右掌向上提掤并回引，同时腰胯右转，向右侧粘掤开对方攻我之左手而使对方向我右侧拔根前倾，这时我在对方里圈（左臂内侧）同时用左掌击其头或胸。

b.当对方用右手推击我胸部，或者用右手抓住我右腕臂时，我用右掌向上提掤并回引，同时腰胯右转，向右侧粘掤开对方攻我之右手，使对方向我右侧拔根前倾，这时我在对方外圈（右臂外侧）同时用左掌击其头或右腋下。或者我用右掌向右粘掤开对方右腕臂，我左掌粘封住其右肘臂，当对方失势回拉时，我即刻用两手向前发劲使其后跌。

②当对方用左手或者右手攻我胸，或者用左手或右手抓住我右腕臂时，被我用右掌向上提掤并回引，同时腰胯右转，向右侧粘掤开对方攻我之左手或者右手，而使其拔根前倾，这时对方若想用回拉劲来保持平

衡时，我立刻趁机用右掌顺其势并腰胯左转把劲向前发出使其后跌。

（2）按掌穿掌和搂膝推掌中采挒劲的运用

①a.当对方用双手推我胸部，或者用双手分别抓住我两肩要摔我，我即刻趁机用左俯掌向下向左按采对方右臂肘弯部，同时我右掌粘封住其左肘外侧，同时我腰胯左转发出采扌列劲使其跌向我左前方。

b.当对方用双手或者用左手推击我胸部时，我腰胯左转侧身让开，同时我在其身外圈（左臂外侧）用左掌粘搭其左腕臂向我左下搂去（采挒），同时右掌推击其头或左腋下或左肩背处，这叫作直来横打。

②当对方用右手抓住我左肩，左手击我胸或头时，我左俯掌向下向左按采对方右臂肘弯部，同时我右掌以掌心向前并用右掌沿部粘拦其左小臂内侧，然后我右掌速向前滑移封住其左臂外侧肘部，同时随着我腰胯左转使我右掌把其左臂向我左侧挒去而防开并发出了采挒劲，使其跌向我左前方。或者我左俯掌按住其右肘弯，同时我右侧掌向上提掤并回引粘掤开其击来之左手，并随着我腰胯左转，同时我右掌向前击其头或胸。如果对方用右手抓住我左肩后并用左手击我裆腹部，这时我左俯掌按住其右肘弯，同时我腰胯左转侧身让开并同时用我右掌向下粘拦其左手臂外侧向左挒去而防开其攻势并发出了采挒劲。

③a.当对方用左手击我胸时，我先腰胯右转侧身让开，同时我在对方里圈（左臂内侧）用左掌粘封住对方击来之左手臂后，即刻腰胯左转，同时我左俯掌向下向左搂拨开对方击来之左手臂，这时我进入对方外圈（左臂外侧），我向前上左弓步进身，同时用右掌击其头或左腋下。

b.当对方用右手击我胸时，我先腰胯右转侧身让开，同时我在对方外圈（右臂外侧）用左掌粘封住对方击来之右手臂后，即刻腰胯左转，同时左俯掌向下向左搂拨开对方击来之右手臂，这时我进入对方里圈（右臂内侧），我向前上左弓步进身，同时用右掌击其头或胸。

④防腿反击

a.当对方用左脚踢我裆腹部时，我重心后坐并用左掌轻粘按其左膝盖或用左掌臂粘拦其左小腿外侧并随腰胯左转向左侧搂去防开，使其向前下方落步；这时我左脚速进入并贴住其左脚外侧成左弓步进身，同时我用右掌击其头或左胸腋。

b.当对方用右脚踢我裆腹部时，我重心后坐并用左掌轻粘按其右膝盖或用左掌臂粘拦其右小腿内侧并随腰胯左转向左侧搂去防开，使其向前下方落步；这时我左脚速进入并贴住其右脚内侧成左弓步进身，同时我用右掌击其头或胸。

⑤腿手并防与反击

当对方用右脚踢我裆腹部，我重心后坐并用左掌轻粘按其右膝盖或用左掌臂粘拦其右小腿内侧；这时对方如用左手攻我头或胸，我用右掌向上提掤并回引粘掤开对方左手，同时随我腰胯左转我左俯掌向左侧搂去防开其右踢脚，使其向前下方落步；这时我左脚速进入并贴住其右脚内侧成左弓步进身，同时我右掌击其头或胸。

10. 手挥琵琶（东A）

（1）沉坐提臂

左前腿仍曲膝弓形，身体缓缓向后下沉坐，同时右后腿由自然伸直渐变弯曲，右后脚仍全脚落地，身体由斜直变成垂直；同时原置左膝外侧的左俯掌逆转90°成侧掌并同时向前上提起约齐胸高，左侧掌四指稍下垂，左腕稍向上提；同时原右推掌顺转90°成侧掌回收置左小臂腕内侧，眼睛由原观右推掌前变成观左侧掌前。(照片52)

（2）后移收臂（上托下压）

身体仍垂直，腰胯稍右拧转，同时重心缓缓后移到右腿曲膝承重，左前脚成脚跟虚落地、脚尖上翘的左虚步；同时随动左前侧掌稍逆转使掌心斜向上并稍上托，同时右后侧掌稍逆转使掌心斜向下并稍下压，两掌随动微回引，眼观左掌前。(照片53)

照片52

照片53

照片54

（3）挥琵琶势

原左虚步不变，腰胯稍左转，同时一前一后的两掌稍顺转成侧掌并随腰胯稍左转和身体稍前斜中整体向前略推出，右掌尖虚搭左脉腕，两侧掌掌尖斜向前上，左侧掌食指尖约齐鼻尖高，眼观左侧掌前。(照片54)

>>>动作10手挥琵琶用法

当对方用右手攻我胸、腹部时，我身重心后移，同时我右掌封住其右腕，左掌封住其右肘外侧，同时我两掌向内合劲，并同时以左掌向上托，以右掌往下压，以引直对方手臂实施了反关节使对方被我所制；随后我可将其向我身右侧下捋采使其前跌，也可我两手合劲向前将其掷出使其后跌，也可如我将其向我右侧下捋采时其若想用回拉劲来保持平衡，我即刻趁机将其向前掷出。

11. 搂膝拗步（左、右、左3势，东A）

（1势）左搂膝拗步（东A）

（1）竖身落掌

原左虚步不变，原上一势“手挥琵琶”中的左前侧掌和右后侧掌随着腰

照片55

照片56

胯缓缓右转向身前下缓缓下落于腹前，同时在落掌时身体由稍向前斜缓缓变成垂直，眼观前方。(照片55)

▲注意

做“竖身落掌”时，身体和意念向下松沉，脚上自然向下有蹬劲，头向上有虚顶劲，两肩向下有沉劲，腰胯有转劲、挺劲，两掌下落有采劲。这是向下松沉后，自动调控的整体劲在推动。

（2）升掌横臂

左虚步不变，身体仍垂直；右侧掌从腹前缓缓向上提升并稍回引至右耳侧，右掌心向左、掌尖向前；同时左侧掌顺转约90°成俯掌并向右胸前升移，使左小臂横于胸前，眼观前方。(照片56)

▲注意

身体和意念向下松沉，自动调控的整体劲（暗劲）会自动向上托升右掌和左横臂。

照片57

照片58

（3）按掌穿掌

动作说明和动作9“左搂膝拗步”的分动作（3）“按掌穿掌”相同。(照片57)

（4）搂膝推掌

动作说明与注意事项可参照动作9“左搂膝拗步”的分动作（4）“搂膝推掌”。由于在这里右后脚脚尖早已朝向前，所以就不需要像动作9“左搂膝拗步”一样拧转右后脚。(照片58)

>>>动作11搂膝拗步之（1势）左搂膝拗步用法

（1）“竖身落掌”向下采劲用法

①“竖身落掌”的下采劲可以和上一动作10“手挥琵琶”连用。当我用“手挥琵琶”向对方实施了反关节向前发劲时，由于对方为防止自己向后跌出而用前耸劲来保持平衡，这时我趁机用两手合劲向下沉采，同时腰胯右转，使其拔根前跌。

②当对方用右手攻我胸时，我用右手抓住对方右手腕，左手抓住对方右小臂或肘部，同时我腰胯右转，两手合劲向下沉采使其拔根前倾。如果当对方用回拉劲来保持平衡时，我可趁机用两手向前发劲将其向前掷出使其后跌，也可趁机用右掌向前击其头或胸。

（2）其他用法

和动作9“左搂膝拗步”用法相同。

（2势）右搂膝拗步（东A）

（1）提臂松后腿

左前腿曲膝弓形承重（左膝对脚尖而不超出脚尖），右后腿松掉由自然伸直渐成弯曲，右后脚的脚跟渐离地使右脚前掌虚踮地，同时身体由前斜渐成垂直；同时原左膝外侧的左俯掌逆转90°成侧掌并同时向身前上提掤置约齐胸高处，左侧掌掌心向右，由于左腕有向上的提劲，所以左侧掌掌尖斜向前下；同时原身前右推掌随右臂稍沉肘的带动下稍回引并顺转90°成掌心向左的右侧立掌置左侧掌边，眼睛由观右推掌前变成观两掌前。（照片59）

照片59

▲注意

右后脚跟渐离地，右后脚前掌虚踮地时，右后腿是弯曲松掉的，这时左腿曲膝承重，不要做成右后脚的脚前掌实踮地，这样容易使头向上高高顶起，做这动作时拳架高度不变。

（2）十字合掌

左前腿仍曲膝弓形承重（左膝对脚尖而不超出脚尖），身体仍垂直。腰胯稍左转，同时左右臂稍沉肘并带动右侧立掌和左侧掌两掌掌心虚合成十字合掌，并使两合掌稍上提并且回引至头左前侧；同时右后脚脚跟以右脚前掌虚踮地继续向上加大离地的距离，并使右膝更加前移，为下一动作的右脚上步作准备，眼观身前。（照片60）

照片60

▲注意

右后腿弯曲放松，右后脚的脚前掌虚踮地，头不要明显向上顶，动作过程中拳架高度不变。

照片61

（3）上步前后分掌

身体仍垂直，左腿仍曲膝弓形承重。腰胯继续稍左转，同时右脚向前轻缓迈出成右脚跟虚落地、脚尖上翘的右虚步；同时左侧掌回引至左耳侧（掌心向右，掌尖向前），同时右侧立掌向前推出，右侧立掌食指尖约齐鼻尖高，眼观右侧立掌前方。（照片61）

▲注意

腰胯继续稍左转，右脚上步和前后分掌须同时进行，身体不要摇晃。右脚上步时不要牵拉左膝盖前冲，仍应左膝对脚尖而不超出脚尖，以保护膝盖。

（4）按掌穿掌

重心缓缓向前沉移，腰胯缓缓稍右转，同时右直腿缓缓变成右曲膝至右脚全脚落地成右弓形（右膝对脚尖而不超出脚尖），这时左后腿应该还是弯曲的，左后脚全脚落地，身体垂直；同时原右侧立掌稍回收并下按横于胸前成俯掌，同时左侧掌经右掌背上方向前穿刺，眼观左侧掌掌尖前。(照片62)

照片62

（5）搂膝推掌

腰胯继续缓缓稍右转，同时右俯掌继续向下按经小腹前再向右前方搂并经过右膝前上方继续向右搂去并以俯掌置右膝外侧之上方，右掌指朝前并离右大腿近膝处外侧约一个平拳空当；同时左侧掌顺转90°变成俯掌并在向前推刺中缓缓坐腕成推掌，左前推掌的左腕约齐肩高，左掌尖约高不过眼；同时左后腿由弯曲变成自然伸直成右弓步（川字步），身体由垂直变成向前斜直，眼观左推掌前。(照片63)

照片63

▲注意

做“搂膝推掌”时，在前面做“按掌穿掌”时已经定位（到位）了的右前弓形的右膝不要再继续向前顶出而超过脚尖，从而使自己失重心或膝易受伤。向前推掌，向右搂膝，左后腿由弯曲到自然伸直，身体由垂直到向前斜直和向右拧转腰胯这5个部分大家要同时进行、同时到位来完成搂膝推掌这个动作。而这5个部分中是以腰胯的右拧转为主宰来带动其他4个部分一起整体运动。动作全部到位时虽然身体是向前斜直的，但身体必须是正身（正面）朝前方，不要做成向右侧身，并同时注意要用前面讲过的“三尖相对”来取中。

>>>动作11搂膝拗步之（2势）右搂膝拗步用法

（1）前后分掌中的掤劲运用

①a.当对方用左手推击我胸部，或者用左手抓住我左腕臂时，我用左掌向上提掤并回引，同时腰胯左转，向左侧粘掤开对方攻我之左手而使对方向我左侧拔根前倾，这时我在对方外圈（左臂外侧）同时用右掌击其头或左腋下。或者我用左掌向左粘掤开对方左腕臂，我右掌粘封住其左肘臂，当对方失势回拉时，我即刻两手向前发劲使其后跌。

b.当对方用右手推击我胸部，或者用右手抓住我左腕臂时，我用左掌向上提掤并回引，同时腰胯左转，向左侧粘掤开对方攻我之右手而使对方向我左侧拔根前倾，这时我在对方里圈（右臂内侧）同时用右掌击其头或胸。

②当对方用左手或者右手攻我胸，或者用左手或右手抓住我左腕臂时，被我用左掌向上提掤并回引，同时腰胯左转，向左侧粘掤开对方攻我之左手或右手而使其拔根前倾，这时对方若想用回拉劲来保持平衡时，我立刻趁机用左掌顺其势并腰胯右转把劲向前发出使其后跌。

（2）按掌穿掌和搂膝推掌中采扌列劲的运用

①a.当对方用双手推我胸部，或者用双手分别抓住我两肩要摔我，我即刻趁机用右俯掌向下向右按采对方左臂肘弯部，同时我左掌粘封住其右肘外侧，同时我腰胯右转发出采扌列劲，使其跌向我右前方。

b.当对方用双手或者用右手推击我胸部时，我腰胯右转侧身让开，同时我在其身外圈（右臂外侧）用右掌粘搭其右腕臂向我右下搂去（采挒），同时左掌推击其头或右腋下或右肩背处，这叫作直来横打。

②当对方用左手抓住我右肩，右手击我胸或头时，我右俯掌向下向右按采对方左臂肘弯部，同时我左掌以掌心向前并用左掌沿部粘拦其右

小臂内侧，然后我左掌速向前滑移封住其右臂外侧肘部，同时随着我腰胯右转使我左掌把其右臂向我右侧捌去而防开并发出了采捌劲，使其跌向我右前方。或者我右俯掌按住其左肘弯，同时我左侧掌向上提掤并回引粘掤开其击来之右手，并随着我腰胯右转，同时我左掌向前击其头或胸。如果对方用左手抓住我右肩后并用右手击我裆腹部，这时我右俯掌按住其左肘弯，同时我腰胯右转侧身让开并同时用我左掌向下粘拦其右手臂外侧向右捌去而防开其攻势并发出了采捌劲。

③a.当对方用左手击我胸时，我先腰胯左转侧身让开，同时我在对方外圈（左臂外侧）用右掌粘封住对方击来之左手臂后，即刻腰胯右转，同时我右俯掌向下向右搂拨开对方击来之左手臂，这时我进入对方里圈，我向前上右弓步进身，同时用左掌击其头或胸。

b.当对方用右手击我胸时，我先腰胯左转侧身让开，同时我在对方里圈（右臂内侧）用右掌粘封住对方击来之右手臂后，即刻腰胯右转，同时右俯掌向下向右搂拨开对方击来之右手臂，这时我进入对方右外侧（外圈），我向前上右弓步进身，同时用左掌击其头或右腋下。

④防腿反击

a.当对方用左脚踢我裆腹部时，我重心后坐并用右掌轻粘按其左膝盖或用右掌臂粘拦其左小腿内侧并随腰胯右转向右侧搂去防开，使其向前下方落步；这时我右脚速进入并贴住其左脚内侧成右弓步进身，同时我用左掌击其头或胸。

b.当对方用右脚踢我裆腹部时，我重心后坐并用右掌轻粘按其右膝盖或用右掌臂粘拦其右小腿外侧并随腰胯右转向右侧搂去防开，使其向前下方落步；这时我右脚速进入并贴住其右脚外侧成右弓步进身，同时我用左掌击其头或右胸腋。

⑤腿手并防与反击

当对方用左脚踢我裆腹部，我重心后坐并用右掌轻粘按其左膝盖或用右掌臂粘拦其左小腿内侧；这时对方如用右手攻我头或胸，我用左掌向上提掤并回引粘掤开对方右手，同时随我腰胯右转我右俯掌向右侧搂去防开其左踢脚，使其向前下方落步；这时我右脚速进入并贴住其左脚内侧成右弓步进身，同时我左掌击其头或胸。

（3势）左搂膝拗步（东A）

（1）提臂松后腿

右前腿曲膝弓形承重（右膝对脚尖而不超出脚尖），左后腿松掉由自然伸直渐成弯曲，左后脚的脚跟渐离地使左脚前掌虚踮地，同时身体由前斜渐成垂直；同时原右膝外侧的右俯掌顺转90° 成侧掌并同时向身前上提掤至约齐胸高处，右侧掌掌心向左，由于右腕有向上的提劲，所以右侧掌掌尖斜向前下；同时原身前左推掌随左臂稍沉肘的带动下稍回引并逆转90° 成掌心向右的左侧立掌置右侧掌边，眼睛由观左推掌前变成观两掌前。（照片64）

照片64

▲注意

左后脚跟渐离地，左后脚前掌虚踮地时，左后腿是弯曲松掉的，这时右腿曲膝承重，不要做成左后脚的脚前掌实踮地，这样容易使头向上高高顶起，做这动作时拳架高度不变。

照片65

照片66

（2）十字合掌

右前腿仍曲膝弓形承重（右膝对脚尖而不超出脚尖），身体仍垂直。腰胯稍右转，同时左右臂稍沉肘并带动左侧立掌和右侧掌两掌掌心虚合成十字合掌，并使两掌稍上提并且回引至头右前侧；同时左后脚脚跟以左脚前掌虚踮地继续向上加大离地的距离，并使左膝更加前移，为下一动作的左脚上步作准备，眼观身前。（照片65）

▲注意

左后腿弯曲放松，左后脚的脚前掌虚踮地，头不要明显向上顶，动作过程中拳架高度不变。

（3）上步前后分掌

身体仍垂直，右腿仍曲膝弓形承重，腰胯继续稍右转，同时左脚向前轻缓迈出成左脚跟虚落地、脚尖上翘的左虚步；同时右侧掌回引至右耳侧（掌心向左，掌尖向前），同时左侧立掌向前推出，左侧立掌食指尖约齐鼻尖高，眼观左侧立掌前方。（照片66）

▲注意

腰胯继续稍右转，左脚上步和前后分掌须同时进行，身体不要摇晃。左脚上步时不要牵拉右膝盖前冲，仍应右膝对脚尖而不超出脚尖，以保护膝盖。

照片67

（4）按掌穿掌

动作说明和动作9“左搂膝拗步”的分动作（3）“按掌穿掌”相同。(照片67)

（5）搂膝推掌

动作说明与注意事项可参照动作9“左搂膝拗步”的分动作（4）“搂膝推掌”。由于在这里右后脚脚尖早已朝向前，所以就不需要像动作9“左搂膝拗步”一样拧转右后脚。(照片68)

照片68

>>>动作11搂膝拗步之（3势）左搂膝拗步用法

和动作9“左搂膝拗步”用法相同。

照片69

照片70

照片71

12. 手挥琵琶（东A）

动作说明及用法和动作10“手挥琵琶”相同。(照片69、70、71)

13. 按掌（东A）

（1）按掌合手

左脚跟在前面虚落地、脚尖上翘的左虚步不变，在身体由原稍前斜变成垂直的带领下同时右肘回收置右腰侧，并带动右侧掌顺转90°成仰掌置右胸前，右仰掌掌尖向前，右肘和右大臂不贴右腋肋，和右腋肋相距约一平拳空当；同时原左前侧掌顺转90°并同时稍回收横于胸前向身右下按压而贴合到右仰掌前端成俯掌（左俯掌掌尖向右），右仰掌食指尖虚搭左俯掌劳宫穴，眼观左俯掌前。(照片72)

▲备注

劳宫穴位置定法：把左掌曲指握拳时中指尖所对处便是。

（2）弓步前平推

原左虚步和置右胸前的合手先不动，先腰胯稍右转，然后腰胯稍左转，同时随左转重心缓缓向前沉移成左弓步，同时两合手掌向前平掌推出约齐胸高，这时右肘向前离开右腰侧，两臂仍曲臂，左俯掌小指一侧的掌沿部分向前；身体由垂直变成稍前斜，眼观左俯掌掌沿前。(照片73)

照片72

照片73

▲注意

等右仰掌食指尖虚搭左俯掌劳宫穴后再腰胯稍右转，这是自动调控的程序所决定的。不要在做食指尖虚搭劳宫穴时同时腰胯稍右转，这是人为的刻意，它要使内部断劲。

（3）平行步蹲式合手

左前腿仍曲膝弓形，以左脚为支撑脚，右后腿由伸直渐变弯曲而使右后脚的脚前掌虚踮地，然后右脚上前到左脚边约一脚空当处，重心再平分给两脚成平行步蹲式（重心坐两脚后跟），同时身体由稍前斜变成垂直；同时右肘稍回收置右腰侧，右肘和右大臂不贴右腋肋，和右腋肋相距约一平拳空当成肘不碰肋状，并同时把两合手稍回引于右胸前，眼观身前方。(照片74)

照片74

▲注意

动作由“弓步前平推”上步成“平行步蹲式合手”，重心高度不变，身体不要摇晃。

（4）起身立掌

身体仍垂直并缓缓起立成平行步站立式，右肘仍以肘不碰肋状置右腰侧，同时置右胸前的合手中的左俯掌掌根以贴着右仰掌小指前端为轴向左逆时针立起成侧立掌（掌心向身右），眼观前方。（照片75）

（5）下蹲按掌

身体仍垂直，右肘仍以肘不碰肋状置右腰侧，左侧立掌先不动，先重心渐移到右脚，然后再身体缓缓下蹲成蹲式；在下蹲的同时，置右胸前的合手中，左侧立掌的掌根以贴着右仰掌小指前端为轴顺时针向右下按压成俯掌（左俯掌掌尖向身右），并使右仰掌食指虚搭左俯掌劳宫穴，眼观身前方。（照片76）

照片75

照片76

>>>动作13按掌用法

（1）反关节中的连用

①当我用动作12“手挥琵琶”势，右手采抓对方右腕，左手按压对方右肘外侧用反关节制服对方时，如对方拼命挣扎身左拧使其右肘向上顶起以解脱我对其控制；这时我立刻腰胯右拧，同时我右手顺拧缠其臂，左掌转向右下粘按其右肘关节，我又重新向对方实施了反关节；这时对方只能背朝着我，其右臂在其背后为我所制，我即刻趁机腰胯左拧转并以左掌粘按住其右肘关节向我前方把劲发出，使其向我前面跌出。

②当我在前面用法①中用左掌向下按压的反关节制对方，对方拼命挣扎并起身把右肘关节上顶以解脱我对其控制时；我顺其势起身，同时消去我按压其右肘的左掌之劲，使左掌立起，以卸其力；待其势头已过再无力可施时，我即刻把左掌向其右肘关节按压下去，同时重心下蹲，再一次把对方制服，并立刻把劲向前发出，使其向我前方跌出。

（2）拿打中的运用

①a.当对方用右手击我胸或头时，我腰胯右转，用右掌采抓其右腕臂并顺拧回收，用左掌向右下按压其右肘，把其右臂引直用反关节制服；然后我即刻腰胯左转并用左掌紧按粘住其肘关节向我前方把劲发出，使其向我前面跌出。

b.当对方用右手抓住我右腕臂时，我可以用右手反抓其右腕臂并顺拧回收；我也可以不反抓，配合腰胯右转和右小臂掌顺拧旋回收，如果对方仍抓住不放，我可以趁机引直对方手臂，如果对方松手了，我可以趁机挣脱；同时我用左掌向右下按压其右肘关节，腰左拧把劲向前发出，使其向我前面跌出。

②我用前面方法①用右手采抓住了对方的右腕臂并顺拧回收，用左小臂向右按压其右肘，引直其右臂实施了反关节；然后我即刻腰胯左转，用左掌小指一侧的掌沿部向前突出平推切对方胸部。

▲注意

按掌用法中向对方反击的形式有3种：

（1）拿法：凡是向对方实施的反关节行为并制服对方，都叫拿法。

（2）摔法：用法（1）“反关节中的连用”和用法（2）“拿打中的运用”之①都属于摔法。我用拿法向对方实施反关节行为并制服对方后，我左掌仍粘压住对方右肘臂，右掌抓住对方右腕臂，即该腰胯左转，把劲向前发出，使对方向我前面跌出。

（3）打法：用法（2）“拿打中的运用”之②我用右手采抓对方右腕臂，用左小臂向右按压其右肘，引直对方手臂；然后我腰胯左转，用左掌的掌沿部前突向前平推切其胸部。掌沿部向前平推切，在拳术中叫切刀手，用切刀手推击，比单纯推掌对人内部伤害大，在这里只是了解一下，但不可以乱用。

14. 上步搬拦捶（东A）

（1）脚跟前虚落

身体仍垂直，重心仍坐右脚，右肘仍以肘不碰肋状置右腰侧，右胸前的左俯掌仍按于右仰掌前端（右仰掌食指尖虚搭左俯掌劳宫穴）；左腿松掉并缓缓上提，使左脚跟渐离地成左脚前掌虚踮地后向前轻缓迈出成左脚跟虚落地、脚尖上翘的左虚步，眼观前方。(照片77)

（2）弓步合掌

上势的两合手和左虚步先不动，腰胯先稍向右转，然后腰胯稍左转，同时随左转重心缓缓向前沉移成左弓步，同时两合手向左、向前成合掌击出。从合手转换成合掌向前击出具体过程如下：随身左转，右胸前两合手以贴合部为轴，使左俯掌逆拧转约90°并同时前移成左侧掌（掌心向右），同时右掌四指由原贴合部向左掌四指处粘移并同时逆拧转约90°成右侧掌（掌心向左）形成两掌全部重合，两合掌大拇指向上，两合掌掌尖斜向前上，两合掌食指尖约齐鼻尖高；身体由垂直变成稍向前斜，眼观两合掌前。(照片78)

照片77

照片78

照片79

▲注意

到左弓步合掌定势时须两肩松沉，两肘斜向外侧下方，两手臂弯曲度约稍小于135°，两掌虚合。

(3) 后坐搬拦

重心向后下沉坐，右后腿由自然伸直变成弯曲，右后脚仍全脚着地，身体由稍前斜变成垂直；重心再缓缓后移至右后脚，使右后腿曲膝弓形承重，左前脚成脚跟虚落地、脚尖上翘的左虚步，同时腰胯稍右转；同时身前相合的两掌中的右掌变拳（虎口向上）由身前向后向下回拉到右胯侧（照片79），再右肘以向身后稍顶移带动右拳以弧形从右胯侧稍向后、再向上移动于右腰侧；同时左侧立掌（掌心向右）护胸前，左掌食指尖约齐鼻尖高，身体仍垂直，眼观左侧立掌前。

照片80

(4) 弓步冲捶

重心缓缓向前沉移成左弓步，同时腰胯稍左转；同时右拳从右腰侧向身前击出约齐胸高，右拳虎口朝上（立拳），左侧立掌附右小臂近右腕之内侧，左侧立掌掌心向右；身体由垂直变成稍前斜，眼观右立拳前。（照片80）

>>>动作14上步搬拦捶用法

上步搬拦捶有4个要素组成，1个是“上步”，还有3个是“搬”“拦”“捶”。“上步”是我用脚封住对方的脚或插裆，以缩短我和对方的距离并使我处于一个好的角度和位置，便于向前反击发劲；“搬”是把对方击来之手向我左右两侧拨开；“拦”是使对方不能再向前进攻，对方如撤回我粘着跟进；“捶”是用拳击打对方或者发人（掷摔）。上步搬拦捶的用法很多，它含有击打、反关节、掷摔等技击用法。

（1）合掌拦、击

当对方用左手击我胸时，我用两合掌中的左臂掌外侧粘搭对方左小臂外侧向我左侧拨开，同时我上左步封住对方脚或插裆，并沉肘、弓步进身合掌把劲向其发出。

（2）搬拦、击打或掷摔

①当对方用右手击我胸或头时，我腰胯右转侧身让开，我在其右臂外侧重心后移，同时用右掌粘搭对方右腕向我右侧拨开，左掌粘搭对方右肘，使其不能再向我进攻，然后我上左步封住其脚或插裆，腰胯左转

进身用右拳击其胸或右腋下。如果我左手封住对方手臂时对方想撤回右手臂，这时我封住对方右手臂上步进身顺势粘进，右拳向其击出；或者我两手粘搭其右腕和右臂肘并合力向前发劲将其掷出。

②a.当对方用右手击我胸或头时，我腰胯右转，我在其右臂外侧，重心向后沉移，同时用右手采抓住其右腕，左手采抓住其右臂肘，两手合力下采使对方拔根失势；如果对方失势后想撤回手臂，我即刻腰胯左转同时上左步封住其脚或插裆，同时我两手分别抓住其右腕和右臂肘合力向前发劲将其掷出。

b.当对方用右手击我腹部时，我身体向后沉移，同时用右手采抓其右腕，左手粘封其右臂，同时腰胯右转，使其拔根失势，然后我上左步封住其脚或插裆，腰胯左转进身向前把拳击出；如果当对方失势后想撤回手臂，我即刻腰胯左转顺势粘进，同时上左步封住其脚或插裆，右拳向其击出；或者我两手分别抓住其右腕或右臂肘合力向前发劲将其掷出。

（3）拦拳、击打

①当对方用右手攻我胸或头时，我可用左掌在其右臂外侧向右粘拦开其右手臂，也可我左掌从其右臂内侧向左粘拦开其右手臂，同时上步进身右拳向其击出。

②当对方用左手攻我胸或头时，我可用左掌在其左臂内侧向右粘拦开其左手臂，也可我左掌从其攻来之左手臂下转向其左臂外侧向左粘拦开其左手臂，同时上步进身用右拳击对方。

③当对方分别用左、右手连续攻我胸或头时，我可以左掌或向左或向右粘拦开其攻来之手，我即刻用右拳击对方。

▲注意

在这里防守与进攻应同步，当我左掌粘拦开对方攻来之手臂时，同时我上步进身并且右拳已击着对方。

（4）缠臂反关节

①当对方用右手击我胸，我腰胯右转侧身让开，同时我在其右臂外侧用右掌采抓住其右腕并顺拧缠其臂，左掌粘拦其右臂肘外侧，同时上左步封其脚或插裆，重心前移，腰胯左转，两手合劲向我左前搬出，使其向后跌出。

②当对方用左手击我胸，我腰胯右转侧身让开，我在对方左臂内侧同时用右掌采抓其左腕并顺拧缠其臂，左掌从其击来之左手臂下绕向其左臂外侧并向左粘拦其左臂肘（粘拦其臂肘的我左掌可用掌背粘拦，也可转腕用左掌心粘拦），同时我上左步封其脚或插裆，重心前移，腰胯左转，两手合劲向我左前搬出，使其向后跌出。

15. 如封似闭（东A）

（1）后坐捋臂

①左掌略回收，使其贴着右小臂内侧移经下侧，再粘移至右肘外侧，并使左掌心贴住右肘外侧，左掌四指贴于右肘外侧使掌尖向上，同时身体稍后下沉坐。(照片81)

②右拳变掌并随右臂顺拧90°成仰掌，左掌在下面贴住右臂肘的这个侧面向右前掌指尖处捋去；同时在上面的右掌臂稍沉肘并使其外侧贴着左掌心回抽，两掌在身前成斜十字交叉并互相对称，两掌心向里，前面的左掌掌尖斜向右，后面的右掌掌尖斜向左，两掌食指尖约齐鼻尖高，两掌臂成曲臂；同时身体继续后下沉坐，身体由原稍前斜变成垂直，然后身体缓缓向后沉移，这时左前脚还是全脚着地，眼观两掌前方。(照片82)

（2）左右分掌

两掌向左右侧缓缓分开（掌心向里）不要回收，两掌略宽与肩，腕与肩平，沉肘曲臂；同时重心继续缓缓后移落右后脚，左前脚成脚跟虚落地、脚尖上翘的左虚步；身体仍垂直，眼观前方。(照片83)

（3）弓步双按推

两臂仍沉肘曲臂，左掌顺转180°成掌心向前，同时右掌逆转180°成掌

照片81

照片82

照片83

照片84

心向前；同时重心缓缓向前沉移成左弓步，同时双掌向前按推，腕与肩平，身体由垂直变成稍前斜，眼观两掌前方。(照片84)

▲注意

双掌向前按推的动作有两种做法：①随重心缓缓向前沉移成左弓步时，同时双掌转成掌心向前并向前按推成竖起不超45° 的正立掌。②随重心缓缓向前沉移成左弓步时，同时双掌转成掌心向下的俯掌并稍下按，并随重心前移双俯掌缓缓竖起成不超45° 的正立掌向前按推。向前按推的方法②做起来比较舒服，因为手腕通过转成俯掌再缓缓变成竖起不超45° 的正立掌的这种变化使手腕不会僵死，练习者会觉得手腕处舒松。而方法①原双掌掌心向里时是两掌竖起，而转掌向前按推时也是两掌竖起，所以由于长时间掌势没有变化易造成手腕僵死而感到不适。

>>>动作15如封似闭用法

我左掌心顺右肘臂向左前捋格使两臂掌在身前成斜十字交叉状，好像贴了斜十字封条使自己的门户不使对方进来，同时后坐，两掌左右分开化解其攻势（称“如封”），属防守；继而我两掌转掌按住其胸向前推出，如把门关上（称“似闭”），属进攻。

（1）里圈外走：当我右手击对方被其左手握住时，这时我在其身内侧（里圈），我左掌以掌心向内从我右腕下绕过向左前将其左手捋格开后，我从对方身内侧(里圈)转到了对方左外侧（外圈）立刻用左掌心转向前按住其左腕，右掌按住其左肘处，我沉肘、弓步进身，双掌前推把劲发出。

（2）外圈里走：我击对方之右手被其右手握住，这时我在其身右外侧（外圈），我左掌以掌心向内从我右腕下绕过向左前将其右手捋格开后，双掌稍向外分开；这时我从对方右外侧（外圈）进入对方身内侧（里圈），以我左掌粘搭其右臂内侧，以右掌粘搭其击来之左臂内侧，同时我重心向后沉移，使对方拔根前倾；然后我两掌心转向前按住其胸，我沉肘、弓步进身把劲发出。

（3）直接走里圈：①当对方用双掌推我胸，我在其身内侧（里圈）用两掌分别粘搭其两臂稍向两侧分开，同时重心向后沉移，使其拔根前倾；然后我两掌心转向前按住其胸部，沉肘、弓步进身把劲发出。或者我两掌分别粘搭其两臂稍向两侧分开，同时重心向后沉移，使其拔根前倾；如果其想用回拉劲来保持平衡，我即刻两掌转成俯掌并用两掌心向下按粘住其两臂，沉肘、弓步进身向前下发出按劲，使其后跌。

②当对方用双掌推我胸时，这时我在其身内侧（里圈），我也可以用两臂内侧粘夹住对方两手臂，我两掌向前按住其胸，沉肘、弓步进身

把劲向前发出。

（4）直接走外圈：当对方用双掌推我胸时，我腰胯左转侧身，同时我左掌以掌心向内从其左臂外侧粘搭其左腕向我左侧化开后，我在对方左外侧（外圈）立刻用左掌心转向前按住其左腕，右掌按住其左肘处，我沉肘、弓步进身，双掌前推把劲发出。

16. 十字手（南C）

（1）落掌扣脚

左弓步不变，两臂掌以原来的间离直臂下落于左膝前成俯掌（两掌尖向前），这时腰不要转动，左脚以脚跟为轴脚尖尽量内扣约接近90°约向南C，身体由原稍前斜变成微前斜，眼观前方。（照片85）

照片85

▲注意

身体和意念向下松沉，自动调控的整体劲使头向上有虚顶劲，肩有沉劲，脚有蹬劲（主要是左脚），同时带动左脚内扣和两臂掌下落沉采，同时身体由前面双推掌时的稍前斜变成微前斜。

照片86-1

照片86-2

照片87

照片88

（2）转体挑掌

①步子先不动，两掌指先下垂（照片86-1），再左掌逆转180°成掌心向前，同时右掌顺转180°成掌心向前（照片86-2）。

②然后身体缓缓后下沉坐，右直腿变成弯曲，身体由原微前斜变成垂直；然后腰胯右转，同时右脚以脚跟为轴脚尖外展约90°指向南C，同时随转重心渐渐大部分移到右脚成右腿曲膝弓形；同时随转两掌从左膝边缓缓分开，右直臂掌向身右前西南BC处挑起约齐头顶高，右侧掌大拇指向上；同时随转左直臂掌向身左后东北AD处挑起约齐胸高，左侧掌大拇指向上；同时等两臂掌前后上挑到位时，左后腿由弯曲变成自然伸直成右弓步，眼观右前掌。(照片87、88)

▲注意

在做转体挑掌时要头身正直，不要前俯后仰，两手臂掌前后分挑须和身体转动合拍，须随身移动。眼睛要跟着右掌从下面一直跟着到上挑定位，但向下看右掌时不能低头，须用眼睛下边缘余光看。

(3) 平行步蹲式十字手

①重心缓缓全部移到右脚，左腿松掉并缓缓上提，使左脚跟渐离地、左脚前掌虚踮地；同时腰胯稍左转使身体正身向南C，同时两臂掌上扬至略比头高，两掌心向前于身前两侧对称，眼观两掌前南C。(照片89)

②左脚前掌移到右脚边约一脚空当处，左脚掌缓缓全脚落地踏实踏稳后，重心渐渐平均移分至两脚成平行步蹲式；同时左掌逆转90°成掌心向右，右掌顺转90°成掌心向左，两掌同时向各自掌心所指的斜下方落到头两侧，左掌落头右侧，右掌落头左侧，两掌心斜向下成十字交叉手于胸前，左掌在里，右掌在外，交叉点在两腕侧并略低于下颌；身体垂直，眼观前方。(照片90)

照片89

照片90

▲注意

两臂掌上扬和下落合十字中，不要耸肩、仰头、低头，要头身正直。以自动调控来讲，只要身体和意念向下松沉，自动调控的整体劲自然会自动把左右两臂的挑掌上托到身两侧略高于头处自动到位停止，然后又自动使两肘产生沉劲和合劲把两掌向下带落成交叉手于胸前，并两腕交叉处自动略低于下颌，两肘下沉时，自然两脚有下蹬劲，头顶有虚顶劲，肩、肘有沉劲，自己感到并没有刻意用力，是内在的力量在推动自己做动作。

>>>动作16十字手用法

（1）我用双手握住对方双腕臂或者我的双腕臂被对方抓住后，我两直臂掌向下采，使对方拔根前倾。或者当对方用两手向上托我两肘时，我用两掌分别按住其两肘窝并向下按采，使对方拔根前倾。如果为防止对方前倾时撞向我，我同时要配合向右转腰侧身。

（2）两臂掌分开分别向前、向后、向上挑起，可作打击和靠击用；如我右臂掌插入对方裆内，弓步进身上挑，可击打其裆、腹部；如我右臂掌粘贴住对方裆、腹部，可弓步进身用靠劲向其发出。我左臂掌也可向身后之人的裆腹打击或靠击。

（3）当对方把我两肘向上托时，我先将两肘臂顺其力向上提升化解其力，然后两掌向我中间合拢并随两肘一起下沉，用沉采劲使对方拔根前倾。

第二段

17. 斜左搂膝拗步（东南AC）

（1）丁步十字合掌

上势“十字手”中两手交叉先不动，身体仍垂直，原平行步蹲式的重心缓缓移到右脚，然后腰胯缓缓左转约45°使身体朝向东南AC；同时随转上势中的两十字交叉掌以两腕侧面交叉点为倚着点同时顺转90°，使左掌成侧立掌（掌心向右），右掌成侧掌（掌心向左、掌尖向前），同时左掌微前推、右掌微回引使两掌以掌心虚合成十字合掌置头右前侧；同时随转左脚跟渐离地使左脚前掌虚踮地，眼观两十字合掌前。(照片91)

▲注意

左脚踮地是虚踮地，要松胯，松肩沉肩。从动作16“十字手”转换到“丁步十字合掌”中拳架高度不变。

（2）上步前后分掌

身体仍垂直，腰胯稍右转，同时左脚向前东南AC处轻缓迈出成左脚跟虚落地、脚尖上翘的左虚步；同时左侧立掌向前推出使其食指尖约齐鼻尖高，同时右侧掌回引至右耳侧，眼观左侧立掌前。(照片92)

照片91

照片92

▲注意

左脚上步和前后分掌及腰胯稍右转这三个方面要同时进行，身体不要晃动。

（3）按掌穿掌

动作说明和动作9“左搂膝拗步”的分动作（3）“按掌穿掌”相同，所不同的只是这个动作在这里是朝向东南AC。(照片93)

（4）搂膝推掌

动作说明与注意事项可参照动作9“左搂膝拗步”的分动作（4）“搂膝推掌”。并注意右后脚由于在动作16“十字手”中转换过来时其脚尖已外撇约45°，所以在这里做“搂膝推掌”时，同时右后脚要以脚跟为轴心使脚尖内扣约45°成右脚尖朝前的川字步。这个动作在这里朝向东南AC。(照片94)

照片93

照片94

>>>动作17左搂膝拗步用法

和动作9“左搂膝拗步”用法相同。

18. 抱虎归山（北D稍偏西B）

（1）松腿抱圆

身体朝向东南AC不变，左前腿曲膝弓形承重，右后腿松掉使其由自然伸直渐变成弯曲并使右脚前掌虚踮地；同时左臂俯掌由身左侧向前、向右、向上升起并同时逆拧转90°置右胸前，使左掌心对右胸（左掌尖向右）；同时原右推掌回收并经过左掌腕上方后稍下落置左胸前，并使左掌在外、右掌在里（右掌心朝外），右掌心上部虚搭左脉腕处，两臂掌成胸前抱圆势；身体由向前斜直渐变成垂直，眼观两掌前。（照片95）

照片95

▲注意

应松胯、松腿、松肩、沉肩、松臂，两臂掌抱圆要饱满。右后脚的脚前掌应虚踮地，如果实踮地易造成动作中头故意上顶。

（2）右后转前后分掌

以左脚为支撑脚，使左脚以左脚跟为轴心顺拧转同时脚尖内扣约135°使左脚尖约向西B，同时随转中右脚尖离地使右脚跟虚落地成右脚尖上翘的右虚步，同时腰胯右后转约135°；同时随转两掌前后分拉，使左掌回拉到左耳侧成侧掌（掌心向右，掌尖向前），同时右掌向前推出成侧立掌并使其食指

尖约齐鼻尖高，眼观右侧立掌前方约西B处，身体仍垂直。(照片96)

照片96

▲注意

转体前后分掌中动作要平稳，身体不要摇晃。身体和意念向下松沉，自动调控的整体劲使抱圆的两臂掌产生向外的膨胀劲，使其随着右后转身分别向后、向前分拉，同时使腰胯有向右后的转劲，脚上有拧转劲，两肩有沉劲，百会穴有虚顶劲。

照片97

(3) 右虚步侧移

上势前后分掌不变，身体仍垂直，仍以左后脚为支撑脚。随着腰胯身体稍右转同时带动右虚步脚跟向身右侧移出约半脚空当处（北D稍偏西B）仍成右脚跟虚落地、脚尖上翘的右虚步，同时随转使右直臂侧立掌稍向右摆移，眼观右侧立掌前。(照片97，相机右移至身体右侧)

▲注意

（1）做这个动作要考虑到同步和整体性，如腰胯右转同时带动右直腿的虚步向右侧拎移，同时随转右臂侧立掌向右侧摆移，同时随转左耳边的左侧掌在原位随转。身体和意念只要是向下松沉的，以上动作的同步和整体性就能在自动调控中实现，右直腿向右侧的拎移劲也会自动产生。

（2）作为支撑腿的左膝盖和左脚尖朝向一致，做到膝盖对脚尖而不超出脚尖。最好重心放左脚脚后跟上，这时百会穴、会阴穴、左脚后跟三点上下成一垂线，再加身体和意念向下松沉、尾闾内收，右腿会自动向右侧拎移，右臂掌也会同时向右摆移。

（4）按掌穿掌

动作说明和动作11“搂膝拗步”之（2势）“右搂膝拗步”的分动作（4）“按掌穿掌”相同。所不同的只是这分动作在这里是朝向北D稍偏西B。（照片98，相机在身体右侧）

（5）右弓步搂抱

①搂膝推掌

动作说明与注意事项可参照动作11“搂膝拗步”之（2势）“右搂膝拗步”的分动作（5）“搂膝推掌”，并同时再增加随腰胯右转时左后脚以脚跟为轴心使脚尖内扣。

②右弓步搂抱

右俯掌从右膝前上方搂过时腰胯继续右拧转，同时右俯掌逆转90°成大拇指朝下，掌心朝外向右后搂抱成掌心朝里，同时随转左脚继续以脚跟为轴拧转使脚尖内扣到不影响转体为止，同时身稍前斜，眼观右后侧之右掌。（照片99，相机在身体右侧）

照片98

照片99

▲注意

（1）由于做前面分动作（3）“右虚步侧移”时造成左脚尖外撇角度过大，所以对腰胯右转做“搂膝”和“搂抱”时要起牵制作用，所以这时左后脚应以脚跟为轴心顺拧转而使脚尖尽量内扣到不影响转体为止。

（2）做搂抱的右臂其大小臂交角约135°，须抱得饱满，使大臂不要碰肋，要腋下含空。

（3）分动作①“搂膝推掌”和分动作②“右弓步搂抱”要连接得好，连接得紧凑，连接得自然。如两个分动作中左后脚以脚跟为轴使脚尖内扣的自然连接，和右搂手转成搂抱的连接也须符合前面所讲之三点：好、紧凑、自然。

照片100

（6）沉坐垂臂

身体重心渐后下沉坐，左后腿由自然伸直渐变成弯曲，同时身体由稍斜渐变成垂直；同时原前推掌的左臂之肘稍下沉并带动左掌稍回收后仍置身前，同时原搂抱之右臂掌顺转约90°并同时直臂向下垂置右胯外侧，右掌心向前，眼睛由观右掌变成观左掌前。（照片100，相机在身体右侧）

▲注意

身体重心后下沉坐是垂直向下沉坐，这时身体重心不要向后移动。下垂的右直臂之大臂不要碰右腋肋。

（7）虚步前升掌

身体重心缓缓向后沉移至左腿曲膝承重，并使右脚成脚跟虚落地、脚尖上翘的右虚步；同时右臂掌以直臂仰掌向前上缓缓升起使右掌尖约齐鼻尖高，并使左俯掌掌尖虚搭右脉腕；同时身体稍前斜，眼观右仰掌掌尖前。（照片101，相机在身体右侧）

照片101

▲注意

（1）在做以上分动作（6）“沉坐垂臂”和（7）“虚步前升掌”时，眼睛可由观右掌变成直接观左掌前，然后再观右仰掌；也可以由观右掌随着身体稍左转和右垂臂，用眼睛下面余光跟着右掌由下渐向前上扬起，用眼睛下余光看时不要低头。

（2）做以上两分动作时，同时腰胯稍左转。

>>>动作18抱虎归山用法

（1）分动作（2）“右后转前后分掌”用法可参照动作11“搂膝拗步”中的（2势）“右搂膝拗步”用法（1）“前后分掌中的挪劲运用”。

（2）转身“右搂膝推掌”用法是：

①当对方从我身后击我右腰或右腋时，我速向右后转身，并用右掌搂采对方击来之左手或右手，同时用左掌击其头或胸或右腋。

②当对方用左腿或右腿从身后踢我，我可向右后速转身，同时用右俯掌轻粘按其膝盖或用右掌臂粘拦其踢来之左小腿内侧或右小腿外侧向右防开，使其向前下落步；这时我右脚速进入并紧贴其左脚内侧或右脚外侧成弓步进身，同时我左掌击其头或胸或右腋。

（3）搂抱摔：当对方用左手或右手推我胸，我腰胯左转同时用左掌向上将其手向左侧挒开；当对方用两掌推我胸，我腰胯左转，我在对方左外侧用左掌向上把其左手向左侧挒开；然后我右脚速上步，如对方左脚在前，我右脚封住其左脚外侧，如对方右脚在前，我右脚封住其右脚内侧；同时我身体贴住对方，我右掌以大拇指朝下从其腰右侧绕向其后向右后搂抱其腰，同时我腰胯右转产生了扭挒劲，再同时我左掌心朝上把对方在前面这腿的小腿向上平托（脚朝向我左前侧）凌空再向前推出，并配合我右转腰胯使对方横着摔出。

（4）分动作（7）“虚步前升掌”用法是当对方如用右手推击我胸时，我腰胯左转侧身让开并卸其力，这时我在其身内侧同时用左掌采粘住其右腕臂，同时速用我右仰掌向前刺其喉、眼。当对方如用左手或两手推击我胸时，我腰胯左转侧身让开并卸其力，这时我在其身左外侧同时用左掌采粘住其左腕臂，同时用右仰掌封住其左肘向上托起实施了反关节，我两手合力向前发劲将其掷出；或者我右仰掌封住其左肘并向上托实施了反关节后再向前滑刺其左胸腋肋。注意：这个动作的刺喉、刺眼、刺胸腋，伤害性大不能乱用，在这里仅仅了解一下。

19. 斜揽雀尾（北D稍偏西B）

（1）怀抱七星

照片102

左俯掌掌尖仍虚搭右仰掌脉腕，继续坐胯、收腹含胸，同时身体在上势稍前斜基础上继续稍前斜成共前斜30°左右；同时右肘继续下沉（左肘随之下沉），右肘和腹部距离一手掌长；鼻尖对右掌中指，但高度和右掌食指尖同，眼观右仰掌前。(照片102，相机左移从身体左后侧看动作)

▲注意

坐胯是腰胯向下松沉、塌腰的意思，右肘下沉是靠坐胯、收腹含胸使身体前斜的带动下使其下沉，右肘下沉是整体行为。收腹含胸有空胸空腹之意，即含空进去避化对方攻势。

(2) 掤挤势

动作说明与注意事项和动作4“揽雀尾”的分动作(5)“掤挤势”相同。(照片103-1、103-2、103-3、104，从身体左后侧看动作)

照片103-1

照片103-2

照片103-3

照片104

（3）捋势

动作说明与注意事项和动作4“揽雀尾”的分动作（6）“捋势”相同。（照片105–1、105–2，从身体左后侧看动作）

（4）按势

动作说明和动作4“揽雀尾”的分动作（7）“按势”相同。（照片106、107，从身体左后侧看动作）

照片105-1

照片105-2

照片106

照片107

>>>动作19斜揽雀尾用法

请参照动作4“揽雀尾”用法之（4）、（5）、（6）、（7）、（8）。

20. 斜单鞭（正身向西南B C，眼观向南C略偏西B的左掌）

动作说明与注意事项及用法和动作5“单鞭”相同，不同的只是动作朝向。(照片108、109、110、111、112)

照片108

照片109

照片110

照片111

照片112

21. 肘底看捶（东A）

（1）左转摆捌

①上势马步姿势高度不变，两脚先不动。腰胯先稍向右转，同时带动两臂以原高度、原张开的距离稍向右摆移，并在稍向右摆移中使原左立掌和右勾手都同时变成俯掌，眼睛由原观左掌前变成观右俯掌前。

②腰胯再向左后拧转约45°，使身体由原朝向西南BC变成朝向南C；同时随动重心大部分移左脚，并使两脚以脚跟为轴逆拧转，使左脚尖外展约不到135°指向东A，左腿曲膝弓形，右脚尖内扣约在45°和90°之间指向南C，右腿

在后面自然伸直，两脚全脚着地，左脚跟和右脚尖的延长线约相交成直角。同时随身左后转，两直臂俯掌以沉腕带动先向下按压于约齐胯高后随两臂掌向左后摆捌再稍提腕上升到约齐胸高，并使左直臂俯掌掌尖指向东A（和左脚尖朝向一致），使右直臂俯掌掌尖指向南C（和右脚尖朝向一致），并使左、右两直臂从后背部引出的延长线约相交成直角，身体由原单鞭中的垂直变成稍斜向南C。在向左摆捌中，眼睛由开始的观右俯掌前变成观左俯掌前，再变成观右俯掌前定势。（照片113）

照片113

▲注意

必须转脚、转身和两直臂俯掌摆捌同步。须沉肩、松肩、沉肘，转动时身体须平稳。以腰胯的向左后拧转把两直臂俯掌约以原“单鞭”时的张开间距整体带过去来完成摆捌，并使两臂掌在摆捌中完成向下直臂按采和向上直臂提升。在转脚中，左膝盖对脚尖而不要冲出脚尖。

（2）弓步合手

左腿曲膝弓形不变，腰胯左转约90°使身体由原朝向南C变成朝向东A；同时随转使原后插的右直腿以直腿向前拎移，使右脚最后落身后右侧成全脚着地并使右脚尖朝向东A，使下肢成右弓步；同时随转原左直臂俯掌逆拧转90°成侧掌（掌心向右，掌尖向前）于身前，同时原右直臂俯掌向左平移并使右俯掌的食指线处和左侧掌的中指线处虚贴合成两掌合手势，两合手约齐胸高；身体稍前斜，眼观两合手前。（照片114）

照片114

▲注意

做转体、上步、合手时身体须平稳，左腿曲膝弓形的膝盖应对左脚尖而不要因做动作而冲出脚尖。

（3）肘底看捶

重心向身后下沉坐，然后重心缓缓向后沉移坐右后脚使左脚在身前成脚跟虚落地、脚尖上翘的左虚步，身体由原稍前斜变成垂直；同时原右俯掌的食指外侧贴着左侧掌内侧向下移，并右俯掌顺转90°同时使右掌心朝向里并使右掌横于胸前以右食指第三节外侧（根部这一节）贴着左侧掌掌沿和左小臂下侧向左肘移去，同时随动左小臂以左肘为轴向上挑起成曲臂（左大小臂交角约90°），左掌变拳使拳心斜向右下，左拳齐印堂穴高并对鼻中线；这时左肘嵌入右拳眼内，右拳心朝向身内，右曲臂的小臂横于胸前（右大小臂交角约90°），眼观左拳前。（照片115、115a）

照片115

照片116

▲注意

不要耸肩，两肩要松平。

照片116

照片116a

（4）落拳合臂

原左虚步不变，身体仍垂直。左小臂以左肘为支点并以左拳拳心向下落而压合到仍横于胸前的右小臂上使两小臂重合，动作过程中眼睛跟着下降的左拳直到定势。（照片116、116a）

（5）弓步平捌

原左虚步和横于胸前的两合臂先不动，腰胯先稍右转，然后腰胯再稍左转，同时随左转重心向前缓缓沉移成左弓步，左肘仍合右拳眼，同时左俯拳变掌并逆转180°变成仰掌向身左前约齐胸高处平捌使左曲臂成直臂伸胸前，左仰掌掌尖向前，眼观左仰掌掌尖前。这时左肘仍嵌入右拳眼内。如果这时右后脚脚尖还外撇，可同时以右脚前掌为轴心使右脚跟外推使右脚尖朝前，便于下一个动作后退做倒撵猴。因为根据实践，在这里以右脚前掌为轴使右脚跟外推比以右脚跟为轴使右脚尖内扣，更能使右脚尖绝对朝前，便于使倒撵猴退得直、方向正。因为练拳时不可能转身低下头去看后面的脚尖有没有转向朝前。（照片117、117a）

照片117

照片117a

▲注意

等落拳合臂做好了再腰胯稍右转，这是自动调控的程序所决定的。不要在做落拳合臂时同时腰胯稍右转。

>>>动作21肘底看捶用法

（1）当对方用两手分别抓住我两腕臂时，我立刻用两掌向下按采并同时向左捌去，使其拔根失势并向我左侧跌出。当对方分别用两手托我两肘时，我可用两俯掌分别按住其肘窝部，并立刻沉肩、沉肘向下按采同时向左捌去，使其拔根失势并向我左侧跌出。我也可两臂掌先稍向右捌把其向我右侧牵引，如果其想用回拉劲来保持平衡时，我即刻两臂掌向左采捌使其拔根失势并向我左侧跌出。

（2）①对方若用右手击我胸，我重心向后沉坐同时用右俯掌采抓其右腕臂并向下沉采使其失势，同时我用左拳击其下颌（不可乱用，易造成对方下颌骨脱落）。

②当对方用右手击我胸或头，我重心向后沉坐，同时我左俯掌采

抓其右腕臂向我右侧防开（或者我用左掌臂向右侧粘拦开对方击来之手），同时我用右拳击其右胸胁。或者当对方想收回右手，我立刻左手转掌向其捌去，使其向我左前跌出，或用左掌尖刺其喉（不可乱用）。

22. 倒撵猴（左、右、左3势，面向东A，退西B）

（1势）左倒撵猴

（1）后坐前后分掌

①重心渐后下沉坐不要后移，左前腿仍曲膝弓形，右后腿由自然伸直渐变成弯曲，两脚全脚着地，身体由向前斜变成垂直；同时左直臂稍沉肘变弯曲，同时左仰掌顺转90°成侧掌（掌心向右、掌尖向前），同时右拳变掌，并使右掌背贴住左小臂外侧近肘前处，使右掌心向左、右掌尖向上成侧立掌。

②重心缓缓向后沉移成左脚跟虚落地、脚尖上翘的左虚步，同时左侧掌回引至左耳侧，同时右侧立掌以掌背贴住左小臂外侧随左掌回抽向前经过左小臂外侧和左侧掌掌背向前推成侧立掌，右侧立掌食指尖对鼻尖；并在做以上动作①和②时同时腰胯左转，身体垂直，眼观右侧立掌前。(照片118)

（2）退步按掌穿掌

左脚退右脚后以左脚前掌先落地然后全脚着地，左后腿弯曲，右前腿曲膝弓形（右膝对脚尖而不超出脚尖）；同时原右侧立掌稍回收并下按横于胸前成俯掌，同时左侧掌（掌尖向前，掌心向右）经右掌背上方向前穿刺，眼

照片118

照片119

观左侧掌掌尖前，同时腰胯稍右转，身体垂直。(照片119)

（3）搂膝推掌

腰胯继续稍右转，同时右俯掌继续向下按经小腹前再向右前方搂并经过右膝前上方继续向右搂去，并以俯掌置右膝外侧之上方（右俯掌掌尖朝前，并离右大腿近膝处外侧约一个平拳空当）；同时原左侧掌顺转90°成俯掌并在向前推刺中坐腕成立掌，左前推掌的左腕约齐肩高，左掌尖约高不过眼；同时左后腿由弯曲变成自然伸直成右弓步，由于前面左脚后退时身体向左有点侧身而使左脚尖有点外撇，因此在这里同时左脚以脚前掌为轴顺拧转同时左脚跟稍外推来使左脚尖朝前形成川字步；同时身体由垂直变成向前斜直，眼观左推掌前。(照片120)

▲注意

向前推掌，向右搂膝，左后腿由弯曲到自然伸直，左后脚以脚前掌为轴顺拧转和左脚跟稍外推，身体由垂直到向前斜直和向右拧转腰胯这6个部分要同时进行、同时到位来完成搂膝推掌这个动作。而这6个部分中是以腰胯的右拧转为主宰来带动其他5个部分一起整体运动。动作全部到位时虽然身体是向前斜直的，但身体必须是正身（正面）朝向前方，不要做成向右侧身。并同时注意要用前面讲过的“三尖相对”来取中。

照片120

>>>动作22倒撵猴之（1势）左倒撵猴用法

把对方的头比喻为猴子的头，把后退时腰胯向后移叫作撵，用腰胯向后移的撵劲击对方的头叫作倒撵猴头。

（1）从前面用

当对方在我左外侧用其左掌采抓住我左掌臂，其右脚从我左脚外侧后将我左脚封住，同时其右手击我头或胸腋。这时我重心后移，同时我左掌向左侧上提掤，同时我右掌从我左掌臂外侧伸出并从对方击来之右掌臂外侧将其臂粘采住，我即刻将其两手臂向我右侧捋挒使其失势，同时我左脚提起向身后伸落，同时我右掌采抓住其右臂并引直它，同时我左掌击其头或右胸胁，或者我左掌心按住其后脑向下压，使其失势向前下跌扑。

（2）从后面用

当对方用右手击我胸，我腰胯右转侧身让开，同时我在其右外侧用右掌采抓其右掌臂并将其手臂引直，同时我左脚插入其裆内我腰胯继续右拧转，同时我左掌从其身后按住其后脑向前下按压，同时我左脚向后一撑使其向前跌扑。或者我右脚插左脚后先成两腿交叉，然后速左脚向后滑趟，同时我左掌从其身后按住其后脑向前下按压使其向前跌扑。在少林长拳类的查拳、八极拳中也能看到这用法，并称作为“进步转身挂趟”。在摔跤中称为“弹撤”。这种用法的共同点是利用插裆的脚的向后滑趟或腿向后一撑，腰胯向身后的撵劲，和伸到对方后背的手向前下的按劲，这一个向后一个向前的两个反方向的剪刀劲力使对方向前跌扑。

(2势）右倒撵猴

(1) 沉坐提臂

右前腿仍曲膝弓形（右膝对脚尖而不超出脚尖），身体重心渐向身后下垂直沉坐，左后腿由自然伸直渐变成弯曲，两脚全脚着地，身体由前斜渐成垂直；同时原右胯边的右俯掌顺转90°成掌心向左的侧掌并同时向身前上提掤置约齐胸高处，同时原身前左推掌随左臂稍沉肘的带动下稍回引并逆转90°成掌心向右的左侧立掌置右侧掌边，眼睛由观左推掌前变成观两掌前。(照片121)

照片121

▲注意

沉坐提臂是身体重心垂直向下沉坐，这时重心不要后移。

照片122

（2）后移十字合掌

身体仍垂直，重心缓缓向后沉移，同时腰胯稍右转，同时左右臂稍沉肘并带动左侧立掌和右侧掌两掌掌心虚合成十字合掌，并使两合掌稍上提并且回引至头右前侧，这时重心大部分在左后脚，右前脚还全脚着地，眼观身前。(照片122)

（3）虚步前后分掌

身体仍垂直，腰胯继续稍右转，重心继续缓缓向后沉移成右脚跟虚落地、脚尖上翘的右虚步；同时右侧掌回引右耳侧，同时左侧立掌向前推

照片123

出，左侧立掌食指尖对鼻尖。（照片123）

（4）退步按掌穿掌

右脚退左脚后以右脚前掌先落地然后全脚着地，右后腿弯曲，左前腿曲膝弓形（左膝对脚尖而不超出脚尖），同时原左侧立掌稍回收并下按横于胸前成俯掌，同时右侧掌（掌尖向前、掌心向左）经左俯掌掌背上方向前穿刺，眼观右侧掌掌尖前，同时腰胯稍左转，身体垂直。（照片124）

（5）搂膝推掌

腰胯继续稍左转，同时左俯掌继续向下按经小腹前再向左前方搂并经过左膝前上方继续向左搂去，并以俯掌置左膝外侧之上方（左俯掌掌尖朝前，并离左大腿近膝处外侧约一个平拳空当）；同时原右侧掌逆转90°变成俯掌，并在向前推刺中坐腕成推掌，右前推掌的右腕约齐肩高，右掌尖约高不过眼；同时右后腿由弯曲变成自然伸直成左弓步，由于前面右脚后退时身体向右有点侧身而使右脚尖有点外撇，因此在这里同时右脚以脚前掌为轴逆拧转同时右脚跟稍外推来使右脚尖朝前形成川字步；同时身体由垂直变成向前斜直，眼观右推掌前。（照片125）

照片124

照片125

▲注意

向前推掌，向左搂膝，右后腿由弯曲到自然伸直，右后脚以脚前掌为轴逆拧转和右脚跟稍外推，身体由垂直到向前斜直和向左拧转腰胯这6个部分要同时进行、同时到位来完成搂膝推掌这个动作。而这6个部分中是以腰胯的左拧转为主宰来带动其他5个部分一起整体运动。动作全部到位时虽然身体是向前斜直的，但身体必须是正身（正面）朝向前方，不要做成向左侧身。并同时注意要用前面讲过的“三尖相对”来取中。

>>>动作22倒撵猴之（2势）右倒撵猴用法

（1）从前面用

①当我击对方之右臂掌被对方左手采抓，并对方的左脚从我右脚外侧后将我右脚封住，同时其右手击我胸，这时我重心后坐腰胯右转，同时我右掌向右侧上提掤，同时我左掌从对方右掌臂外侧将其右掌臂粘搭住并向我右侧捌化使其失势（分动作<2>后移十字合掌）。这时我即刻提起右脚向身后伸落，同时我左掌粘采住其右臂肘随我腰胯左转向左搂去，同时我右掌击其头或胸。

②当对方用右手击我，并用其左脚封住我在前面的右脚时，我腰胯右转侧身让开，这时我在其右外侧用右手采抓住其右掌臂并将其臂引直，同时我右脚提起向后伸落，同时我用左掌心按住其后脑向下压，使其失势向前跌扑，然后我用右掌击其头。

（2）从后面用

当对方用左手击我胸，我腰胯左转侧身让开，同时我在其左外侧用左掌采抓其左掌臂并将其手臂引直，同时我右脚插入其裆内我腰胯继续左拧转，同时我右掌从其身后按住其后脑向前下按压，同时我右脚向后一撑使其向前跌扑。或者我左脚插右脚后先成两腿交叉，然后速右脚向后滑趟，同时我右掌从其身后按住其后脑向前下按压使其向前跌扑。

照片126

照片127

照片128

（3势）左倒撵猴

（1）沉坐提臂

左前腿仍曲膝弓形（左膝对脚尖而不超出脚尖），身体重心渐向身后下垂直沉坐，右后腿由自然伸直渐变成弯曲，两脚全脚着地，身体由前斜渐成垂直；同时原左胯边的左俯掌逆转90°成掌心向右的侧掌并同时向身前上提掤置约齐胸高处，同时原身前右推掌随右臂稍沉肘的带动下稍回引并顺转90°成掌心向左的右侧立掌置左侧掌边，眼睛由观右推掌前变成观两掌前。（照片126）

▲注意

沉坐提臂是身体重心垂直向下沉坐，这时重心不要后移。

（2）后移十字合掌

身体仍垂直，重心缓缓向后沉移，同时腰胯稍左转，同时左右臂稍沉肘并带动右侧立掌和左侧掌两掌掌心虚合成十字合掌，并使两合掌稍上提并且回引至头左前侧，这时重心大部分在右后脚，左前脚还全脚着地，眼观身前。（照片127）

（3）虚前前后分掌

身体仍垂直，腰胯继续稍左转，重心继续缓缓向后沉移成左脚跟虚落地、脚尖上翘的左虚步；同时左侧掌回引至左耳侧，同时右侧立掌向前推出，右侧立掌食指尖对鼻尖。（照片128）

（4）退步按掌穿掌

动作说明和动作（1势）“左倒撵猴”的分动作（2）“退步按掌穿掌”相同。(照片129)

（5）搂膝推掌

动作说明与注意事项和动作（1势）“左倒撵猴”的分动作（3）“搂膝推掌”相同。(照片130)

>>>动作22倒撵猴之（3势）左倒撵猴用法

（1）从前面用

①当我击对方之左臂掌被对方右手采抓，并对方的右脚从我左脚外侧后将我左脚封住，同时其左手击我胸，这时我重心后坐腰胯左转，同时我左掌向左侧上提掤，同时我右掌从对方左掌臂外侧将其左掌臂粘搭住并向我左侧捌化，使其失势（分动作<2>后移十字合掌）。这时我即刻提起左脚向身后伸落，同时我右掌粘采住其左臂肘随我腰胯右转向右搂去，同时我左掌击其头或胸。

②当对方用左手击我，并用其右脚封住我在前面的左脚时，我腰胯左转侧身让开，这时我在其左外侧用左手采抓住其左掌臂并将其臂引

直，同时我左脚提起向后退，同时我用右掌心按住其后脑向下压，使其失势向前下跌扑，然后我用左掌击其头。

（2）从后面用

和（1势）“左倒撵猴”用法（2）“从后面用”相同。

▲备注

动作22倒撵猴向后退的两种方法

1. 身体垂直曲腿后退，再拧脚推掌身体前斜。这种后退方法在前面所讲的“倒撵猴”分动作“退步按掌穿掌”和“搂膝推掌”中已讲到。

2. 直腿后退同时身体前斜推掌。这种后退方法是原以虚步置身前的腿先弯曲向后拎移，并在经过支撑腿内侧时以直腿向身后摆退，并以全脚向身后着地，脚尖朝前而不用拧脚，同时在直腿向身后摆退的带动下使身体向前斜直，同时手上做分动作“按掌穿掌”和“搂膝推掌”。

这两种后退的方法都是对的，而且在练习时各自的趣味不同。如果练习者喜欢把动作练得慢一点，可以用第1种退法。第2种退法的动作速度相对较快，想慢是慢不起来的。

23. 斜飞势（向身左侧东A）

照片131

（1）左掌下落（东A）

右弓步不变，右俯掌仍置右膝外侧，左直臂向身前下落并带动左掌下按采后以俯掌置右膝内侧并和外侧的右俯掌成对称，同时在落臂时身体由前斜变成稍前斜，眼睛由观左掌变成观前方。(照片131)

（2）单踮脚开肘（东南AC）

左后脚全脚着地，右脚以脚前掌为轴心踮地并顺拧转约

45°使右脚尖外撇约45°，同时右脚跟离地；同时随右脚前掌拧转腰胯也向右转动约45°并带动两下垂的直臂肘外顶并牵动左俯掌以腕为轴顺拧转约45°，右俯掌以腕为轴逆拧转约45°；同时身体由稍前斜变成垂直，眼观身前方。(照片132)

照片132

▲注意

做“单踮脚开肘”时左后腿仍应自然伸直，右前腿仍曲膝弓形，两肘外顶时手臂弯曲不大。踮脚开肘时两俯掌之间距离不要拉开来，两臂掌随身体右转约45°时也整体向右侧转带45°。须肩有沉劲，头有虚顶劲，左脚有蹬劲，右脚有蹬拧劲，腰有挺劲和拧转劲，两肘有外撑劲。这些劲在身体和意念向下松沉时，自动调控会自动地把它表现出来。

(3) 双踮脚开肘（东南AC）

身体仍垂直，眼观身前方，右前脚脚前掌仍踮地。左后脚以脚前掌踮地顺拧转约45°使左脚尖内扣约45°，同时左脚后跟离地，同时腰胯稍右转；同时随转两肘继续稍外顶，并带动左俯掌继续顺拧，右俯掌继续逆拧，使得两俯掌掌尖延长线在身前下交角约135°。(照片133)

照片133

▲注意

做“双踮脚开肘”时，右前脚的脚前掌继续踮地而不拧转，左后脚的脚前掌踮地又拧转，右前腿仍曲膝弓形，左后腿仍自然伸直，由于两肘继续外顶，所以两手臂弯曲度比前势要稍大，而且两掌之间距离不要拉开来，因为是“开肘”而不是“开掌”。会自动调控的话两脚自动有蹬拧劲，腰胯有挺转劲，头顶有虚顶劲，肩有沉劲，两肘有外撑劲，这些劲力都会自动表现出来。

（4）后挂腿抱臂

①身体仍垂直，眼观身前方，右前脚的脚跟落地使踏实的右脚脚尖仍外撇45°，右前腿仍曲膝弓形；左后脚的脚前掌仍踮地，左后腿由自然伸直变成弯曲，重心大部分落右前脚；同时两俯掌也随势稍下沉并分别按于右膝两侧前上方而对称。

照片134

②然后原左俯掌逆转约135°左右同时上升于身左前侧，左掌心朝向身右后方，左掌尖向上约齐头顶高，左臂成曲臂；同时原右俯掌顺转约90°同时上升至左胸前成掌心向左的立掌，并使右立掌贴合在左小臂右内侧（右掌根和右肘相近）形成抱臂状态；同时右腿曲膝弓形独立（膝盖对脚尖而不超出脚尖），左腿曲膝身后挂起（左脚尖下垂），身体由垂身变成稍左斜，眼观身右侧的南C（照片134）

▲注意

做分动作“单踮脚开肘”“双踮脚开肘”和“后挂腿抱臂”时要上下合一。即当我两臂开肘时，我两脚、两胯之间也要有开劲；当我合手抱臂时，我两脚、两胯之间也应有合劲。

（5）脚跟左后落地

两手臂成抱臂状不变，右腿仍曲膝弓形承重，眼仍观身右侧前的南C；原后挂腿的左脚向身左后侧的东北AD处轻缓下落成左脚跟虚落地、脚尖上翘的左虚步。上翘的左脚尖最好能稍内扣，这样有利于做后面的身右转和转脚挤靠的动作。（照片135）

照片135

（6）斜飞挤靠势

重心向身左后侧的左脚缓缓沉移，使左腿曲膝成弓形（左膝对脚尖而不超出脚尖）；同时腰胯向右渐拧转使身体朝向南C，同时随动右脚以脚前掌为轴顺拧转约45°使右脚尖朝向身前南C，同时随动身体渐向左侧斜倒，并使身体右侧成一条倒向左侧的斜直线；同时随动两抱臂掌渐分开，使原左曲臂中的左掌成仰掌（掌心斜向身右后上方）并向身左前侧约以齐头高伸去，使左大小臂交角成135°；同时原右曲臂中的右掌成俯掌并以齐胸高从左胸前向右向前捌去，使右曲臂成直臂，右俯掌掌尖指向身前南C，眼观右俯掌掌尖前。（照片136、136a）

照片136

照片136a

▲注意

做挤靠时腹部不要前凸，臀部不要后撅，臀部左侧不能超出左脚外侧，以防重心失控，并在腰胯右转，右脚脚前掌顺拧转的协同配合下带动左肩、肘、臂挤靠。

>>>动作23斜飞势用法

（1）掷摔

①当对方用双手推我胸部时，我在其身内侧我用两掌分别粘搭住其两臂稍向两侧下分开，并分别采抓住其两腕臂后我左手逆拧缠其臂，同时我右手顺拧缠其臂，并向里合拢同时向上提起向其实施了反关节使其拔根失势，我即刻两手合力向前发劲，将其向我前面掷出，使其后跌。

②当对方用两手分别抓住我两腕臂时，我用两掌同时反抓住其两腕臂，再用前面的缠臂方法将其掷出，使其后跌。

③或者当我两掌分别抓住其两腕臂后，我腰胯右转侧身，同时我左脚上前封住其脚或插裆，同时我左手在前逆拧缠其臂，同时我右手置后面顺拧缠其臂，同时两手向里合拢并上提向其实施了反关节使其拔根失势，我即刻两手合力向前发劲并同时我身体左侧向其挤靠，将其向我前面掷靠出，使其后跌。

（2）挤靠

当对方用两手无论是同时向我上面攻来，还是向我下面攻来，这时我在对方身体内侧，我左手粘搭其右手臂，同时我右手粘搭其左手臂并将其两臂向左右分开。①如果对方是右脚在前，我左脚上步在其右脚外侧封住其右脚，同时我左曲臂向上挑起进到对方胸前，以我身体左侧贴住对方右胸肋，以我左肩臂贴住对方胸部，然后我腰胯右转，同时右脚前掌顺拧转，使其受挤靠劲后向后跌出。②如果对方是左脚在前，我可左脚上步插裆，同时我左曲臂向上挑起进到对方胸前，以我身体左侧贴住对方右胸，以我左肩臂贴住对方左胸，然后转腰胯、转脚挤靠。也可以用这个“斜飞势”动作的反势，即我右脚上步封住对方左脚外侧，同时我右曲臂向上挑起进到对方胸前，然后贴身、转腰胯、拧脚挤靠。

24. 提手上势（南C）

（1）右弓步挤势

腰胯先稍左转，然后向右转成正身，同时重心缓缓向前沉移成右弓步，同时原脚尖外撇的左后脚以脚跟为轴心拧转同时左脚尖内扣成脚尖朝前；同时原身前的右俯掌顺拧转约90°并向胸前回收抱圆置胸前，使右掌心向里；同时原置身左前侧斜上方的左仰掌顺拧转约135°成掌心朝前并以左腕缓缓下沉成立掌向前推移，并使左掌心上部向前虚搭右脉腕成两掌抱圆于胸前并同时随重心前移而向前挤出；身体由原向左侧斜变成稍向前斜，眼观两合掌前方。[照片可参照动作7“提手上势”的分动作（2）“右弓步挤势”的照片37]

▲备注

后面的分动作说明与注意事项可参照动作7“提手上势”的分动作（3）“上步平行步蹲式合掌”，（4）“起身上提掤下按采”，（5）“前下按采”。其动作用法和动作7“提手上势”用法相同。

25. 白鹤亮翅（南C→东A→南C）

动作说明与注意事项及用法和动作8“白鹤亮翅”相同。

26. 左搂膝拗步（东A）

动作说明与注意事项及用法和动作9“左搂膝拗步”相同。

27. 手挥琵琶（东A）

动作说明与注意事项及用法和动作10“手挥琵琶”相同。

28. 海底针（东A）

（1）虚步下插掌（下沉采）

右后腿仍曲膝承重，身体稍竖起，原在身前虚落地的左脚脚跟稍上提并稍回引使左脚前掌虚落地，同时原身前的左侧掌以弧形回收至右肩前，左掌心向右、掌尖向上；同时原身前的右侧掌以弧形向身前下插出后稍回带，身体稍前斜，俯身时可以配合轻缓呼气，如一次不够可再轻快吸进一口气后再轻缓呼出；不要低头，眼观身前。（照片139）

（2）脚跟前落

右后腿仍曲膝承重，左掌仍置右肩前，右掌仍下插。原左脚前掌虚落地的左脚稍上前一点成左脚跟虚落地、脚尖上翘的左虚步，同时身体由原稍前斜变成稍竖起，眼观身前。(照片140)

▲注意

左脚由脚前掌虚落地变成脚跟虚落地时，这个左脚跟虚落地的点不要太向前，以不牵拉右支撑腿膝盖前冲为好，以保护膝盖。

照片139

照片140

照片141

（3）弓步掤刺

重心缓缓向前沉移成左弓步，右臂以直臂催动右掌随重心缓缓前移而由下向前、向上掤提至身前约齐胸高，右掌成侧掌（掌心向左，掌尖向前）；同时随动原置右肩前的左掌顺着并虚贴右大臂内侧以向下、向前、向上的弧形轨迹移至右小臂内侧，左侧立掌掌心向右、掌尖向上，身体稍前斜，眼观右侧掌掌尖前。（照片141）

▲注意

左掌虚贴着向前上掤提的右臂内侧向前移的动作要配合好，两掌臂的共同运动是一个整体，不可分离。并且两掌臂的共同运动和重心向前沉移成弓步，身体稍向前斜的运动也都成为一个整体运动。

>>>动作28海底针用法

（1）用下沉采劲和前上提掤劲发人

①当对方用右手抓住我右腕臂时，我右手反抓其右腕臂，或者对方用右手击我时，我用右掌采抓住其右腕臂；同时我左掌心粘封住其右臂肘外侧后我重心速后移下沉，同时随动我将其手臂引直并向身前下沉采

使其失势前倾，当其要用回拉劲来保持平衡时，我即刻左掌心向上托其右肘并两掌合力向前上提掤使其向后跌出。

②当对方用右手抓住我右腕臂向下沉拉时，我趁机左掌心向右封住其右肘并同时右掌臂随势下沉身体稍下蹲使其失势要回拉时，我即刻左掌心向上托其右肘并两手合力向前上提掤使其向后跌出。

（2）点刺对方

①当对方用右手击我胸或头时，我在其右臂外侧用左掌向右粘封住其右手臂并向我右侧防开，同时我稍俯身用右掌尖点刺对方腹部或裆部（注意，不可乱用）。

②当对方用右手击我胸或头时，我在其右臂外侧用左掌向右粘封住其右手臂并向我右侧防开，同时我用右掌尖向前点刺其右腋下这“海底穴”（注意，不可乱用）。

照片142

29. 扇通背（东A）

（1）扣步转体转掌

左腿仍曲膝弓形，右脚不动。左脚以脚跟为轴心脚尖尽量内扣约不到90°，同时腰胯稍右转，同时右腿由自然伸直变成稍弯曲；同时原身前的右侧掌逆拧转约180°使掌心向右、大拇指向下并同时稍回收上托至左额前，左掌虚搭右小臂外侧近腕处，身体稍向左侧斜，眼观右侧掌掌尖前。（照片142）

▲注意

左脚内扣度数和这个动作最后的“马步分掌”中的马步有关。因为马步的两脚尖外撇不超过30°，所以针对这情况使自己在做左脚尖内扣时会灵活处理左脚内扣度数。

（2）右踮步拧转

左腿曲膝弓形承重，左掌仍虚搭右小臂外侧近腕处，腰胯继续稍右转，同时右腿松掉使右脚前掌虚踮地并随动顺拧转，同时随动右侧掌继续上托至额上，左掌虚搭右小臂外侧近腕处随跟，身体由稍向左侧斜变成垂直，眼观身左前。（照片143）

照片143

照片145

（3）马步分推

眼仍观身左前，腰胯继续稍右转，同时右脚向身右侧西B开步踏实成马步，马步重心可左脚4分、右脚6分，但外形上看不出，好像是两脚平分重量；同时原虚搭右小臂外侧近腕处的左掌向身左侧前推出成侧立掌（左掌心向南C），左侧立掌食指尖约齐鼻尖高；同时原置额上的右掌稍向上托同时向右侧拉开置右额前的右上方，右掌尖斜向左上方，身体正身向南C，身体垂直，眼观左侧立掌前。（照片145）

▲注意

开步分掌须步稳，身体正直，左肩不能向前送，右肩不要耸，含胸拔背。当身体和意念向下松沉后，自动调控的整体劲会使腰胯在自动向右转中，同时右脚自动向右开步成马步，同时两掌自动分开完成分推。扇通背中两臂掌向两侧分展开，好像折扇向左右打开一样，再加两臂掌分展开用的是背脊的拔劲，所以扇通背名称由此而来。

>>>动作29扇通背用法

（1）当对方在我右外侧用右手抓住我右腕时，我趁势右掌臂逆转使右掌心向外，并反抓其右腕臂上托使其拔根失势，同时用左掌击其右腋胁。

（2）当对方用右手攻我胸部时，我腰胯右转侧身让开，同时我右掌逆转成掌心向外、掌沿向上粘搭住其右腕臂并将其右臂向上托起，我也可右掌粘搭住其右腕臂后抓住其右臂并上托，同时我用左掌击其已暴露出来的右腋胁部。

（3）或者当我右掌抓住其右腕臂逆转并上托使其拔根失势后，我左掌心粘封住对方右肘，即刻我右掌顺拧转把劲向前发出，使其向后跌出。这种一逆一顺的劲力态势的迅速变化是一种采劲。

30. 翻身撇身捶（西B）

（1）转身弓形一字掌

照片146

身体右后转，重心大部分落右脚，右脚不动脚尖仍内扣，右腿曲膝弓形，同时随转左脚以脚跟为轴心，脚尖内扣成脚尖外展45°的右弓形步，这时左后腿自然伸直；随转原左立掌成俯掌（掌尖指向身后东A），左直臂俯掌伸身后齐肩平；同时随转原右额前右上方的右掌向身右、向前下落成俯掌（掌尖指向身前西B），右直臂俯掌伸身前齐肩平；前后两伸出的掌臂成一字形，身体稍前斜，眼观右俯掌掌尖前。(照片146)

（2）双抓拳

上势右弓形步和两臂掌向身前后一字形伸直不变，身体仍稍前斜，前后两俯掌同时抓拳成俯拳（拳背平），眼观身前右俯拳前。（照片147）

▲注意

双抓拳时，身体前后两臂仍伸直为一字形，不要成曲臂回收。

（3）丁步叉臂

上势双抓拳后随即身体后下沉坐使身体由稍前斜变成垂直，然后重心再缓缓向后沉移到左后脚承重，右脚回收到左脚内侧前使右脚前掌虚踮地成丁步。同时两直臂变曲臂并带动两拳向身边回收，使原身后的左俯拳逆转180°并同时向下、向身边回收于左腹前侧成仰拳，左臂由直臂变成曲臂（左肘朝向身后东A）；同时原向前的右俯拳随右臂渐弯曲回收到左胸前后向身左下侧斜插入左小臂内侧置左腰侧成两小臂交叉，左小臂在下，右小臂在上，右拳心仍向下，交叉的两小臂内侧近腕处虚搭，眼睛由观右俯拳变成观身后或左肘前。（照片148）

照片147

照片148

▲注意

丁步叉臂时肩要松沉，不要做成叉臂上抬而耸肩。两叉臂拳不要碰到腹部，应相距约一个平拳空当，使它们之间舒空，使两叉臂拳动作饱满，使右小臂侧向外有靠意。两叉臂拳仅为两小臂内侧近腕处虚搭，不要太向里插入，以免影响含胸拔背。眼睛由观右俯拳渐转成观身后或左肘前时不要低头，当右俯拳向身左下侧斜插时，可用眼睛下余光带过而不低头进而转成观身后或左肘前。

（4）脚跟前虚落

上式身左侧叉臂，眼观身后或左肘前，身体垂直仍不变。右脚向身右前侧缓缓迈出成右脚跟虚落地、脚尖上翘的右虚步，并使两脚跟的左右间留出一脚空当。(照片149)

照片149

▲备注

由分动作（3）“丁步叉臂”中的右丁步要向右前侧迈出成右虚步时，如果用自动调控练时暗意念会先引导松胯、松右腿产生提劲把右脚轻缓向右前侧迈出成右虚步。这时光从外形看原先在右丁步还未迈出的右脚好像有短暂的停顿，但这时意念（暗意念）没有停，它在引导松胯、松腿蓄力，这叫动作外形看好像停但意念没停，劲路没断，这也叫动作连绵不断。在方架其他动作的练习中也可感悟到这个道理。

（5）转体劈打

重心缓缓向前沉移成右弓步，同时腰胯右转，同时左后脚以脚跟为轴心脚尖内扣成左脚尖向前；同时两叉臂中先用右肘向身前西B处以齐胸高平顶出，同时左小臂仍和右小臂成交叉虚搭状向前跟进；然后以右拳背向上、向前、向下以弧形劈打成右拳心向上的仰拳，右仰拳约齐胸高；同时左拳变掌并在左小臂近腕处粘跟右小臂近腕处的两小臂拧转中使左掌顺拧转约90°成左侧立掌（掌心向右），并使左侧立掌掌根虚搭右小臂近腕处内侧；身体由垂直变成稍前斜，眼观右仰拳前。(照片150)

照片150

>>>动作30翻身撇身捶用法

（1）击法

当对方从我身后攻来，我速向右后转身并用左掌将其攻来之手向右粘拨开，同时用我右肘顶击其胸腋，再即刻把右拳向前翻出击其头或胸。或对方用手向下按我右顶肘，我随即顺其势右拳向其翻击。当我右手攻对方被其抓住，我腰胯左拧转，同时我右拳臂拧曲回收折向我身左侧而挣脱。

（2）摔法

当对方从我身后用右手攻我头或胸，我速向右后转身后可用以下3

种摔法：

①我在其右臂外侧用右掌采抓其右腕臂，用左掌抓住其右肘臂，同时我右脚向右侧前横上半步封住其脚，同时我两掌抓住其右臂向我右前下方捋采，使其向前跌出。

②或者我在其右臂外侧用右掌采抓其右腕臂，用左掌抓住其右肘臂，同时我上左步身右转并用左肩贴紧其右腋肋，然后我即刻身稍右后转同时右脚向右侧前横上半步，同时我两掌抓住其右臂向我右前下方沉采，使其向前跌出。

③或者我在其右臂外侧用右掌采抓其右腕臂回拉，我速上左步同时身右后转，并用我左掌以掌心向上四指进入其右臂内侧抓住其右肘臂并向上托，引直其右臂实施了反关节，同时我将其右大臂扛于我左肩上，我左背侧贴紧其右胸腋后我身体继续右后拧转，同时我右脚向右侧前跨出，同时我左后脚以脚跟为轴脚尖内扣，同时我身体前斜，同时我两掌抓住其右臂向我身前下沉采而使对方从我左肩上向前翻跌出去。

31. 卸步搬拦捶（退东A，面向西B）

（1）后坐虚步合掌

右前腿仍曲膝弓形，重心后下沉坐使左后腿由自然伸直渐成弯曲，两脚全脚着地，身体由稍前斜渐变成垂直；同时原身前右仰拳变掌并逆转90°成侧掌（掌心向左）稍后引，同时原左侧立掌（掌心向右）稍前移，两侧掌掌心相对全掌虚合身前。然后重心缓缓向后沉移至左后腿曲膝承重，右前脚成脚跟虚落地、脚尖上翘的右虚步，同时两合掌向前稍推出，两合掌掌尖斜向前上，两合掌食指尖约对鼻尖，身体由垂直变成稍前斜，眼观两合掌前。（照片151）

（2）退步弓步合掌

上势身前两合掌不变，左腿曲膝弓形承重，原以虚步置身前的右腿先弯曲向后拎移，并在经过左支撑腿内侧时以直腿向身后摆退，并使右脚向身

后全脚着地，使右脚尖朝前成左弓步，身体稍前斜，眼观两合掌前。(照片152)

（3）后坐搬拦

动作说明和动作14“上步搬拦捶”的分动作（3）“后坐搬拦”相同。(照片153)

（4）弓步冲捶

动作说明和动作14“上步搬拦捶”的分动作（4）“弓步冲捶”相同。(照片154)

照片151

照片152

照片153

照片154

>>>动作31卸步搬拦捶用法

当对方用右手攻我胸时，我腰胯右转侧身让开，同时我在其右臂外侧用右掌粘搭对方右腕臂，同时用左掌粘搭对方右肘臂向我右侧搬开，如果这时对方蓄力继续上步攻我时，我左掌封拦住其右臂肘使其不能前进，同时我右脚向后退后腰胯左转并用右拳击其胸腋。

32. 上步揽雀尾（西B）

照片155

（1）后移虚步抱七星

左前腿仍曲膝弓形，重心渐后下沉坐先不要后移，右后腿由自然伸直渐变成弯曲，身体由原稍前斜渐变成垂直；同时原身前右立拳变成掌并随着右沉肘带动使右侧掌顺转约90°成掌心斜向里上的仰掌，原右直臂变成曲臂；同时随动原护右小臂内侧的左侧立掌顺转约90°成俯掌，左俯掌掌尖虚搭右脉腕；右肘和腹部相距约一手掌长，右仰掌食指尖约齐鼻尖高，但鼻尖正对右仰掌中指，眼观右仰掌前。两臂掌用前面所讲的以曲臂、沉肘、三角形抱于胸前的形状叫作抱七星。

然后重心缓缓向后沉移成左脚跟虚落地、脚尖上翘的左虚步，同时左掌尖虚搭右脉腕及右肘和腹部约一手掌长间距的这样一个抱七星形状被整体后带，身体仍垂直，眼观右仰掌前。(照片155)

▲注意

当身体重心缓缓向后沉移时，置身前的左掌尖虚搭右脉腕的两手不能回收，右肘和腹部间距应始终保持一手掌长而不缩短，以上掌臂以这样的抱七星形状被整体后带。

（2）弓步抱七星

重心缓缓向前沉移成左弓步，同时两臂掌仍以胸前抱七星势整体前移，右肘和腹部仍应保持一手掌长间距，同时身体由垂直变成稍前斜，眼观右仰掌前。(照片156)

▲注意

两臂掌于胸前抱七星势的形状，应随着重心向前沉移成左弓步和身体稍前斜而被整体向前下沉带。

照片156

（3）垂身松腿抱七星

左腿曲膝弓形承重，右后腿由自然伸直渐变成弯曲，并使右脚脚前掌虚踮地，身体由稍前斜变成垂直；两臂掌仍于胸前抱七星势，右肘和腹部仍保持一手掌长间距，眼观右仰掌前。(照片157)

照片157

▲注意

两臂掌于胸前抱七星势的形状，应随着身体由稍前斜变成垂直而整体向上提升。

照片158

照片159

(4) 上步虚步抱七星

右脚向前轻缓迈出成右脚跟虚落地、脚尖上翘的右虚步，身体仍垂直；两臂掌于胸前抱七星势，右肘和腹部仍保持一手掌长间距，眼观右仰掌前。(照片158)

(5) 怀抱七星

上势的两臂掌于身前抱七星势不变，仍右虚步。松腰、松胯、坐胯，松肩、沉肩，收腹含胸，渐使原垂直之身体向前斜约30°左右；同时随身前斜把身前抱七星势的两臂掌整体向下沉带，随动使右肘下沉（左肘随之下沉），右肘和腹部距离仍应保持原一手掌长间距，眼观右仰掌前。(照片159)

(6) 掤挤势

动作说明与注意事项和动作4“揽雀尾”的分动作（5）“掤挤势”相同。(照片160−1、160−2、160−3、161)

(7) 捋势

动作说明与注意事项和动作4“揽雀尾”的分动作（6）“捋势”相同。(照片162−1、162−2)

(8) 按势

动作说明和动作4“揽雀尾”的分动作（7）“按势”相同。(照片163、164)

照片160-1

照片160-2

照片160-3

照片161

照片162-1

照片162-2

照片163

照片164

>>>动作32上步揽雀尾用法

（1）上步揽雀尾动作开始时的右掌臂曲臂上扬，左掌尖虚搭右小臂脉腕处的抱七星势比作太极推手时两人的右手相搭。用搭手来练习听劲，来探知对方的劲路。

（2）其他用法可参照动作4“揽雀尾”用法之（4）、（5）、（6）、（7）、（8）。

33. 单鞭（正身向南C，眼观向东南AC的左掌）

动作说明与注意事项及用法和动作5“单鞭”相同。

34. 云手（共3势，向东A移动）

（1势）云手

照片165

（1）右弓形右手画弧

左脚不动，重心稍向右脚移，同时右脚以脚跟为轴心稍顺拧转使右脚尖稍外撇成45°，右腿成曲膝弓形，同时腰胯稍右转使身体朝向西南BC处；同时随转右勾手变掌稍立起向右画了一条短顺弧，同时随转原身左前的左按掌逆转180°并同时向下、向右腹前画了一条逆弧并以左仰掌置腹前侧；左后腿稍弯曲，右腕齐肩平，眼睛由原观左立掌前变成观右立掌前。（照片165）

▲注意

右掌画弧是随腰胯右转时以稍右沉肘带动右掌以右腕为轴向右画了一条短顺弧，并应沉肩、松肩。

照片166

（2）左扣脚升掌搭腕

右脚不动，右腿仍曲膝弓形；腰胯继续稍右转，同时左后脚以脚跟为轴、脚尖内扣成外撇45°，同时左后腿由稍弯曲变成自然伸直形成右侧弓步，身体稍向前斜；同时原置腹前的左仰掌向前上升起以掌尖虚搭右小臂脉腕处，同时原右立掌成俯掌，右腕约齐肩平，眼观右俯掌前。（照片166）

▲注意

前面讲的分动作（1）和（2）由于在学习中因仔细了解动作的需要所以分开来讲解，但待动作熟练后须连贯起来做，不要明显断开。

（3）左侧弓步抹面掌

右脚不动，重心缓缓左移，同时腰胯左转；同时左脚以脚跟为轴心逆拧转使左脚尖向左外侧外展约90°成左脚尖外撇45°，左腿曲膝弓形；同时右腿由曲膝弓形渐变成在身右侧自然伸直（右脚尖原地外撇45°不动），这时步形变成左侧弓步1，这时身体成为正身向南C；同时随转右俯掌向身右侧前下按压至约齐右胯高处，同时左臂沉肘曲臂，左掌以掌心向里掌尖向上随身左

照片167

转向身左侧从脸前抹去并置左脸前外侧，左肘离左胸肋约一手掌长，身稍向左侧斜，眼观右俯掌。(照片167)

▲注意

左曲臂掌抹面和右俯掌下按须沉肩、松肩，左肘不要碰左胸肋，眼观右俯掌头不要低，用眼睛下面余光看。

照片168

（4）右扣脚立掌

左脚不动，左腿仍曲膝弓形，右腿仍自然伸直。腰胯继续左转约45°，同时右脚以脚跟为轴脚尖内扣逆转90°成右脚尖外撇45°的左侧弓步2，身体由原稍向左侧斜变成稍向前斜；同时原左曲臂的左抹面掌顺转180°成侧立掌（掌心向右，掌沿向前），左侧立掌食指尖对鼻尖，左臂仍沉肘曲臂，左肘离左胸肋约一手掌长；同时随身左转原右俯掌由右胯前向身右前抬升成仰掌置右腹前，右仰掌掌尖向前，右直臂成曲臂，右肘朝向身后西B，眼由观右俯掌变成观左侧立掌前。(照片168)

（5）蹲式推掌

①两脚先原地不动，左腿仍曲膝弓形，同时右后腿松掉由自然伸直渐变成弯曲，身体由原稍前斜变成垂直，同时原置右腹前的右仰掌稍向上、向前移到左胸前侧置左侧立掌后面；然后腰胯右转约45°并把原左侧立掌和右仰掌以原架式整体转带，眼仍观左侧立掌前。

②然后重心全部移左前脚，左腿曲膝弓形承重，右后腿继续松曲，并使右后脚的脚前掌虚踮地后向前上步到左脚内侧边全脚踏实成蹲式，两脚间距约为10厘米左右，两脚平行，两脚跟落在一条东西AB线上，两脚和东西AB线约成45°角；同时随动腰胯左转约45°，右仰掌前移把掌沿部分平贴在左侧立掌掌心下边，并使右仰掌掌尖前端向前冲出左侧立掌掌沿，两合手向前推出；同时在两合手向前推出时身体背部垂直向后靠击，眼观左侧立掌前。(照片169)

▲注意

右脚上前到左脚内侧边成蹲式做背靠和前推掌时头顶高度不变。既不要头顶故意向上顶起，也不要故意使重心向下一蹲坐。故意向下一蹲坐易增加膝盖受力而损伤，另一方面也不利于背靠和前推发劲。上前的右脚落地、背靠和合手前推及腰胯左转这4个部分应同时进行。

(2势) 云手

(1) 右展脚右云手

身体仍蹲式垂直，左脚不动。右脚以脚跟为轴心顺拧转，使右脚尖向右外展90°而使右脚尖外撇45°；同时腰胯右转使身体朝向西南BC，同时右臂沉肘曲臂使右掌掌尖斜向上掌心斜向内朝右挒去至脸前；同时随右转左侧立掌变俯掌向下按挒于右腹前，两掌上下相对应，两腿曲膝弓形，两膝和各自相对应的脚尖相对，眼睛由观左侧立掌前变成观右掌前。(照片170)

照片169

照片170

照片171

照片172

照片173

（2）左踮脚双转掌

重心移右脚使右腿曲膝弓形承重，同时左后腿松掉仍弯曲，左后脚由原全脚着地变成脚前掌虚踮地并随腰胯稍右转中脚前掌随势顺拧转；同时两掌在原位置上使在上面的右掌逆转180°成俯掌（掌尖向身前），使在下面的左俯掌逆转180°成仰掌（掌尖向前），眼观右俯掌前。（照片171）

（3）升掌搭腕

右腿仍曲膝弓形，左脚向后移半步成全脚着地，左腿由弯曲变成自然伸直，同时身体稍前斜成右侧弓步；同时右俯掌稍向前移出，左仰掌向前上升起以左掌尖虚搭右脉腕处，眼观右俯掌前。（照片172）

（4）左侧弓步抹面掌

动作说明与注意事项和动作（1势）"云手"中的分动作（3）"左侧弓步抹面掌"相同。（照片173）

（5）右扣脚立掌

动作说明和动作（1势）"云手"中的分动作（4）"右

扣脚立掌”相同。(照片174)

（6）蹲式推掌

动作说明与注意事项和动作（1势）“云手”中的分动作（5）“蹲式推掌”相同。(照片175)

（3势）云手

（1）右展脚右云手

动作说明和动作（2势）“云手”中的分动作（1）“右展脚右云手”相同。(照片176)

（2）左踮脚双转掌

动作说明和动作（2势）“云手”中的分动作（2）“左踮脚双转掌”相同。(照片177)

照片174

照片175

照片176

照片177

（3）升掌搭腕

动作说明和动作（2势）“云手”中的分动作（3）“升掌搭腕”相同。(照片178)

（4）左侧弓步抹面掌

动作说明与注意事项和动作（1势）“云手”中的分动作（3）“左侧弓步抹面掌”相同。(照片179)

（5）右扣脚立掌

动作说明和动作（1势）“云手”中的分动作（4）“右扣脚立掌”相同。(照片180)

（6）蹲式推掌

动作说明与注意事项和动作（1势）“云手”中的分动作（5）“蹲式推掌”相同。(照片181)

照片178

照片179

照片180

照片181

（7）右展脚右云手

动作说明和动作（2势）“云手”中的分动作（1）“右展脚右云手”相同。（182）

照片182

（8）左踮脚双转掌

动作说明和动作（2势）“云手”中的分动作（2）“左踮脚双转掌”相同。（照片183）

照片183

（9）升掌搭腕

动作说明和动作（2势）“云手”中的分动作（3）“升掌搭腕”相同。（照片184）

照片184

▲注意

三个云手动作的拳架高度应一样，不要一起一伏成波浪形。动作连贯如行云流水，并注意左右云手时腰胯对手的带动。杨式太极拳套路中的左右云手动作是对称式的，而吴式方架太极拳套路中的左右云手动作是非对称式的，这只不过是套路动作的外在表现形式和编排不同。但在实际攻防中，吴式方架的左云手和右云手用法中可反映出其动作不对称的外形中表现出它其实是对称的。

>>>动作34云手用法

云手用的是采挒劲。

（1）走里圈（穿腋法）

当对方用左手攻我胸时，我用左云手腰胯右转侧身让开，同时我在其左臂内侧用右掌速粘搭住其左腕臂向下按采，同时我左仰掌速从其左腋肋下穿向其身外侧并紧粘贴住其左背肩胛骨处，然后即刻我腰胯左转带动两掌合劲向左后挒去使其跌出。如果我随动趁势左掌顺拧转约180°前推，同时我右掌抓住其左腕臂顺拧缠向前送出，能使对方跌得更远。这个向前推送的动作由“云手”分动作“蹲式推掌”变化来用。如果对方用右手攻我胸，我要用穿腋法走其内侧可用这个动作的反式即右云手。

（2）走里圈（封肘法）

当对方用左手攻我胸时，我腰胯右转侧身让开，同时我在其左臂内侧用右掌采抓住其左腕臂向下按采，同时我左掌从其左臂下穿出并使左掌心向里在其左臂外侧向左封压住其左肘，然后即刻我以腰胯左转带动两手合劲向左后挒去使其跌出。如果我随动趁势用右掌抓住其左腕臂顺拧缠，同时用左掌心仍粘封其左肘，我两掌同时向前送出使其跌出。如果对方用右手攻我胸，我要用封肘法走其内侧可以用这个动作的反式即右云手。

（3）走外圈（穿腋法）

当对方用右手攻我胸时，我用左云手腰胯右转侧身让开，同时我在其右臂外侧用右掌速粘搭住其右腕臂向下按采，同时我左仰掌速从其右腋肋下穿向其身内侧并紧粘贴住其右胸腋肋处，然后即刻我以腰胯左后转带动两掌合劲向左后挒去使其跌出。如果我随动趁势左掌顺拧转约180°前推，同时我右掌抓住其右腕臂顺拧缠向前送出，能使对方跌出更远。这个向前推送的动作由“云手”分动作“蹲式推掌”变化来用。如果对方用左手攻我胸，我要用穿腋法走其外侧，可用这个动作的反式即右云手。

（4）走外圈（封肘法）

当对方用右手攻我胸时，我用左云手腰胯右转侧身让开，同时我在其右臂外侧用右掌速粘搭住其右腕臂向下按采，同时用左掌封压住其左肘，然后即刻我腰胯左转带动两掌合劲向左后挒去使其跌出。如果我随动用右掌采抓住其右腕臂并顺拧缠，同时用左掌封压住其左肘，然后我即刻以腰胯左转带动两手向前合力发劲使其跌出更远。如果对方用左手攻我胸时，我要用封肘法走其外侧可以用这个动作的反式即右云手。

▲注意

做云手用法中的缠臂反关节时要注意安全，特别是走里圈时的缠臂特别危险，极有伤害性，要掌握力的适度，适可而止，点到为止，缠绕幅度应小，感觉到意思就行，切记！

35. 单鞭（正身向南C，眼观向东南AC的左掌）

▲备注

“云手”动作做完时后面连接的这个“单鞭”动作只需做4个分动作，而不用5个。因为由于前面做动作34“云手”时两脚跟已经落在套路的东西AB一条直线上，所以在做“云手”结束后的“单鞭”时可把原动作5“单鞭”的5个分动作中的（2）“左脚移右后”去掉不做，只需做4个分动作。这就是（1）“扣脚勾手”，（2）“后下沉坐”，（3）“左转掤带”，（4）“右转左前按掌”。其动作用法和动作5“单鞭”用法相同。（照片185、186、187、188）

照片185

照片186

照片187

照片188

36. 左高探马（东A→南C）

（1）左转虚步伸捌掌

下肢动作：原马步重心先缓缓移右腿曲膝承重，然后右脚以脚跟为轴心逆拧转同时脚尖内扣，同时左脚也以脚跟为轴心逆拧转（同时左脚尖上翘）；随两脚拧转同时身体左转约90°并使其由原朝向南C左转成朝向东A，这时左前脚成脚跟虚落地、脚尖上翘的左虚步形；由于这时两脚的左右空当小，后面承重的右脚可以在其拧转停止时使右脚尖稍外撇或者外撇不超过45°，这在两脚拧转时自己可以控制。

上肢动作：当重心右移右腿曲膝承重时，同时在腰胯稍右转的带动下使右肘稍向右引带并稍下沉，并牵动右勾手变掌并以右腕为轴使右掌尖稍向上画一短小顺弧，同时右掌顺转约90°成侧掌（掌心向左、掌尖向前），并随身左转向身前约齐胸高处捌去后再回引至右耳侧；同时随左转原左前按掌逆转约180°成仰掌（左直臂肘稍下沉）并以齐胸高向左平捌，待动作定势时左仰掌臂平伸左胸前；身体仍垂直，眼睛由原观左按掌变成观画弧向身前捌去的右侧掌再转为观左仰掌掌尖前。（照片189）

（2）丁步抱掌

身体仍垂直，右后腿仍曲膝承重，左脚回收到右脚内侧前以脚前掌虚踮地成左丁步；同时左肘回收左腰外侧（肘不碰肋）使左直臂变成曲臂，回收

的左仰掌在左胸前；同时右耳外侧的右侧掌沉腕变成侧立掌（掌心向左）向左下落，并以右侧立掌下面的掌根处虚搭左仰掌掌沿处成合手势，同时腰胯稍左转，身体朝向东A，眼观身前。（照片190）

（3）脚跟前虚落

身体仍垂直，右后腿仍曲膝承重，两手仍抱掌，眼仍观身前。左脚向前轻缓迈出成脚跟虚落地、脚尖上翘的左虚步。（照片191）

（4）前弓送掌

重心缓缓向前沉移成左弓形（左膝对脚尖而不超出脚尖），右后腿仍弯曲（右脚全脚着地）；同时左肘离开左腰侧前移，随移右侧立掌掌心合到左仰掌掌心上成十字交叉形合掌向前上送出，同时腰胯稍右转，身体稍前斜，眼观两合掌前。（照片192）

照片191

照片192

（5）转脚分掌（转脚托按）

左腿仍曲膝弓形，腰胯继续右转，同时右脚以脚前掌为轴顺拧转至脚尖朝向身前南C，右腿由弯曲变成自然伸直；同时随右转两合掌渐分开，使左仰掌向身左前上斜伸出约45°并使掌尖高过头，原左曲臂变成大小臂交角约135°，左小臂向左前上斜侧穿出约45°，左仰掌掌心斜向身右后上方；同时随右转原右俯掌由身左前向右前下按捌于约低于右胸高处，右俯掌掌尖朝向

身前南C，原右曲臂变成直臂；两脚从脚跟向后引出的两延长线相交约成直角，眼观右俯掌掌尖前。（照片193）

照片193

▲注意

在腰胯的右转和同时右脚前掌顺拧转的带动下，左仰掌和右俯掌行经的轨迹都是一条顺弧。特别要注意分动作（4）“前弓送掌”和（5）“转脚分掌”之间的连贯性，须一气呵成。

>>>动作36左高探马用法

（1）当我右腕臂被对方任何一手所抓时，我右掌向左挒去使其拔根失势跌向我左侧。或者我右掌先稍向右引带，如果其想用回拉劲来保持平衡时，我即刻右掌向左前挒去使其拔根失势跌向我左侧。

（2）①当对方用左手抓住我左腕臂时，我在其左外侧我左臂掌逆拧转并回收，使我左掌掌心向上并使我左掌背粘压在对方左腕臂上，将其左臂向我左侧回带，同时我右掌掌心粘封住其左肘并回收，同时我腰胯左转，使对方拔根失势，我被抓之左手也可以挣脱。然后我即刻进身同时两手向前合力发劲使其跌出。

②当对方用左手攻我胸部时，我腰胯左转侧身让开，同时我在其身左外侧用左掌背粘搭住其左腕臂后我左掌逆拧转并回收，把其左腕臂向我左侧下压采防开，同时随动我右掌心粘封住其左肘并回收，使其拔根失势。然后我即刻进身同时两手向前合力发劲使其跌出。

③当对方用右手攻我胸时，我腰胯左转侧身让开，同时我在其右臂

内侧用左掌背粘搭住其右腕臂后我左掌逆拧转并回收，把其右腕臂向我左侧下压采防开。如对方这时再用左手攻我胸，我右掌绕向其左臂外侧以右掌心粘封住其左肘臂并随动稍向我左下捋挒，使其拔根失势。然后我即刻进身同时两手向前合力发劲使其跌出。

（3）当对方用右手攻我胸部时，我腰胯稍左转，同时我左掌以掌心斜向里上用虎口粘托住其右腕臂并稍向我左侧挒开化解其攻势；然后我上左步后在腰胯右转和同时右脚前掌顺拧转的带动下，我左掌虎口粘住其右腕臂随转向右上托去；同时我右俯掌从对方的右肩绕向其后颈并粘按住其颈向前下按采约至胯下高，或者我用右腕臂处粘住其后颈向前下按采约至胯下高，使其向前下跌扑。这种用虎口粘托对方腕臂的方法在八卦掌中也用到。在八卦掌中，我一掌用虎口粘托起对方攻来之手臂，并用一脚前进插裆，用另一掌击其胸，这一招叫作“推山入海”。

37. 右分脚（东南AC）

（1）左单踮脚转掌

右脚仍原地不动，右腿仍自然伸直，左腿仍曲膝弓形。腰胯稍左转，同时左脚跟渐离地，使左脚前掌踮地并逆拧转约45°，使左脚尖外撇约45°；同时左腕渐上提并使原左仰掌顺转约45°成掌心向右的侧掌（左掌尖斜向身前下）；同时原身前的右俯掌随身稍左转使右腕上提并顺拧转约90°成掌心向前的侧掌（右掌尖斜向身右侧下）；定势时左侧掌在身前，右侧掌在身右侧，身体垂直，眼睛由原观右俯掌掌尖前变成观身前左侧掌前。（照片194，相机向右移）

照片194

▲注意

左踮脚逆拧转时，左腿仍曲膝弓形，左膝盖对脚尖而不超出脚尖。腰胯稍左转，左踮脚，左右两手腕上提应同步。要沉肩、松肩。

（2）左落脚前立掌

右后脚仍原地不动，右后腿仍自然伸直；同时左脚在原脚尖已外撇45°基础上使左脚跟落地全脚踏实，左前腿仍曲膝弓形；同时左臂沉肘沉腕使原左侧掌成侧立掌，左侧立掌掌尖约对鼻尖，原左直臂变成曲臂；同时原身右侧的右侧掌在右沉腕带动下成侧立掌，右臂仍直臂；身体由垂直变成稍前斜，眼观身前左侧立掌前。（照片195，相机在身右前侧）

（3）叉步上下分挂

上势左前脚原外撇45°不动，左腿仍曲膝弓形，右后腿仍自然伸直。腰胯继续左转并带动右后脚以脚跟为轴心逆拧转并使右脚尖尽量内扣（90°~135°）成步型交叉步2（后直腿式）；同时随转右直臂掌从身右侧向左前下、向身左侧下直臂下移挂于左大腿外侧近左膝处，右掌掌心向左、掌尖向下，同时身前左侧立掌回收置右肩前；同时身体向右侧斜并向左侧身，眼观身左侧。（照片196，相机在身右前侧）

照片195

照片196

（4）胸前叉臂

左前腿曲膝弓形（膝盖对脚尖而不超出脚尖），右后腿松掉由自然伸直渐成弯曲，同时右脚跟渐离地使右脚前掌踮地，右脚尖朝前，右后腿膝盖和左前腿膝窝轻微接触，使步型成为交叉步1（蹲式），身体由原向右侧斜渐变成垂直。同时原置右肩前的左侧立掌变拳稍前移并以拳心向里斜于胸前对右胸，同时原置左大腿外侧的右掌在以右直臂变成曲臂的带动下同时变拳向上升移并以拳心向里斜于胸前对左胸，两小臂在胸前以近腕处斜交叉，右小臂在外，左小臂在内，眼观身前。（照片197，相机在身右前侧）

▲注意

胸前叉臂不要离胸太近，应饱满，在里面的左小臂离胸约不小于一手掌长间距，但也不要离得太开，不要耸肩，肩应松沉，两肩平。

（5）独立上叉掌

头身正直渐向上立起成左腿微曲独立承重，同时右膝盖上顶曲膝提起，大腿稍高于水平，小腿自然下垂，右脚尖斜朝前方成左独立势。同时原胸前两叉臂拳随身体向上立起使在里面的左拳变掌并顺转180°成掌心向外，同时使在外面的右拳变掌并逆转180°成掌心向外，两交叉臂掌随身体向上立起提掤于前额上，眼观身前。（照片198，相机在身右前侧）

照片197

照片198

▲注意

两交叉臂掌上升到额前上时不要使双肩上耸，头身正直不要摇晃。当身体和意念向下松沉，身体起立成独立步会稳固而不摇晃，自动调控的整体劲会自动向上推升身体起立、右膝上顶和两叉臂掌提掤至额前上。

（6）右分脚（东南AC）

左腿仍独立承重，两叉臂掌以左掌逆转约90°，同时右掌顺转约90°，转成大拇指朝上的侧掌，并以两掌尖指路向身前左右分刺，两手臂向背后的延长线交角约90°，同时右小腿随腰胯右拧转带动右脚面平展的右脚外侧邦向右侧上方外摆分，右分脚不低于腰，眼观右分脚。如年纪大和体力差者可摆分得低一点，摆幅小一点。（照片199，相机移身体正面）

照片199

▲注意

腰胯右拧转时把分臂、分脚整体向右转带，右分臂和右分脚的右腿上下相对应，两手臂向背后的延长线交角约90°，就是说两分臂角度不要太大。头身正直，应沉肩、松肩、松臂来进行分臂，两肩平，不扭腰，不扭肩，不晃动。

>>>动作37右分脚用法

（1）里圈外走：

当对方用右手攻我头或胸，我腰胯稍左转，同时我在其右臂内侧用双掌交叉向上托住其右腕臂后，我右掌从其右腕外侧抓住对方右腕臂后向我右侧下捋采，使我转入对方右臂外侧，同时我腰胯右转用右脚尖或右脚外侧邦向右摆击其右腋肋。

（2）直接走里圈：

当对方用右手攻我头或胸时，我腰胯稍左转，同时我在其右臂内侧用左掌抓住其右腕臂，右掌粘住其右肘并向上托起，使其右臂不能下落而被我拿住，同时我腰胯右转用右脚尖或右脚外侧邦向右摆击其右腋肋。

（3）直接走外圈：

当对方用右手攻我头或胸时，我腰胯右转侧身让开，我在其右臂外侧上左步，同时我右掌先掌心向内以我右掌的大拇指、食指这一侧粘接住其右腕臂向我右外侧稍捌开后我右掌速逆转至掌心向外拨开其右腕臂，或者我防开其右腕臂后速采抓住其右腕臂向我右侧下捋采，同时我用右脚尖或右脚外侧邦向右摆击其右腋肋。

38. 右高探马（东A→北D）

（1）落脚伸掌

身体仍垂直，身体重心稍下蹲使左腿曲膝承重，原右分脚落右前成脚跟虚落地、脚尖上翘的右虚步；同时原右分臂的右侧掌顺转90°成仰掌以掌尖朝前置胸前，右臂直臂；同时原左分臂的直臂稍沉肘变曲臂并使左侧掌回引至左耳侧（掌心向右，掌尖向前），眼观右仰掌掌尖前。(照片200，相机在身体正面)

照片200

照片201

照片202

照片203

（2）丁步抱掌

身体仍垂直，左后腿仍曲膝承重，右脚收到左脚内侧前以脚前掌虚踮地成右丁步；同时右肘回收右腰外侧（肘不碰肋）使右直臂变成曲臂，回收的右仰掌在右胸前；同时左耳外侧的左侧掌变成侧立掌（掌心向右），并以左侧立掌下面的掌根处虚搭右仰掌掌沿处，同时腰胯稍右转，身体朝身前东A，眼观身前。（照片201，相机在身体正面）

（3）脚跟前虚落

身体仍垂直，左腿仍曲膝承重，两手仍抱掌，眼仍观身前。右脚向前轻缓迈出成脚跟虚落地、脚尖上翘的右虚步。（照片202，相机移身体右前侧）

（4）前弓送掌

重心缓缓向前沉移成右弓形（右膝对脚尖而不超出脚尖），左后腿仍弯曲（左脚全脚着地）；同时右肘离开右腰侧前移，随移左侧立掌掌心合到右仰掌掌心上成十字交叉形合掌向前上送出；同时腰胯稍左转，身体稍前斜，眼观两合掌前。（照片203，相机在身体右前侧）

（5）转脚分掌（转脚托按）

右腿仍曲膝弓形，腰胯继续左转，同时左脚以脚前掌为轴逆拧转至脚尖朝向身前北D，左腿由弯曲变成自然伸直；同时随左转两合掌渐分开，使右仰掌向身右前上斜伸出约45°并使掌尖高过头，原右曲臂变成大小臂交角约135°，右小臂向右前上斜侧穿出约45°，右仰掌掌心斜向身左后上方；同时随左转原左俯掌由身右前向左前下按捌于约低于左胸高处，左俯掌掌尖朝向身前北D，原左曲臂变成直臂；两脚从脚跟引出的两延长线相交约成直角，眼观左俯掌掌尖前。（照片204，相机在身体右侧）

▲注意

在腰胯的左转和同时左脚前掌逆拧转的带动下，右仰掌和左俯掌行经的轨迹都是一条逆弧。特别要注意分动作（4）“前弓送掌”和（5）“转脚分掌”之间的连贯性，须一气呵成。

>>>动作38右高探马用法

可参照动作36“左高探马”用法之（2）和（3）并用其反式。

39. 左分脚（东北AD）

（1）右单踮脚转掌

左脚仍原地不动，左腿仍自然伸直，右腿仍曲膝弓形。腰胯稍右转，同时右脚跟渐离地，使右脚前掌踮地并顺拧转约45°，使右脚尖外撇约

45°；同时右腕渐上提并使原右仰掌逆转约45°成掌心向左的侧掌（右掌尖斜向身前下）；同时原身前的左俯掌随身稍右转使左腕上提并逆拧转约90°成掌心向前的侧掌（左掌尖斜向身左侧下）；定势时右侧掌在身前，左侧掌在身左侧，身体垂直，眼睛由原观左俯掌掌尖前变成观身前右侧掌前。(照片205，相机在身右前侧)

▲注意

右踮脚顺拧转时，右腿仍应曲膝弓形，右膝盖对膝尖而不超出脚尖。腰胯稍右转，右踮脚，左右两手腕上提应同步。要沉肩、松肩。

（2）右落脚前立掌

左脚不动，左后腿仍自然伸直；同时右脚在原脚尖已外撇45°基础上使右脚跟落地全脚踏实，右前腿仍曲膝弓形；同时右臂沉肘沉腕使原右侧掌成侧立掌（掌心向左），右侧立掌掌尖约对鼻尖，原右直臂变成曲臂；同时原身左侧的左侧掌在左沉腕的带动下成侧立掌，左臂仍直臂；身体由垂直变成稍前斜，眼观身前右侧立掌前。(照片206，相机在身右前侧)

照片205

照片206

（3）叉步上下分挂

上势右前脚原外撇45°不动，右腿仍曲膝弓形，左后腿仍自然伸直。腰胯继续右转并带动左后脚以脚跟为轴心顺拧转并使左脚尖尽量内扣（90°~135°）成步型交叉步2（后直腿式）；同时随转左直臂掌从身左侧向右前下、向身右侧下直臂下移挂于右大腿外侧近右膝处，左掌掌心向右、掌尖向下，同时身前右侧立掌回收置左肩前；同时身体向左侧斜并向右侧身，眼观身右侧。（照片207，相机在身右前侧）

（4）胸前叉臂

右前腿曲膝弓形（膝盖对脚尖而不超出脚尖），左后腿松掉由自然伸直渐成弯曲，同时左脚跟渐离地使左脚前掌踮地，左脚尖朝前，左后腿膝盖和右前腿膝窝轻微接触，使步型成为交叉步1（蹲式），身体由原向左侧斜渐变成垂直。同时原置左肩前的右侧立掌变拳稍前移并以拳心向里斜于胸前对左胸，同时原置右大腿外侧的左掌在以左直臂变成曲臂的带动下同时变拳向上升移并以拳心向里斜于胸前对右胸，两小臂在胸前以近腕处斜交叉，左小臂在外，右小臂在内，眼观身前。（照片208，相机在身正面）

照片207

照片208

▲注意

胸前叉臂不要离胸太近，应饱满，在里面的右小臂离胸约不小于一手掌长间距，但也不要离得太开，不要耸肩，肩应松沉，两肩平。

（5）独立上叉掌

照片209

头身正直渐向上立起成右腿微曲独立承重，同时左膝盖上顶曲膝提起，大腿稍高于水平，小腿自然下垂，左脚尖斜朝前方成右独立势。同时原胸前两叉臂拳随身体向上立起使在外面的左拳变掌并顺转180°成掌心向外，同时使在里面的右拳变掌并逆转180°成掌心向外，两交叉臂掌随身体向上立起提掤于额前上，眼观身前。（照片209，相机在身正面）

▲注意

两交叉臂掌上升到额上时不要使双肩上耸，头身正直不要摇晃。当身体和意念向下松沉，身体起立成独立步会稳固而不摇晃，自动调控的整体劲会自动向上推升身体起立、左膝上顶和两叉臂掌提掤至额前上。

（6）左分脚（东北AD）

右腿仍独立承重，两叉臂掌以左掌逆转约90°，同时右掌顺转约90°，转成大拇指朝上的侧掌，并以两掌尖指路向身前左右分刺，两手臂向背后的延长线交角约90°，同时左小腿随腰胯左拧转带动左脚面平展的左脚外侧帮向左侧上方外摆分，左分脚不低于腰，眼观左分脚。如年纪大和体力差者可摆分得低一点，摆幅小一点。（照片210，相机在身正面）

▲注意

腰胯左拧转时把分臂、分脚整体向左转带，左分臂和左分脚的左腿上下相对应，两手臂向背后的延长线交角约90°，就是说两分臂角度不要太大。头身正直，应沉肩、松肩、松臂来进行分臂，两肩平，不扭腰，不扭肩，不晃动。

照片210

>>>动作39左分脚用法

可参照动作37“右分脚”用法并用其反式。

照片211

40. 转身左蹬脚（西B）

（1）后落脚胸前叉臂

身体重心稍下蹲，同时原左分脚落身后用左脚前掌踮地，左脚尖朝前，身体仍垂直，右前腿曲膝弓形（右膝对脚尖而不超出脚尖），左后腿膝盖和右前腿膝窝轻微接触，使步型成交叉步1（蹲式）。同时原两直臂分掌在沉肘曲臂的带动下向胸前回收，使左侧掌逆转90°并变拳成拳心向里置右胸前，同时使右侧掌顺转90°并变拳成拳心向里置左胸前，两小臂以近腕处交叉于胸前，使左小臂在外，右小臂在内，眼观身前。（照片211）

▲注意

可参照动作39“左分脚”之分动作（4）“胸前叉臂”的注意事项。

（2）转身丁步叉臂

上势的身体垂直，胸前叉臂，右腿曲膝弓形和眼观身前不变。右脚承受大部分重量并以右脚跟为轴，左脚以脚前掌为轴同时逆拧转使身体向左后转约180°，定势时左脚前掌虚踮于右支撑脚内侧，右脚全承重，眼观前方。（照片212）

（3）独立上叉掌

动作说明与注意事项可参照动作39“左分脚”的分动作（5）“独立上叉掌”，这个分动作朝向西B。（照片213）

（4）左蹬脚

右腿仍独立承重，左脚的脚尖上翘以脚跟为力点向前蹬出至大腿自然伸直并微曲膝，前蹬脚不低于腰（年纪大体力弱者也可蹬低点）；同时原交

照片212

照片213

叉于额前上的两掌以左掌逆转约90°并以左掌沿朝下向身前下弧形劈至约齐胸高处成侧掌（掌心向右，掌尖向前），左臂成直臂；同时右掌以右掌沿朝下向身右侧下弧形劈至约齐胸高处成侧掌（掌心向前，掌尖向右），右臂成直臂；两直臂交角约90°，左直臂掌和左蹬脚的左腿上下相对应，眼观左蹬脚前。（照片214）

照片214

▲注意

蹬脚和两掌分劈须同时进行，要头身正直，沉肩、松肩、松臂，两肩平，不要前俯后仰，身体不要摇晃，在右脚确实站稳的基础上把左脚蹬出去。身体和意念向下松沉，松腰松胯就站得稳，自动调控的整体劲会自动把左小腿向前托出完成蹬脚，同时整体劲会自动把两臂掌分别向前向身右侧弧形分劈。

>>>动作40转身左蹬脚用法

（1）当对方从我身后用两手攻来，我两拳臂交叉胸前身急左后转，我在其身内侧我两掌分是别粘搭住其两臂向两外侧分开，同时我左脚蹬其裆腹部。

（2）当对方在我身后用左手或右手攻来，我两拳臂交叉胸前身体速左后转，我同时用左掌将其攻来之手臂捌开（我右掌也防备），或者捌开其臂后我左掌采抓住其腕臂向我身左侧下捋采，同时我左脚向其蹬出。

照片215

41. 搂膝拗步（左、右2势，西B）

（1势）左搂膝拗步

（1）落脚前后分掌

①左蹬脚收回使左腿提膝成右腿独立承重的右独立势，同时原分掌中置身前的左直臂稍沉肘带动稍坐腕使原左侧掌变成左侧立掌（食指尖对鼻尖），同时原右侧直臂稍沉肘并回曲成曲臂同时把右侧掌回收到右耳侧（掌心向左，掌尖向前）。

②然后身体重心稍下蹲使左脚轻落身前（和右脚之间留出左右一脚空当）成左脚跟虚落地、脚尖上翘的左虚步，右支撑腿曲膝承重（膝盖对脚尖而不超出脚尖），身体垂直，眼观身前左侧立掌前。(照片215)

▲注意

左蹬脚回收成独立势和重心稍下蹲及左脚前落成虚步时，需要头身正直，沉肩、松肩、松臂，两肩平，不要前俯、后仰，身体不要摇晃。左脚前落成左虚步时向前迈出的步子不要太大，不要牵动后面的右支撑腿膝盖前冲，以保护好膝盖。

（2）按掌穿掌

动作说明可参照动作9“左搂膝拗步”的分动作（3）“按掌穿掌”。(照片216)

（3）搂膝推掌

动作说明与注意事项可参照动作9“左搂膝拗步”的分动作（4）“搂膝

照片216

照片217

推掌”。(照片217)

▲注意

由于这个左搂膝拗步是由左蹬脚转化而来，在蹬脚时其支撑重量的右脚其脚尖是外撇的，如果在做前面分动作（1）“落脚前后分掌”时若左右脚之间横向空当保留得相对大点，在做“搂膝推掌”时可以右后脚脚跟为轴心使右脚尖内扣成脚尖朝前的川字步；如果落脚时左右脚之间横向空当相对小了，可以右后脚脚前掌为轴心逆拧转使脚跟外推成脚尖朝前的川字步。

>>>动作41搂膝拗步之（1势）左搂膝拗步用法

和动作9“左搂膝拗步”用法相同。

（2势）右搂膝拗步

动作说明与注意事项和动作11“搂膝拗步”中的（2势）“右搂膝拗步”的分动作（1）“提臂松后腿”，(2)“十字合掌”，(3)“上步前后分掌”，(4)

“按掌穿掌”，(5)“搂膝推掌”相同。(照片218、219、220、221、222)

照片218

照片219

照片220

照片221

照片222

>>>动作41搂膝拗步之(2势)右搂膝拗步用法

和动作11“搂膝拗步”之(2势)“右搂膝拗步”用法相同。

42. 进步栽捶（西B）

（1）提臂松后腿

动作说明与注意事项和动作11“搂膝拗步”中的（3势）“左搂膝拗步”之分动作（1）“提臂松后腿”相同。(照片223)

（2）十字合掌

动作说明与注意事项和动作11“搂膝拗步”中的（3势）“左搂膝拗步”之分动作（2）“十字合掌”相同。(照片224)

（3）耳前抓拳

身体仍垂直，腰胯继续稍右转，同时左脚向前轻缓迈出成脚跟虚落地、脚尖上翘的左虚步；同时右侧掌回引到右耳侧前方抓拳成拳心向左（大拇指向身后），同时左侧立掌向前推出，左侧立掌食指尖约齐鼻尖高，眼观左侧立掌前。(照片225)

▲注意

右手抓拳必须在右耳侧的前面，右大小臂曲臂须松，右手抓拳也要松。如果右拳过分后引，使右拳心正对右耳，这样右臂拳就会紧，这样不但不符合养生，而且在攻防上右手也易被敌所制。

照片226

（4）弓步栽捶

重心缓缓向前沉移成左弓步，同时腰胯左转，随动右拳从右耳侧前以拳心向左朝身体前下方栽击，同时随动左侧立掌回引以掌心上部虚合右小臂脉腕处助右拳继续向前下方栽于裆腹前，身体稍前斜，眼观右栽拳。（照片226）

>>>动作42进步栽捶用法

（1）击打

①当对方用左手推击我胸或头，我腰胯右转侧身让开，同时我在其左臂内侧用右掌向上提挒并回引，将其左手臂向我右侧粘挒开，同时用左掌击其头或胸；然后我速腰胯左转并上左步进身同时用右拳向前下栽击其头、胸、腹。

②如果前面当我右掌向我右侧粘挒开对方攻我之左手臂后，对方如速用右手向我攻来，这时我左掌从其右臂外侧或内侧封住其右臂肘向下沉采，同时我速上左步进身用右拳向前下栽击其头、胸、腹。

③当对方用低势攻我时，我左掌向下封住其攻来之手臂，同时我右拳向下栽击其头脸部。

（2）反关节

①当对方用左手（手心向上）抓住我右腕臂并上托时，我在其左臂内侧先腰胯右转同时右臂成曲臂把我右拳回引至我右耳侧前以御其力；然后我用左掌以掌心朝里粘搭住其左肘外侧向内、向上扳托，同时我右拳向其左臂外侧向前、向下沉采，同时我腰胯左转并上左步进身，由于对其实施了反关节使其向我右侧跌倒。

②当对方用左手推击我胸或头时，我腰胯稍右转让开，我在其左臂内侧用右掌（掌心向外）速采抓住其左腕臂，并用我左掌以掌心朝里粘

搭住其左肘外侧向内、向上扳托，同时我右手向其左臂外侧向前、向下沉采，同时我腰胯左转并上左步进身，由于对其实施了反关节使其只能向我右侧跌倒。

③当对方用右手攻我胸或头，我用右掌（掌心向上）速托抓住其右腕臂，并用我左掌粘抓住其右肘弯处，同时我已抓捏对方手臂的右掌稍逆拧转，左掌稍顺拧转；同时我腰胯稍左转并上左步进身用两手握住其臂向我身体的左前下侧沉采，由于对其实施了反关节使其只能跌倒在我左侧前。

43. 翻身撇身捶（东A）

（1）转身丁步叉臂

左腿仍曲膝弓形，腰胯右后转，同时随转左脚以脚跟为轴心使脚尖尽量内扣，并在右后转中使左脚变成全部承重，同时随转右脚跟稍离地使右脚前掌虚踮地顺拧转，同时随转使身体由原朝向西B变成朝向东A，同时身体由稍前斜变成垂直；同时原身前下做栽捶的两手配合好向身体整体回收中自动拧转：原右立拳逆转90°成拳心向下的俯拳并在右直臂变成曲臂中回收到左腰侧；同时随动原虚搭右小臂内侧脉腕的左侧立掌以掌心粘搭着右腕臂处从其内侧绕向外侧再绕向内侧刚好一圈，这时左掌心向上然后变成仰拳，并在左曲臂带动下使左仰拳置左腹前侧，左曲臂肘朝向身后西B，这时两小臂内侧以近腕处虚搭成交叉状，左小臂在下，右小臂在上；眼睛由原观身前下的右立拳变成观身左下侧的右俯拳，继而又变成观身后的左肘前。（照片227、227a）

照片227

照片227a

▲注意

要使腰胯右后转，两脚的拧转，两手臂拳的拧转自动回收和交叉插势大家要浑然一气呵成。曲臂叉臂时肩要松沉，不要做成叉臂上抬而耸肩。两叉臂拳不要碰到左胸肋和腹部，要相距约一平拳空当，使它们之间舒空，使两叉臂动作饱满，使右小臂外侧向外有靠意。两叉臂拳仅为两小臂内侧近腕处虚搭，不要太向里插入，以免影响含胸拔背。眼睛由原观身前下右立拳继而转成观身左下侧右俯拳时不要低头，可用眼睛下余光看。

（2）脚跟前虚落

动作说明和动作30“翻身撇身捶”的分动作（4）“脚跟前虚落”相同。（照片228、228a）

照片228

照片228a

照片229

照片229a

（3）转体劈打

动作说明和动作30“翻身撇身捶”的分动作（5）“转体劈打”相同。(照片229、229a)

>>>动作43翻身撇身捶用法

和动作30“翻身撇身捶”用法相同。

44. 左高探马（东A→南C）

（1）松腿落掌

右前腿曲膝弓形承重，左后腿松掉由自然伸直渐变成弯曲，左后脚脚跟渐离地使左脚前掌虚踮地，同时身体由稍前斜渐变成垂直；同时原右仰拳变成仰掌并下沉落置腹前，这时右仰掌掌尖斜向左前；同时原左侧立掌置胸前稍向左移并使掌心斜向右前，左掌食指尖对鼻尖，眼观左掌前。(照片230–1)

照片230-1

（2）两掌逆圈

右腿仍曲膝承重，身体仍垂直；原置胸前的左掌向左、向下、向右画逆圈约180°同时自身逆拧转约180°成仰掌置腹前，左仰掌掌尖指向右前；同时原置腹前的右仰掌向右、向上、向左画逆圈约180°同时自身逆拧转约180°成俯掌置胸前，右俯掌掌尖指向左前；同时左脚向前轻缓迈出但这时脚跟还未落地，眼观右俯掌前。（照片230-2）

▲注意

两掌逆圈所走的圆弧不要太大，它在攻防中是用作缠绕对方手臂的，圆弧直径约30厘米。

（3）虚步抱掌

右腿仍曲膝承重，身体仍垂直；左脚跟向前虚落地成脚尖上翘的左虚步，同时左肘回收左腰外侧（肘不碰肋）使左仰掌置左胸前，同时原胸前右俯掌向左侧回收并以掌根处虚搭左仰掌掌沿部分成侧立掌（掌心向左），眼观身前。（照片231）

照片230-2

照片231

▲注意

做动作44“左高探马”时要注意分动作（1）“松腿落掌”，（2）“两掌逆圈”和（3）“虚步抱掌”的连贯性，不要有停顿，须一气呵成。

（4）前弓送掌

动作说明和动作36“左高探马”之分动作（4）“前弓送掌”相同。(照片232-1)

（5）转脚分掌(转脚托按)

动作说明与注意事项和动作36“左高探马”之分动作（5）“转脚分掌（转脚托按）”相同。(照片232 2)

照片232-1

照片232-2

>>>动作44左高探马用法

这个高探马动作用法（1）中包含着我用两手走弧形来拧缠对方攻我之手臂并向其实施反关节。

（1）当对方用右手攻我胸、腹部时，我腰胯稍左转侧身让开，同时我在其身内侧用左掌粘搭其右腕臂，同时用右掌心粘住其右肘并使右掌指攀住其右肘臂处；或者当对方用左手攻我胸、腹部时，我腰胯稍左转侧身让开，同时我在其身左外侧用左掌粘搭其左腕臂，同时用右掌心粘住其左肘并使右掌指攀住其左肘臂处。然后我左掌向前推同时右掌回拉使其右臂或左臂由直变成弯曲，同时我左掌向左、向下、向右走逆圈，同时我右掌向右、向上、向左走逆圈，我逆拧缠其手臂实施了反关节使其拔根失势。或者我拧缠其臂使其失势后再向前进身发劲将其掷出。

（2）其他用法可参照动作36“左高探马”用法之（2）和（3）。

▲备注

做拧缠对方手臂实施反关节的动作演练时要注意安全，要掌握力的适度，适可而止。特别是在其右臂内侧做逆缠对方右臂时，若用力过大和缠绕幅度过大很容易造成手臂及关节伤害，应点到为止，感觉到意思就行，切记！

45. 披身右踢脚（南C→东北AD→东南AC）

（1）左单踮脚转掌

动作说明与注意事项和动作37“右分脚”之分动作（1）“左单踮脚转掌”相同。(照片233–1)

（2）左落脚前立掌

动作说明和动作37“右分脚”的分动作之（2）“左落脚前立掌”相同。(照片233–2)

照片233–1

照片233–2

（3）叉步上下分挂

动作说明和动作37“右分脚”的分动作之（3）“叉步上下分挂”相同。（照片233–3）

（4）胸前叉臂（东北AD）

左前腿仍曲膝弓形（膝盖对脚尖而不超出脚尖），右后腿松掉由自然伸直渐成弯曲，同时右脚跟渐离地使右脚前掌踮地，右脚尖朝前，右后腿膝盖和左前腿膝窝轻微接触，使步型成为交叉步1（蹲式），身体由原向右侧斜渐变成垂直。同时原置右肩前的左侧立掌变拳稍前移并顺拧使左拳心向外斜于胸前对右胸，同时原置左大腿外侧的右掌在以右直臂变成曲臂的带动下同时变拳向上升移并以拳心向里斜于胸前对左胸，两小臂在胸前以近腕处斜交叉，右小臂在外，左小臂在内，眼观身前东北AD处。（照片234–1）

照片233-3

照片234-1

（5）丁步右转（东南AC）

身体垂直，胸前叉臂先不动，原曲膝的左前腿承重，然后在后面的右脚上前到左支撑脚内侧以脚前掌虚踮地成右丁步，右脚尖指向身前东北AD处。然后腰胯右转约90°使身体由原向东北AD转向东南AC，同时右丁步的右脚前掌随转而顺拧转使右脚尖朝向东南AC处，同时胸前两叉臂整体向右

转带时其右拳逆拧转约180° 使拳心向外，眼观身前东南AC处。(照片234-2)

照片234-2

(6) 独立上叉掌 (东南AC)

头身正直渐向上立起成左腿微曲独立承重，同时右膝盖上顶曲膝提起，大腿稍高于水平，小腿自然下垂，右脚尖斜朝前方成左独立势。同时原胸前两拳心已经朝外的两叉臂拳变掌，并随身体向上立起提掤于前额上，眼观身前东南AC处，这时左支撑脚外撇接近约90° 。(照片235)

照片235

(7) 右踢脚 (东南AC)

左腿仍独立承重，右脚以脚尖或脚前掌为力点向前东南AC处踢出至大腿自然伸直并微曲膝，前踢脚不低于腰 (年纪大体力弱者也可踢低点)；同时原交叉于额前上的两掌以右掌顺转约90° 并以右掌沿朝下向身前下弧形劈至约齐胸高处成侧掌 (掌心向左，掌尖向前)，右臂成直臂；同时左掌以左掌沿朝下向身左侧下弧形劈至约齐胸高处成侧掌 (掌心向前，掌尖向左)，左臂成直臂；两直臂交角约90° ，右直臂掌和右踢脚的右腿上下相对应，眼观右踢脚前。(照片236)

照片236

▲注意

踢脚和分掌须同时进行，要头身正直，沉肩、松肩、松臂，不要前俯后仰，身体不要摇晃，在左支撑腿确实站稳的基础上把右脚踢出去。身体和意念向下松沉、松腰松胯就站得稳，自动调控的整体劲会自动把右小腿向前托出完成踢脚，同时还推动两臂掌分别向身左侧和身前弧形分劈。

（8）身后落脚（东南AC）

原向身左侧和身前分劈的两臂侧掌不变，左脚不动；身体重心稍下蹲，同时原右踢脚收回后向身后的西北BD处以脚前掌虚落地落脚，使右脚尖朝前并指向东南AC，右后腿自然伸直，左前腿曲膝弓形承重，这时原先不动的左脚看起来脚尖已外撇约90°，前面的左脚跟和后面的右脚尖延长线交角约90°，身体由垂直变成稍前斜，眼观右侧掌前。（照片237）

照片237

▲注意

右脚向身距后落地要轻而稳，身体不要摇晃。右脚后落时步距不要太大，后落步距小应以不牵拉左曲膝的膝盖后移为准。因为如果右脚后落步距太大，做后面动作46“退步打虎”的分动作（1）“捋手前踩腿”时容易增加右支撑腿的膝盖受力而使右膝易受伤。

>>>动作45披身右踢脚用法

当我用两手攻对方被其用两手按住并用脚踢我裆、腹部时，我身体左转约90°侧身让开，同时两拳臂交叉于胸前，同时用交叉步1（蹲式）护裆，这种侧身让开称为披身。这时对方已失势，我即刻用右脚前掌或脚尖踢其裆、腹部或腰胯侧，同时右掌击其面部；然后我右脚后撤以避其攻势，观其态势。

46. 退步打虎（东南AC→北D→东A→北D→东南AC）

（1）捋手前踩腿（东南AC）

照片238

重心缓缓向后沉移，右后脚由脚前掌虚踮地渐成全脚着地，并使右后腿由自然伸直渐成曲膝承重；同时原身前的右直臂的侧掌逆转90°成俯掌（掌尖向前），同时原身左侧的左直臂回曲成曲臂并带动左侧掌同时顺转90°成俯掌（掌尖向前）置左耳侧，身体由稍前斜变成垂直，眼观右俯掌前。然后腰胯稍右转，同时右俯掌回收至腹前，同时左俯掌向前下经过回收的右俯掌掌背上方向前下推出约齐腹高，在前面的左俯掌和在后面的右俯掌间约为一小臂距离；同时左脚以脚尖上翘并脚尖向左外撇以脚跟向前下方踩蹬出，这时身体仍垂直，眼观左俯掌前。(照片238)

（2）后落脚前压刺（东南AC）

重心仍落右脚，右腿仍曲膝弓形承重（右膝对脚尖而不超出脚尖）。左脚向身后以脚跟虚落地落步使左脚尖离地稍上翘，左脚尖外撇约45°，这时原先不动的右脚尖看起来应指向身前东南AC处，左后腿于身后自然伸直，身体由垂直变成向前斜；同时左俯掌回收胸前，右俯掌从左俯掌掌背上经过

照片239

向前平穿刺，两掌之间约为一小臂距离，眼观右俯掌掌尖前。(照片239)

▲注意

左脚向后落步动作要轻而稳，身体不要摇晃。后落脚的步距不要太大，也不要太小。因为太大和太小都要影响后面做动作。后落脚时以不牵拉右曲膝的膝盖后移来防止步距过大，以后落脚的腿能自然伸直来防止步距过小。这样步距就能大小合适，有利于后面做动作。

照片240

(3) 后坐捋采（东南AC）

左后脚脚前掌落地成左脚全脚着地，然后重心缓缓向后沉移成左腿曲膝弓形（左膝对脚尖而不超出脚尖），左腿承担大部分重量，左脚尖仍外撇约45°，右腿稍弯曲，右脚尖向前；同时左右两俯掌变成掌心斜向身左下侧并仍以一小臂间距随重心后移和腰胯稍左转向身左下捋采，同时身体由前斜变成垂直，眼观右掌前。(照片240)

(4) 左转平捌（北D）

左腿曲膝弓形不变，左脚不动，腰胯左后转约45°使身体朝向北D；同时右脚以脚跟为轴心脚尖内扣约135°成脚尖朝向北D，右腿身后自然伸直，由于左转体和扣右脚，这时左弓形腿的左脚虽然原地没动却也在身前形成了

照片241

照片242

照片242a

左脚尖内扣约90°的形状；同时随转右直臂俯掌上升至约齐胸高并向身左后平捌去，同时原左曲臂俯掌升至约齐胸高横于右胸前，左俯掌的四指尖置右大臂下方，眼睛跟着做平捌的右俯掌走。（照片241，相机右移至身右侧）

（5）左手搂膝（北D）

原右直臂俯掌平置身前不动，腰胯微左转，同时原置右胸前的左俯掌向身前左下方搂去置左膝外侧之上方，左俯掌掌尖朝前并离左大腿近膝处外侧约一个平拳空当；同时原先已经成内扣的左脚以脚跟为轴心使脚尖外展成脚尖朝前，这样步型成了左弓步，身体稍前斜，眼观身前右俯掌掌尖前。（照片242，相机在身右侧；照片242a，相机在身右侧）

（6）右平曲臂（北D）

上式左弓步不变，左俯掌仍置左膝外侧之上方，腰胯微左转，同时身前右直臂向身内平拐成曲臂并带动右俯掌横于左胸前，身体由稍前斜变成垂直，眼睛由观右俯掌前变成观身左侧前。

（照片243，相机移至身左侧）

▲注意

当身前右俯掌由于右曲臂使其向左胸前回收时，由于眼神在跟着它回收，易造成低头，所以要注意不要低头，右俯掌回收时渐用眼睛下余光看然后再转观身左侧前。由于腰胯微左转，也要使左膝外侧的左直臂俯掌整体微向左转带。

（7）右转顶靠肘（北D→东A）

①左升掌：原左弓步不变，原置左膝外侧之上方的左俯掌掌尖向下垂并逆转180°使掌心朝前，左掌再以提腕垂指向身左下、向上提升约至齐肩高时再向右上提升成掌心向里置额前上，原左直臂变成曲臂；同时腰胯微右转，身体垂直，眼睛由观身左侧前变成观左下侧的左掌再跟着左掌上升成观额前上的左掌。（照片244–1，相机在身左侧）

照片243

照片244–1

照片244-2

照片245

照片245a

②右转顶靠肘：身体仍垂直，左曲臂掌仍置额前上，左腿仍曲膝弓形。腰胯继续右转约90°，同时原横置左胸前的右俯掌变成俯拳仍横于左胸前，右曲臂肘随腰胯右转向身右后横顶靠，同时右脚以脚前掌为轴心顺拧转约45°使原朝向北D的右脚尖成外撇45°而朝向东北AD，眼睛由观额前上的左掌变成观右肘前。（照片244–2，相机移至身正面）

▲注意

在左升掌中应先用眼睛的下余光看刚向左侧下挒开的左掌而不低头，当左掌上升时眼神跟着上升但不要抬头。在右转顶靠肘时，置身额前上的左臂掌和右肘要整体向右转带，要转带平稳。要头身正直，两肩平而松沉，不要耸肩。要保持小动作①左升掌和②右转顶靠肘的连贯性。

（8）左转横靠肘（北D）

上式左弓步不变，两脚不动，腰胯左转约90°；同时原置额前上的左掌顺拧转约180°成掌心向外（大拇指朝下）横于额前成向左的捋挒势；同时原置左胸前的右俯拳变掌逆转约90°成掌心向外（大拇指朝下），并使横于胸前的右小臂肘随身左转而顺势向左前横靠，眼观两掌前。（照片245，相机在身右侧；照片

245a，相机移身前正面）

（9）右转搂手（东南AC）

左腿曲膝弓形承重，腰胯右转约135°，使身体由原朝向北D变成朝向东南AC；同时左脚以脚跟为轴使脚尖内扣约90°，同时随转右腿松掉使右脚跟渐离地成右脚前掌虚踮地成右虚步，这时左支撑腿的左脚脚尖外撇约45°；同时原右掌随转在胸前顺拧约90°成俯掌向身右前下侧搂去置右腹前侧；原左掌仍以掌心朝前横于额前，身体垂直，眼观右俯掌前。（照片246）

照片246

照片247

▲注意

眼观置身右腹前的右俯掌前时不要低头。

（10）独立跨虎东南AC

左腿仍曲膝弓形承重，身体垂直，原置身右腹前侧的右俯掌顺转约90°后变拳（拳心向里），同时原横于额前掌心向外的左掌变成拳（拳心向外）；然后身体向上立起，左腿独立承重，同时右手拳好像捏着一根连着右膝盖的绳子并随着身体立起而向上拎提并随腰胯稍左转而向左移至左胸前，同时横于额前的左拳随身体起立稍上移置额前上。两拳眼约上下相对，右膝上顶，右小腿自然下垂，右脚尖外撇上翘，眼观身前。（照片247）

▲注意

要两肩平而松沉，不要耸肩，要头身正直。原横于额前的左拳随身体起立不能上移太高，只能随势稍上移。

▲备注

右拳好像捏着一根连着右膝盖的绳子并随身体立起而向上拎提的动作，过去在民间有两种练法：一种是腰胯不转，使两拳眼和右膝盖成上下三点一垂线；另一种是腰胯稍向左转，使两拳眼和右脚跟成上下三点一垂线。但练习时无须这样准确去对准，一般讲能做到上下两拳眼大致相对就行了。

>>>动作46退步打虎用法

（1）捋手前踩腿：当对方用右手攻我胸、腹部时，我重心向后沉移，同时我用右肘或右俯掌粘封住其臂，同时我用左俯掌向前盖打其头顶或者刺推其面部，同时我用左脚踩蹬其小腿迎面骨或膝盖。

（2）后落脚前压刺：我用左掌击其头顶或面部后，我左脚后退，以右俯掌刺对方胸、腹部。或者当对方用左手攻我胸、腹部时我左脚后退，同时我用左掌或肘粘封住其左臂，同时我用右俯掌刺击其胸或腹。或者当对方用右手攻我胸、腹部时，也可以用此法解之。

（3）后坐捋采：当对方用左手攻我胸、腹部时，我左掌粘搭其左腕臂，右掌粘搭其左肘，我重心后坐，向我左下侧捋采，使其前跌。

（4）左转平捌：当我前面捋采其左臂使其拔根前倾后，我左掌抓住其左腕臂，我右俯掌臂伸进其左腋下，并以我右俯掌臂粘搭住其左大臂肘，我腰胯左后转，使右俯掌臂向我身左后平捌，使其向我身左后跌出。或者是当对方用左手攻我胸时，我用左掌采抓住其左腕臂，我右俯掌臂粘搭其左大臂肘向我左后平捌，使其跌向我身左后。

（5）右转顶靠肘：①当我用前面的“左转平捌”使对方拔根失势后，若其想用回拉劲来保持平衡，这时我左掌仍采抓住其左腕臂，即刻我原做平捌的右直臂回曲成曲臂平横胸前，并在腰胯右转的带动下用右肘靠击其左胸腋肋处；也可我用右肘靠击其左胸腋肋时，同时左掌臂由下向我前上回曲并拧转成左拳心向里击打其头部。

②当对方用左手攻我胸时，我腰胯稍左转侧身让开，同时我右俯掌虎口处对住其左腕将其采抓住并随我腰胯继续左转将其臂牵拉并使我右肘压封住其左肘臂使其无法挣脱，同时用我左拳击其头部。

（6）左转横靠肘：①当我用前面用法（5）之②，即用右手臂封住对方左臂并用左拳击其头后，我右手继续将其左臂向我左前牵引使其前跌。②当对方用左手攻我胸时，我稍向左侧身让开，同时我在其左臂外侧用左掌掌沿向上将其左掌臂向我左侧后捋开并同时上托，使其拔根失势，同时我上左步使右曲臂平横胸前并随腰胯左转用右小臂肘向其背腋处靠击。③当对方用右手攻我胸时，我稍向左侧身让开，同时我在其身内侧用左掌掌沿向上将其右掌臂向我左侧后捋开并同时上托，使其拔根失势，同时我上左步使右曲臂平横胸前并随腰胯左转用右小臂肘向其胸部靠击。

（7）搂腿摔：当对方用右脚蹬踢我裆、腹部时，我腰胯稍左转，同时用左俯掌将其右小腿向我左侧搂开后速上左步，同时我左俯掌速穿入其右小腿下并同时逆转成仰掌后速上托使原左直臂成曲臂拐抱住其右腿并使右腿弯曲右脚不能落地而使其站立不稳；或者我用左俯掌掌沿部拦击对方右小腿内侧或者近脚跟处使其疼痛后速转掌上托拐抱其右腿。然后我左手拐抱其右腿继续上提，同时腰胯右转，同时我右掌向右下捋其右臂或我右掌抓住其右肩臂向我右下侧牵引，使其向我右侧倒；或者我左手拐抱其右腿我腰胯继续左转，同时我右掌粘搭其右肩臂向我左侧推，使其向我左侧倒；或者我左手拐抱其右腿我腰胯继续左转，同时我右曲臂肘平横胸前向其胸部靠击，使其向身后倒地。

（8）右转搂手、独立跨虎：①当对方用脚踢我裆腹部时，我用右俯掌粘搭住其小腿并向右侧搂捌开，然后我速提起右脚勾蹬其裆腹部或蹬其支撑腿。也可我用手防开其腿时，速提右膝由下向上托顶其踢来之腿下面使其站立不稳，然后速勾蹬其裆腹或蹬其支撑腿。②当对方用手攻我胸或裆腹部时，我用右俯掌将其手臂向右侧捌开；如其再用脚踢我，我速提起右脚并用我右小腿外侧粘拦其小腿后勾蹬其裆腹部或蹬其支撑腿。③也可在我用右俯掌向右侧搂捌开对方攻来之腿或手时，同时用左拳横击对方头部，再速用我右脚勾蹬其裆腹部或蹬其支撑腿。

47. 右蹬脚（东南AC）

（1）腹前平叉臂

原左腿独立承重不变，原右提膝中外撇上翘的右脚尖变成脚尖斜朝前方；同时原置左胸前的拳心向内的右拳逆转90°成俯拳，同时原置额前上的拳心向外的左拳逆转90°成俯拳并由上向前下落，并以左拳臂近腕处斜交于右拳臂近腕处上面成平叉臂状于腹前，眼观两叉臂拳前。（照片248）

▲注意

左独立步要站稳，要头身正直不要摇晃，要松肩、沉肩，两肩松平，不要低头。

（2）分掌右蹬脚

左腿仍独立承重，原交于腹前的两俯拳变成俯掌并以掌沿处外凸向身左右侧前同时平分开，两俯掌掌尖约向前；同时右脚向前蹬出，眼观右蹬脚前。（照片249）

照片248

照片249

▲注意

左独立步要站稳，头身正直，不要摇晃，两肩松平，松肩、沉肩、松臂，向左右两侧前同时分开的两掌臂不要太直，约大小臂交角135°，两掌不要有高低。

>>>动作47右蹬脚用法

这是一个连环击法：

（1）当我右腿被对方俯身所抱时，我用两掌按住对方后脑向下沉，或者我一掌按住其后脑，另一掌按住其颈部合力下沉，同时我右膝向上顶击其头面部。如果其头面部被我击中或其见我右膝顶上来他速向后退，我顺势用右脚蹬其胸腹。用膝顶击其头面部的动作在我练过的少林罗汉拳中叫作“老鹰扑瓜”，这动作十分凶险，注意绝不能乱用。

（2）当对方用双手攻我胸或腹时，我用双掌可向上或者向下把对方攻我之双手向我两侧分开后我即刻用右脚蹬其裆腹。

48. 双峰贯耳（东南AC）

（1）独立收掌

左腿仍独立承直，原右蹬脚收回成右提膝（右脚尖斜朝前方）；同时原身左右侧前的两掌以左掌逆转180°，右掌顺转180°，同时分别回收于右提膝的小腿两侧，两掌心斜朝前（两掌尖斜朝前下），头身正直，眼观前方。（照片250）

照片250

（2）脚跟虚落

身体重心缓缓稍下蹲，使左支撑腿曲膝承重，左膝盖对脚尖而不超出脚尖；同时右脚以脚跟向前虚落地成脚尖上翘的右虚步，身体随右脚跟前落地而顺势稍前斜，这时两掌置右大腿两前侧，眼观前方。(照片251)

▲注意

右脚跟前落时步子不要太大，不要牵拉左承重腿的膝盖前冲，以免增加左膝盖受力。

（3）右弓步双峰贯耳

重心缓缓向前沉移成右弓步，同时随动置右大腿两前侧的左掌顺拧转180°变成俯拳，右掌逆拧转180°变成俯拳，继续两俯拳随重心前移同时以弧形向前、向上、向里移动，并且左俯拳继续稍顺转，右俯拳继续稍逆转，两拳合劲向内成两拳面斜向上并斜相对约齐耳高，两拳之间约齐头宽，眼观双拳；根据前面动作46“退步打虎”之（9）“右转搂手”中左脚以脚跟为轴使脚尖内扣变化过来，使得在做“双峰贯耳”时左后脚脚尖外撇约45°，而且两脚左右空当极小，这时左后脚可以落地生根不拧转；如果左后脚脚尖外撇超过45°，感到左侧胯受到牵拉，也可以左脚跟为轴拧转使脚尖稍内扣；如果有的人左脚尖原先已外撇约45°而还感到左侧胯仍受牵拉，这时也可以左脚前掌为轴使左脚跟稍外推。(照片252)。

照片251

照片252

▲注意

重心向前沉移做双峰贯耳时要两肩松平，不要耸肩。定势时两臂不要伸得太直，大小臂应交角约135°，两肘斜向各自的侧下方。

>>>动作48双峰贯耳用法

（1）击人

①当对方用双手攻我腹部或者抱我右腿时，我两掌臂分别粘搭住其两臂向两侧分开，然后我重心向前沉移顺势粘进并用我双拳击其太阳穴。此招危险，不可乱用。

②或者当对方用双手推击我胸部时，我两掌以掌心向里大拇指向外分别粘搭住其两臂向我两侧分开后，我速左掌顺转180°，同时右掌逆转180°将其两臂向下按采后，我重心向前沉移顺势粘进并用我双拳击其太阳穴。此招危险，不可乱用。

（2）发人

当对方用双手无论是在下方抓住我两腕臂还是在上方抓住我两腕臂，我两臂掌先向两侧稍分开后御其力，然后我即刻重心向前沉移顺势粘进，同时我两臂拳以双峰贯耳式向前把劲发出使其向身后跌出。

49. 左蹬脚（东A）

（1）胸前叉臂

原右弓步的右腿仍曲膝弓形，左后腿松掉由自然伸直变成弯曲，同时左脚跟离地成脚前掌踮地，身体由稍前斜变成垂直；然后左踮脚移到右脚后并使左膝盖与右膝窝轻微接触成交叉步1（蹲式），同时腰胯稍左转使身体由原朝向东南AC变成朝向东A；同时原身前的两拳以拳心朝前分别向两侧、向两侧下成弧形运行，然后在要向下面的腹前合拢交叉时，同时左拳逆转约

180°，同时右拳顺转约180°使两拳心向内，两拳臂以近腕处交叉上升到胸前，使左小臂拳在外，左拳心对右胸，使右小臂拳在里，右拳心对左胸，眼观身前。(照片253)

▲注意

两拳向两侧、两侧下弧形运行然后相交于腹前再上移于胸前成叉臂的动作须连贯。成交叉步1（蹲式）时，右腿曲膝弓形的膝盖不要冲出脚尖以减少右膝受力。原右弓步变成交叉步1（蹲式）时身体高度没变，所以成蹲式时既不要使身体重心上升，也不要故意做下蹲动作。

（2）独立上叉掌

动作说明与注意事项可参照动作39“左分脚”的分动作（5）“独立上叉掌，这个分动作朝向东A（照片254）

（3）左踢脚

动作说明与注意事项可参照动作40“转身左蹬脚”的分动作（4）“左蹬

照片253

照片254

脚”，不过在这里应把以左脚跟为力点向前蹬出改为以左脚前掌或脚尖为发力点向前踢出。(照片255)

照片255

>>>动作49左踢脚用法

（1）防开踢

①当对方用双手攻我胸时，我在其身体内侧用两掌分别粘搭住其两臂向两外侧分开化解，同时我用左脚踢其裆或腹。

②当对方用左手攻我胸，我腰胯右转侧身让开，我在其左臂内侧用右掌将其左腕臂向我右外侧挒开，或者我右掌采抓住其左腕臂向我身右侧下捋采，同时我左掌击其脸面部，左脚向其踢出。

③当对方用右手攻我胸，我腰胯右转侧身让开，我在其右臂外侧用右掌将其右腕臂向我右外侧挒开，或者我右掌采抓住其右腕臂向我身右侧下捋采，同时我用左掌击其脸面部，左脚向其踢出。

（2）缠臂踢

当对方分别用两手抓住我两腕臂时，我两掌稍向外侧分开后反抓住其两腕臂；或者当对方用双手攻我胸部时，我在其身内侧用两掌分别粘搭住其两臂稍向两侧分开并采抓住其两腕臂；然后我两手向两侧下、向里合拢同时向上提起，同时我左手逆拧缠其臂，我右手顺拧缠其臂向其实施了反关节使其拔根失势，同时我用左脚踢其裆或腹。

照片256

照片257

50. 转身右蹬脚（东A）

（1）转体叉步叉臂

腰胯右转，同时随转原左踢脚以脚尖外撇向右脚的右侧即身体右后尽量偏西B处摆动约180°落步（全脚落地），同时身体重心稍下蹲；同时原作为支撑脚的右脚要以脚前掌为轴心顺拧转来帮助左脚的摆动和落地，左前腿曲膝成弓形（膝盖对脚尖而不超出脚尖），右后腿在后面弯曲，右脚跟离地使右脚前掌踮地，右膝盖在后面虚贴左膝窝成交叉步1（蹲式）；同时原左踢脚时的两分掌以左侧掌逆拧转90°变拳，右侧掌顺拧转90°变拳，并以两拳近腕处斜交于胸前，两拳心朝内，使左拳在里对右胸，右拳在外对左胸，眼观身左侧前的东A。（照片256）

▲注意

腰胯右转，左脚向身右后摆动及落地，右脚前掌顺拧转和身体重心稍下蹲这四者要配合好。如腰胯右转和左脚向身右后摆动应同步，而右脚前掌顺拧转应在左脚向身右后摆动约一半路程才开始顺拧转来帮助左脚继续向身右后摆落。动作要轻而稳，身体不要摇晃，要身体正直，沉肩松肩，左脚要尽量向身右后摆落。还有左脚向身右后转摆落地时要注意两脚间距太大和太小都不好，应以落脚后重心稍下蹲成交叉步1（蹲式）时右膝盖在后面能虚接触左膝窝为好。

（2）转体丁步叉臂

两拳臂仍交叉胸前，身体仍垂直，身体右后转动约270°使其朝向东A，同时随转使左脚以脚跟为轴脚尖尽量内扣顺拧转，同时右脚以脚前掌为轴心顺拧转成右丁步，眼观身前。（照片257）

▲注意

右后转体时身体半蹲式高度不变，要转体轻而沉稳，身体不要摇晃，要头身正直，沉肩松肩，两肩平，右丁步的左支撑脚重心放脚后跟，左膝盖对脚尖而不超出脚尖。

（3）独立上叉掌

动作说明与注意事项可参照动作37“右分脚”的分动作（5）“独立上叉掌”，这个分动作朝向东A。（照片258）

（4）右蹬脚

左腿仍独立承重，右脚的脚尖上翘以脚跟为力点向前蹬出至大腿自然伸直并微曲，前蹬脚不低于腰（年纪大体力弱者也可蹬低点）；同时原交于额前上的两掌以右掌顺转约90°并以右掌沿朝下向身前下弧形劈至约齐胸高处成侧掌（掌心向左，掌尖向前），右臂成直臂；同时左掌以掌沿朝下向身左侧下弧形劈至约齐胸高处成侧掌（掌心向前，掌尖向左），左臂成直臂，两直臂交角约90°，右直臂掌和右蹬脚的右腿上下相对应，眼观右蹬脚前。（照片259）

照片258

照片259

▲注意

右蹬脚和两侧掌分劈须同时进行，要头身正直，沉肩、松肩、松臂，两肩平，不要前俯后仰，身体不要摇晃，在左脚确实站稳的基础上把右脚向前蹬出去。

>>>动作50转身右蹬脚用法

（1）和动作49“左踢脚”连用作连环腿用。当我用左脚踢对方后，我左脚速撤步后身速右后转体并用右脚向对方蹬出；或者我用左脚踢对方被对方拦截，这时我左脚速撤步避开后身体速右后转，并用右脚向对方蹬出。

（2）当对方用两手向我猛攻时，我左脚速撤步避开其攻势，同时我两拳臂叉胸前，我身速右后转，我在其身内侧用两掌分别粘搭住其两臂向两外侧分开，同时我右脚蹬其裆腹。

（3）当对方用左手或右手向我猛攻时，我左脚速撤步避开其攻势，同时我两拳臂叉胸前，我身速右后转，我同时用右掌将其攻来之手臂捌开（我左掌也防备），或者捌开其臂后我右掌采抓住其腕臂向我身右侧下捋采，同时我右脚向其蹬出。

51. 上步搬拦捶（东A）

（1）落脚右伸掌

①右蹬脚收回使右腿提膝成左腿独立承重的左独立势，头身正直；同时

原分掌中置身前的右侧掌于原位齐胸高处顺拧转约90°成仰掌（掌尖向前），右臂仍直臂；同时原分掌中置身左侧的左直臂回曲成曲臂并带动左侧掌回收于左耳侧（掌心向右，掌尖向前），眼观右仰掌掌尖前。

②头身正直，重心缓缓稍下蹲使左支撑腿曲膝承重，同时右脚脚跟向前虚落地成脚尖上翘的右虚步；同时原左耳侧的左侧掌和原置身前齐胸高的右直臂仰掌仍以原位置随身体重心稍下蹲而整体下移，眼观右仰掌掌尖前。（照片260）

▲注意

右脚前落时两脚左右须留出足够的空当，以增加平稳度和有利于下一分动作的左扣脚。右脚前落时两脚前后步距不能太大，以免牵拉左承重腿膝盖向前冲而增加左膝盖受力。

（2）右弓步合手抱掌

重心缓缓向前沉移成右弓步，身体由垂直渐变成稍前斜，同时腰胯右转；同时右肘回收于右腰侧约一平拳空当处使右直臂变成曲臂，并带动右仰掌回收于右胸前侧；同时原置左耳侧的左侧掌以缓缓沉腕同时向前推移成左侧立掌（掌心向右），使左侧立掌的掌根和右仰掌的掌沿相合；同时左后脚以脚跟为轴使脚尖内扣成脚尖朝前，眼观身前。（照片261）

照片260

照片261

照片262

照片263

（3）脚跟前虚落

两合手仍置右胸前不变，右腿曲膝弓形承重，左后腿松掉由自然伸直渐变成弯曲，左后脚脚跟渐离地成脚前掌虚踮地，身体由稍前斜渐变成垂直；然后左脚向前轻缓迈出成脚跟虚落地、脚尖上翘的左虚步，眼观身前方。（照片262）

（4）左弓步合掌

原左虚步和右胸前的合手抱掌先不动，腰胯先稍右转，然后稍左转，同时随左转重心缓缓向前沉移成左弓步，同时原置右胸前的两合手以左侧立掌掌根与右仰掌掌沿相合的接触部为轴，使右仰掌逆转约90°并稍竖起成右侧立掌（掌心向左），使两侧立掌掌心相对完全重合成合掌并同时向前伸推，两合掌掌尖斜向前上，两合掌大拇指朝上，身体由垂直渐成稍前斜，眼观两合掌前。（照片263）

▲注意

到左弓步合掌定势时须两肩松沉，两肘斜向外侧下沉肘，两手臂弯曲度在曲臂和定为135°的直臂之间约稍小于135°，两掌虚合。

（5）后坐搬拦

动作说明和动作14“上步搬拦捶”的分动作（3）“后坐搬拦”相同。(照片264)

（6）弓步冲捶

动作说明和动作14“上步搬拦捶”的分动作（4）“弓步冲捶”相同。(照片265)

照片264

照片265

>>>动作51上步搬拦捶用法

（1）①当我用右手攻对方被其用右手抓住右腕臂时，我右臂掌顺拧转回收，并使我右掌背粘压在对方右小臂上将其右臂向我右侧捋带，同时我左掌掌心粘封住其右肘随跟，这时我被抓之右手可挣脱，对方也会拔根失势。如果对方想用回拉劲来保持平衡时，我即刻上步进身两手合掌向前发劲使其跌出。

②当我用右手攻对方被其用左手抓住我右腕臂并用其右手攻我头、胸部时，我右臂掌顺拧转并回收，并使我右掌背粘压在对方左小臂上将其左臂向我右侧捋带；同时我左掌从其右臂外侧以左掌心粘封住其右肘臂并随动向我右侧下捋捌，使其拔根失势。如果其想用回拉劲来保持平衡时，我即刻进身粘进同时两掌合力向前发劲使其跌出。

（2）其他用法可参照动作14“上步搬拦捶”用法之（2）、（3）、（4）。

52. 如封似闭（东A）

动作说明与注意事项及用法和动作15“如封似闭”相同。

53. 十字手（南C）

动作说明与注意事项及用法和动作16“十字手”相同。

第三段

54. 斜左搂膝拗步（东南AC）

动作说明与注意事项和动作17“斜左搂膝拗步”之分动作（1）“丁步十字合掌”，（2）“上步前后分掌”，（3）“按掌穿掌”，（4）“搂膝推掌”相同。其动作用法和动作9“左搂膝拗步”用法相同。

55. 抱虎归山（北D稍偏西B）

动作说明与注意事项及用法和动作18“抱虎归山”相同。

56. 斜揽雀尾（北D稍偏西B）

动作说明与注意事项请参照动作19“斜揽雀尾”之分动作（1）“怀抱七星”，（2）“掤挤势”，（3）“捋势”，（4）“按势”。其动作用法请参照动作4“揽雀尾”用法之（4）、（5）、（6）、（7）、（8）。

57. 斜单鞭（正身向西南BC，眼观向南C略偏西B的左掌）

动作说明与注意事项及用法和动作5“单鞭”相同，不同的只是动作朝向。

58. 野马分鬃（共5势）

（1势）右野马分鬃（西北BD）

（1）右虚步合臂（提手上势）

先左脚以脚跟为轴使脚尖内扣成外撇约45°，同时腰胯右转约45°左右，同时随转重心向后沉移成左腿曲膝承重，右脚成脚跟虚落地、脚尖上翘的右虚步；同时随转在右肘向右引带下，使右勾手变俯掌并用右掌尖顺势向右上画一短小顺弧并同时顺转约90°成掌心向左的侧掌在身前；同时左臂回曲使原左立掌逆转约90°在胸前成掌心向右的侧掌，并使左掌尖向前虚搭右脉腕，然后右肘稍下沉（左肘随之稍下沉）并带动两侧掌稍回引形成合臂，同时身体由垂直变成稍前斜；这时右肘和腹部相距约一手掌半长，右大小臂交角约135°，右侧掌食指尖对鼻尖，眼观向西北BD的右侧掌前。(照片226)

照片266

照片267

▲注意

左转脚内扣，腰胯的转动，重心向后沉移，两掌转成侧掌和合臂，合臂后的两肘稍下沉和同时身体稍前斜的整体配合过程应自然、连贯、轻灵；应松肩、沉肩、松臂、松胯。

（2）右虚步上下分挂

左掌回收以侧立掌置右肩前，左掌心向右；同时右掌轻轻向下松落于裆前，右掌心向左，右掌尖朝下，右臂直臂下垂；同时腰胯稍左转，身体由稍前斜变成垂直，眼观身前。(照片267)

（3）右弓形胸前合手

重心缓缓向右前脚沉移，使右脚全脚着地成右腿曲膝弓形，这时左后腿仍弯曲，左脚全脚着地；同时原右肩前的左侧立掌成俯掌并以掌沿朝前向右胸前平移；同时原下垂的右直臂向上回曲成曲臂，并使原置裆前的右掌以掌尖朝前的仰掌向上升移至右胸前和左俯掌以掌心相虚合；左俯掌在上、掌尖向右，右仰掌在下、掌尖向前，两掌成掌心相虚合的十字合掌；身体仍垂直，眼观两合掌前。（照片268）

▲注意

上下两合掌离右胸前距离过近过远都不行。一般以右曲臂肘置右腰外侧约一平拳空当处。这时两合手离右胸的距离刚好，不远也不近。

照片268

照片269

（4）左转脚挤靠

右腿曲膝弓形不动，腰胯左转，同时左脚以脚前掌为轴心逆拧转约45°使左脚尖朝向身前西南BC处，同时左腿由弯曲变成自然伸直，两脚后跟延长线相交约成直角；同时原置右胸前的两合掌中的左俯掌向身左前平移（捌）使掌尖指向西南BC，左曲臂成直臂，左俯掌掌尖和左脚尖朝向一致；同时原两合掌中的右仰掌由右胸前向身右前斜上约45°处伸出使右曲臂成直臂，右掌心斜向身左后上方；身体由垂直变成稍向右侧西北BD斜，眼观左俯掌掌尖前。（照片269）

▲注意

要以腰胯左转为主宰来带动左脚前掌的拧转，左腿由弯曲变成自然伸直，左俯掌向身左前平移，右臂掌向右前上斜伸和身体由垂直变成稍向右侧斜同时整体协调进行，要以这种整体协调来催动向右侧挤靠。

>>>动作58野马分鬃之（1势）右野马分鬃用法

（1）合劲掷、捋采

①当对方用左手攻我胸、腹部时，我左掌粘搭住其左腕臂，右掌粘搭住其左肘臂，我两掌向里合劲将其左臂拿封住后，我即刻两掌合劲向前将其掷出，使其向后跌出。或者我两掌拿住其左臂向我左侧后回带捋采，使其向我左侧后跌出。

②如果我将其左臂拿住向前掷时，如其想用前耸劲来保持平衡时，这时我可借力即刻将其向我左侧捋采，使其向我左侧后跌出。如果我将其左臂拿住向我左侧捋采时，如其想用回拉劲来保持平衡，这时我可借力即刻将其向我前面掷出。

③也可我两手封住其手臂后用前脚踩蹬其小腿迎面骨或膝盖。

（2）捌臂挤靠

当对方用左手攻我胸部时，我左掌粘搭住其左腕臂同时腰胯稍左转侧身让开，同时我在其左外侧上右步封住其脚或插裆，同时我右掌臂从其左腋肋下穿入并用右肩臂贴住其左胸肋后，即刻我左掌粘搭其左腕臂向我左前捋捌开，同时我腰胯继续左转并拧转左脚挤靠。

（3）捋采和挤靠连用

或者我用前面用法（1）我两掌合劲将对方左臂拿封住后向我左侧捋采时，其如用回拉力来保持平衡时，这时我可借力即刻我上右步封住其脚或插裆，同时我右掌臂从其左腋肋下穿入并用右肩臂贴住其左胸肋后，即刻我左掌粘搭其左腕臂向我左前捋捌开，同时我拧转左脚挤靠。

(2势) 右野马分鬃 (西北BD)

(1) 右虚步合臂 (提手上势)

重心渐移左脚承重，同时腰胯右转约45°，同时左脚以脚前掌为轴心顺拧转约45°中把左脚跟向外侧推出，使左脚尖内扣了45°，而从外形上看左脚尖这时还外撇约45°，同时右脚成为右脚跟虚落地、脚尖上翘的右虚步；同时随转原向身右前斜上伸出的右直臂的右仰掌在右沉肘的引带下逆转约45°成掌心向左的右侧掌在身前；同时左臂回曲使原左俯掌逆转约90°在胸前成掌心向右的左侧掌，并使左掌尖向前虚搭右脉腕，然后右肘继续稍下沉（左肘随之稍下沉）并带动两侧掌稍回引形成合臂，同时身体由垂直变成稍前斜；这时右肘和腹部相距约一手掌半长，右大小臂交角约135°，右侧掌食指尖对鼻尖，眼观向西北BD的右侧掌前。(照片270)

照片270

▲注意

这个“右虚步合臂”和（1势）“右野马分鬃”中的“右虚步合臂”虽然定势动作一样，但左脚转脚的方法不同。在（1势）中左脚是以脚跟为轴心拧转使脚尖内扣成外撇45°，而在这里是以左脚的脚前掌为轴心拧转使脚跟外推形成左脚尖外撇45°。这两种不同的转脚法是为了解决由于动作连接不同使“右虚步合臂”要保持一定的左右空当而设计。要利用左脚拧转，腰胯的转动，重心向后沉移，右掌下落和两掌转成侧掌的合臂，合臂后的两肘稍下沉和同时身体稍前斜的整体配合过程应自然、连贯、轻灵；应松肩、沉肩、松臂、松胯。

（2）右虚步上下分挂

动作说明和（1势）“右野马分鬃”之分动作（2）“右虚步上下分挂”相同。(照片271)

（3）右弓形胸前合手

动作说明与注意事项和（1势）“右野马分鬃”之分动作（3）“右弓形胸前合手”相同。(照片272)

照片271

照片272

照片273

照片274

照片275

（4）左转脚挤靠

动作说明与注意事项和（1势）“右野马分鬃”之分动作（4）“左转脚挤靠”相同。(照片273)

>>>动作58野马分鬃之（2势）右野马分鬃用法

和动作58“野马分鬃”之（1势）“右野马分鬃”用法相同。

（3势）左野马分鬃（西B）

（1）右单踮脚转掌

动作说明与注意事项和动作39“左分脚”的分动作（1）“右单踮脚转掌”相同。(照片274)

（2）右落脚前立掌

动作说明和动作39“左分脚”的分动作（2）“右落脚前立掌”相同。(照片275)

（3）叉步上下分挂

动作说明和动作39“左分脚”的分动作（3）“叉步上下分挂”相同。(照片276)

（4）左脚跟前虚落

两掌仍上下分挂，右前腿仍曲膝弓形，右脚尖仍外撇45°。以右腿为支撑腿，左后腿松掉由自然伸直渐成弯曲，并使左后脚的脚前掌虚踮地，同时身体由原向左侧斜渐成垂直；然后左脚向身左前侧的西B处轻缓迈出成脚跟虚落地、脚尖上翘的左虚步，身体仍向右侧身，眼仍观身右侧。(照片277)

(5) 左弓形胸前合手

重心缓缓向左前脚沉移，使左脚全脚着地成左腿曲膝弓形，这时右后腿弯曲，右脚全脚着地；同时原置左肩前的右侧立掌成俯掌并以掌沿朝前向左胸前平移；同时原下垂的左直臂向上回曲成曲臂，并使原置裆前的左掌以掌尖朝前的仰掌向上升移至左胸前和右俯掌以掌心相虚合；右俯掌在上、掌尖向左，左仰掌在下、掌尖向前，两掌成掌心相虚合的十字合掌；身体仍垂直，眼观两合掌前。(照片278)

照片276

照片277

照片278

▲注意

上下两合掌离左胸前距离过近过远都不行。一般以左曲臂肘置左腰外侧约一平拳空当处。这时两合掌离左胸前的距离刚好，不远也不近。

（6）右转脚挤靠

左腿曲膝弓形不动，腰胯右转，同时右脚以脚前掌为轴心顺拧转约45°使右脚尖朝向约北D，同时右腿由弯曲变成自然伸直，两脚后跟延长线交角约成直角；同时原置左胸前的两合掌中的右俯掌由左胸前向身右前平移（捌）使掌尖指向约北D，右曲臂成直臂，右俯掌掌尖和右脚尖朝向一致；同时原两合掌中的左仰掌由左胸前向身左前斜上约45°处伸出使左曲臂成直臂，左仰掌掌心斜向身右后上方；身体由垂直变成稍向左侧西B斜，眼观右俯掌掌尖前。（照片279）

▲注意

要以腰胯右转为主宰来带动右脚前掌的拧转，右腿由弯曲变成自然伸直，右俯掌向身右前平移，左臂掌向左前上斜伸和身体由垂直变成稍向左侧斜同时整体协调进行，要以这种整体协调来催动向左侧挤靠。

照片279

>>>动作58野马分鬃之（3势）左野马分鬃用法

（1）托臂挤靠

①当对方用左手攻我胸或头时，我右掌以掌心朝前上粘搭住其左肘臂并向上托起，同时我上左步封住其脚或插裆，同时我左肩贴住其左胸肋后拧转右脚分掌挤靠。

②当对方用右手攻我胸或头时，我右掌以掌心朝前上粘搭住其右肘臂并向上托起，同时我上左步封住其脚或插裆，同时我左肩贴住其右胸肋后拧转右脚分掌挤靠。

（2）挒臂挤靠

当对方用右手攻我胸部时，我右掌粘搭其右腕臂，同时我腰胯稍右转侧身让开，同时我在其右外侧上左步封住其脚或插裆，同时我左掌臂从其右腋肋下穿入并用左肩臂贴住其右胸肋后，即刻我右掌粘搭其右腕臂向我右前捋挒开，同时我腰胯继续右转并拧转右脚挤靠。

（3）采臂刺喉

①里圈外走：当对方用右手攻我胸时，我腰胯稍左转让开，同时我在其身内侧用左掌采抓其右腕臂并逆拧缠，同时我即刻腰胯右转将其右臂向我右侧下沉采引直，这时我从其身体内侧转入其身体右外侧，同时我右脚以脚尖外撇上步，使我右侧身并贴住其右臂使其不能挣脱同时我和其距离更接近，同时我右掌经左肩边向前刺其喉，这种刺法叫作近刺。

②直接走外圈：当对方用右手攻我胸时，我腰胯稍右转让开，同时我在其右外侧用右掌采抓其右腕臂向我右侧下沉采引直，同时我右侧身换左掌从我右侧下接抓住其右腕臂使我右掌换出，同时我右脚以脚尖外撇上步，使我右侧身并贴住其右臂使其不能挣脱同时我和其距离更近，

同时我右掌经左肩边向前刺其喉。

▲备注

这种刺喉法不能乱用，易产生伤害，在这里只是了解一下其攻防含义。

（4势）右野马分鬃（西北BD）

（1）左单踮脚转掌

动作说明与注意事项和动作37“右分脚”的分动作（1）“左单踮脚转掌”相同。（照片280）

（2）左落脚前立掌

动作说明和动作37“右分脚”的分动作（2）“左落脚前立掌”相同。（照片281）

照片280

照片281

（3）叉步上下分挂

动作说明和动作37“右分脚”的分动作（3）“叉步上下分挂”相同。（照

片282）

（4）右脚跟前虚落

两掌仍上下分挂，左前腿仍曲膝弓形，左脚尖仍外撇45° 。以左腿为支撑腿，右后腿松掉由自然伸直渐成弯曲，并使右后脚的脚前掌虚踮地，同时身体由原向右侧斜渐变成垂直；然后右脚向身右前侧的西北BD处轻缓迈出成脚跟虚落地、脚尖上翘的右虚步，身体仍向左侧身，眼仍观身左侧。（照片283）

（5）右弓形胸前合手

动作说明与注意事项和动作（1势）“右野马分鬃”中的分动作（3）“右弓形胸前合手”相同。（照片284）

（6）左转脚挤靠

动作说明与注意事项和动作（1势）“右野马分鬃”中的分动作（4）“左转脚挤靠”相同。（照片285）

照片282

照片283

照片284

照片285

>>>动作58野马分鬃之（4势）右野马分鬃用法

（1）托臂挤靠

①当对方用左手攻我胸或头时，我左掌以掌心朝前上粘搭住其左肘并向上托起，同时我上右步封住其脚或插裆，同时我右肩贴住其左胸肋后拧转左脚分掌挤靠。

②当对方用右手攻我胸或头时，我左掌以掌心朝前上粘搭住其右肘并向上托起，同时我上右步封住其脚或插裆，同时我右肩贴住其右胸肋后拧转左脚分掌挤靠。

（2）捌臂挤靠

当对方用左手攻我胸部时，我左掌粘搭其左腕臂，同时我腰胯稍左转侧身让开，同时我在其左外侧上右步封住其脚或插裆，同时我右掌臂从其左腋肋下穿入并用右肩臂贴住其左胸肋后，即刻我左掌粘搭其左腕臂向我左前捋捌开，同时我腰胯继续左转并拧转左脚挤靠。

（3）采臂刺喉

①里圈外走：当对方用左手攻我胸时，我腰胯稍右转让开，同时我在其身内侧用右掌采抓其左腕臂并顺拧缠，同时我即刻腰胯左转将其左臂向我左侧下沉采引直，这时我从其内侧转入其左外侧，同时我左脚以脚尖外撇上步，使我向左侧身并贴住其左臂使其不能挣脱同时我和其距离更接近，同时我左掌经右肩边向前刺其喉，这种刺法叫作近刺。

②直接走外圈：当对方用左手攻我胸时，我腰胯稍左转让开，同时我在其左外侧用左掌采抓其左腕臂向我左侧下沉采引直，同时我向左侧身换右掌从我左侧下接抓住其左腕臂使我左掌换出，同时我左脚以脚尖外撇上步，使我左侧身并贴住其左臂使其不能挣脱同时我和其距离更近，同时我左掌经右肩边向前刺其喉。

▲备注

这种刺喉法不能乱用，易产生伤害，在这里只是了解一下其攻防含义。

照片286

(5势) 右野马分鬃 (西北BD)

(1) 右虚步合臂 (提手上势)

动作说明与注意事项和动作 (2势)“右野马分鬃”中的分动作 (1)“右虚步合臂”相同。(照片286)

照片287

(2) 右虚步上下分挂

动作说明和动作 (1势)“右野马分鬃”中的分动作 (2)“右虚步上下分挂”相同。(照片287)

照片288

(3) 右弓形胸前合手

动作说明与注意事项和动作 (1势)“右野马分鬃”中的分动作 (3)“右弓形胸前合手”相同。(照片288)

照片289

(4) 左转脚挤靠

动作说明与注意事项和动作 (1势)“右野马分鬃”中的分动作 (4)“左转脚挤靠”相同。(照片289)

>>>动作58野马分鬃之（5势）右野马分鬃用法

和动作58“野马分鬃”之（1势）“右野马分鬃”用法相同。

59. 玉女穿梭（共6势）

▲备注

玉女穿梭动作由6势组成，（1势）为左穿梭，（2势）为右穿梭，这样左右两势为第一对穿梭动作；（5势）为左穿梭，（6势）为右穿梭，这样左右两势为第二对穿梭动作；在两对穿梭动作的中间插进去（3势）和（4势）两个相同的右野马分鬃来作为连接，使整个6势动作连贯、流畅、一气呵成。

（1势）左玉女穿梭（西南BC）

（1）右单踮脚转掌

动作说明与注意事项和动作39“左分脚”的分动作（1）“右单踮脚转掌”相同。(照片290)

（2）右落脚前立掌

动作说明与注意事项和动作39“左分脚”的分动作（2）“右落脚前立掌”相同。(照片291)

照片290

照片291

（3）叉步上下分挂

动作说明与注意事项和动作39“左分脚”的分动作（3）“叉步上下分挂”相同。(照片292)

（4）左脚跟左前侧虚落

两掌仍上下分挂，右前腿仍曲膝弓形，右脚尖仍外撇45°。以右前腿为支撑腿，左后腿松掉由自然伸直渐成弯曲，并使左脚前掌虚踮地，同时身体由原向左侧斜渐成垂直；然后左脚向身左前侧的西南BC处轻缓迈出成脚跟虚落地、脚尖上翘，这时右支撑腿的右脚尖外撇大于90°，这时身体应侧向右，眼仍观身右侧。(照片293)

照片292

照片293

（5）左掤势

①先在腰胯稍左转中完成如下动作：重心缓缓向前沉移至左腿曲膝弓形，左脚全脚着地，右后腿仍弯曲；同时原置左肩前的右侧立掌下落至右腹前成俯掌（掌尖指向前），同时原置裆前的左掌向上升移至右腹前成仰掌（掌尖指向右侧），使左仰掌在下右俯掌在上，并似右俯掌掌尖虚搭左脉腕。

②在完成前面动作①时腰胯稍左转后不要间断而继续左转，同时左仰掌向左、向前、向上作弧形的掤势，同时右俯掌掌尖虚搭左脉腕随跟，左臂不要伸得太直；同时随转右后脚以脚跟为轴心拧转使右脚尖内扣，同时右后腿

由弯曲变成稍弯曲，眼观左仰掌前。(照片294)

> ▲注意
>
> 腰胯开始时的稍左转和后来的紧跟着继续左转是连贯的不中断的。右后腿由弯曲渐变成接近自然伸直的稍弯曲，为后面做“挤势”时留有余地。

（6）正前挤势

腰胯继续稍左转，同时右后腿由原稍弯曲变成自然伸直，同时右后脚继续以脚后跟为轴心使右脚尖稍内扣成左弓步；同时随转两臂掌于胸前抱圆（右掌尖虚搭左脉腕）向西南BC成挤势，左掌心向内，右掌心向前，身体稍前斜，眼观左掌前。(照片295)

> ▲注意
>
> 做分动作（5）“左掤势”和（6）“正前挤势”时，要保持动作的连贯性。如右后腿由弯曲到稍弯曲再到自然伸直，右后脚以脚跟为轴脚尖内扣，两臂掌由向左、向前、向上作掤势再变成挤势，这些都应该连贯地一气呵成，既要做出它们的阶段性，又要如行云流水似的连贯。

照片294

照片295

（7）后坐侧挤掤带

两臂掌于胸前抱圆的挤势不变，腰胯继续左转约不超45°，同时重心缓缓向后沉移到右后脚承重，左脚成脚跟虚地、脚尖上翘的左虚步；同时随转把两合掌挤势整体向左转带形成侧挤、掤带状并始终对胸前，同时身体由稍前斜变成垂直，眼观左掌前。（照片296）

▲注意

在腰胯左转的过程中带动两合掌挤势始终对胸前形成整体向左侧挤、掤带，两肩松平，两臂掌抱圆饱满。

（8）右转捋势

身体仍垂直，重心仍坐右后脚。在腰胯先稍左转的带动下，左掌以腕为轴使左掌尖先向左下、向左上画了一条顺弧，同时左掌顺转约90°成俯掌；然后在腰胯右转的带动下，左掌继续使左掌尖向右下画了一条顺弧，同时左掌逆转约90°成掌心稍斜向右下、大拇指向上的侧掌，好像刮糨糊，同时右掌在后面稍逆转成以大拇指向下、右掌心稍斜向右下，并随腰胯右转在身右前侧做捋势，两掌心间约相距一小臂距离，眼观两掌前。（照片297）

照片296

照片297

▲注意

腰胯先稍左转时的左掌尖画顺弧和腰胯右转时左掌尖继续画顺弧及两掌做捋势时的动作之间应连贯流畅，同时左掌尖在向上画顺弧和接右转捋势时做了一个反采动作。“右转捋势”的左掌尖画顺弧比动作“揽雀尾”之分动作“捋势”的右掌尖所画的逆弧要大得多。须松肩、沉肩、松胯、两肩平。两臂掌做捋势应饱满，右肘不要脱离腰胯右转而过分向后顶，右大小臂交角约稍大于90°，前面的左大小臂交角约135°。左掌尖画顺弧和两掌做捋势都必须在转腰胯的带动下做，须和腰胯的转动合成一个整体。

（9）下按挤势

照片298

身体仍垂直，重心缓缓向前沉移至左前脚全脚着地，左腿曲膝弓形，右后腿仍弯曲，右后脚全脚着地；同时腰胯稍左转，同时原左臂从前面向胸前回曲成曲臂，并带动左侧掌稍顺转成俯掌横按于右胸前，左俯掌掌尖向右；同时原左胸前下侧的右掌稍顺转成俯掌（掌尖向前）置左腕内；同时随重心前移横于胸前的左小臂俯掌向前推挤，右俯掌在后面随跟，眼观左横掌前。(照片298)

▲注意

两掌变俯掌置胸前有向下按采的含义，重心向前沉移时横于胸前的左臂掌有向前推挤的含义。

（10）左拗弓步掤按（架推）

左前腿仍曲膝弓形，腰胯继续左转，同时右后腿由弯曲渐成自然伸直成左弓步；同时随动左掌向前、向左上方掤架提起置左额前上方，同时右掌向前西南BC处按出成立掌，形成左拗弓步架推势；同时身体由垂直渐成稍前斜，眼观右立掌前。（照片299）

照片299

▲注意

向前按出的右立掌食指尖和左脚尖及鼻尖要以三尖相对来取中。

>>>动作59玉女穿梭之（1势）左穿梭用法

（1）作为动作“揽雀尾”的“掤、挤、捋、按”来用

①当对方用左手攻我胸，我左仰掌粘搭住其左臂外侧将其向左掤开化解其攻势。

②如果对方捋我左臂破我掤势，我即刻两掌臂抱圆用挤势破其捋势。

③如果对方用按势破我挤势，我即刻两掌从我身前向我左前侧绕到其右臂外侧，以我左掌粘搭其右肘，以我右掌粘搭其右腕并向我右侧捋带破其按势。

④如果对方用挤势破我捋势，我即刻用左臂掌回曲横掌下按破其挤势并把劲向前发出。

（2）穿腋掤带

当对方用左手攻我胸，我腰胯稍右转侧身让开，我在其左臂内侧同

时用右掌粘搭住其左腕臂，同时我上左步封住其脚或插裆，同时我左仰掌从其身内侧经其左大臂下向其左外侧穿出，并使我左仰掌掤粘住其左腋肋近背处，然后我即刻腰胯左转掤带，使其拔根跌倒。

（3）托臂掤带

当对方用左手攻我胸或头，我右掌以掌心朝前上粘搭住其左肘并向上托起，同时我上左步封住其脚或插裆，同时我左仰掌从其身内侧经其左大臂下向其左外侧穿出，并使我左仰掌掤粘住其左腋肋近背处，然后我即刻腰胯左转掤带，使其拔根跌倒。

（4）托架前击

当对方用左手攻我头或胸，我腰胯稍左转侧身让开，同时我在其左外侧是用左掌掌沿部分向上粘住其左臂并向上托起使其拔根失势，同时上左步进身用右掌击其左腋肋。如果对方用右手攻我头或胸，我腰胯稍左转侧身让开，同时我在其右臂内侧用左掌掌沿部分向上粘住其右臂并向上托起使其拔根失势，同时上左步进身用右掌击其头或胸。

（2势）右玉女穿梭(东南AC)

（1）扣步转身

左腿曲膝弓形不变，右后脚先不动。腰胯右后转，同时左脚以脚跟为轴心脚尖尽量内扣，同时随转原置左额前上方的左掌向右下方下落至右肩前成立掌（掌心向右）；同时原向前按出的右立掌向右下方下落至右大腿外侧成俯掌，右俯掌掌尖向左，同时身体由稍前斜变成垂直，眼观身右前。(照片300)

照片300

（2）转身虚落脚

左腿曲膝弓形不动，上下两掌置原位仍不动，身体仍垂直。以左脚为支撑脚腰胯继续右后转，同时随转使右脚向身右前侧东南AC处轻缓迈出成右脚跟虚落地、脚尖上翘，这时左支撑脚的脚尖外撇大于90°，这时身体应侧向左，眼仍观身右前。(照片301)

照片301

▲注意

腰胯右后转把右脚转带成右虚步时须松、稳、沉，两肩平，头身正直，不要牵动左承重腿膝盖，使其仍对左脚尖而不向内侧扭牵。腰胯右后转把右脚向身右前转带成右虚步时，上下两掌由于随转而被整体向右后转带，所以左立掌仍置右肩前，右俯掌仍置右大腿外侧，上下两掌等于在原位不动。

照片302

（3）右掤势

腰胯先稍左转，同时重心缓缓向前沉移至右腿曲膝弓形，左后腿仍弯曲；同时原置右肩前的左立掌下落至左腹前成俯掌（掌尖指向前），同时原置右大腿右外侧的右俯掌向左上升移并同时顺转180°成仰掌置左腹前（掌尖指向左侧），使左俯掌在上右仰掌在下，并以左俯掌掌尖虚搭右脉腕。然后腰胯向右转，随转右仰掌向右、向前、向上作弧形掤势，同时左俯掌掌尖虚搭右脉腕随跟，右臂不要伸得太直；同时随转左后脚以脚跟为轴心拧转使左脚尖内扣，同时左后腿由弯曲变成稍弯曲，眼观右仰掌前。(照片302)

▲注意

腰胯开始时的先稍左转和再向右转要连接得自然、流畅。左后腿由弯曲渐变成接近自然伸直的稍弯曲，为后面做“挤势”时留有余地。并注意做前面（1势）“玉女穿梭”即左穿梭的“左掤势”是腰胯左转，而（2势）“玉女穿梭”即右穿梭的“右掤势”是腰胯先稍左转再向右转，这种玉女穿梭左右两势的转腰方式不同是由于每一势前面的分动作连接不同而形成侧身的程度不一样造成的。

（4）正前挤势

照片303

腰胯继续稍右转，同时左后腿由稍弯曲变成自然伸直，同时左后脚继续以脚跟为轴心使脚尖稍内扣成右弓步；同时随转两臂掌于胸前抱圆（左掌尖虚搭右脉腕）向东南AC成挤势，左掌心向前，右掌心向内，身体稍前斜，眼观右掌前。(照片303)

▲注意

做分动作（3）“右掤势”和（4）“正前挤势”时，要保持动作的连贯性。如左后腿由弯曲到稍弯曲再到自然伸直，左后脚以脚跟为轴脚尖内扣成弓步，两臂掌由向右、向前、向上做掤势再变成挤势，这些都应该连贯地一气呵成，既要做出它们的阶段性，又要如行云流水似的连贯。

（5）后坐侧挤掤带

两臂掌于胸前抱圆的挤势不变，腰胯右转约不超45°，同时重心缓缓向后沉移到左后脚承重，右脚成脚跟虚落地、脚尖上翘的右虚步；同时随转把两合掌挤势整体向右转带成侧挤、掤带状并始终对胸前，同时身体由稍前斜变成垂直，眼观右掌前。（照片304）

照片304

▲注意

在腰胯右转的过程中，两合掌挤势始终对胸前形成整体向右侧挤、掤带，两肩松平，两臂掌抱圆饱满。

照片305

（6）左转捋势

身体仍垂直，重心仍坐左后脚。在腰胯先稍右转的带动下，右掌以腕为轴使右掌尖先向右下、向右上画了一条逆弧，同时右掌逆转约90°成俯掌；然后在腰胯左转的带动下，右掌继续使右掌尖向左下画了一条逆弧，同时右掌顺转约90°成掌心稍斜向左下、大拇指向上的侧掌，好像刮糨糊，同时左掌在后面稍顺转成以大拇指向下、左掌心稍斜向左下，并随腰胯左转在身左前侧做捋势，两掌心间约相距一小臂距离，眼观两掌前。（照片305）

▲注意

腰胯先稍右转时的右掌尖画逆弧和腰胯左转时右掌尖继续画逆弧及两掌做捋势时的动作之间应连贯流畅，同时右掌尖在向上画逆弧和接左转捋势时使右掌做了一个反采动作。“左转捋势”的右掌尖画逆弧比动作“揽雀尾”之分动作“捋势”的右掌尖所画的逆弧要大得多。须松肩、沉肩、松胯、两肩平。两臂掌做捋势应饱满，左肘不要脱离腰胯左转而过分向后顶，左大小臂交交角约稍大于90°，前面的右大小臂交角约135°。右掌尖画逆弧和两掌做捋势都必须在转腰胯的带动下做，须和腰胯的转动合成一个整体。

（7）下按挤势

照片306

身体仍垂直，重心缓缓向前沉移至右前脚全脚着地，右腿曲膝弓形，左后腿仍弯曲，左后脚全脚着地；同时腰胯稍右转，同时原右臂从前面向胸前回曲成曲臂，并带动右侧稍逆转成俯掌横按于左胸前，右俯掌掌尖向左；同时原右胸前下侧的左掌稍逆转成俯掌（掌尖向前）置右腕内；同时随重心前移使得横于胸前的右小臂俯掌向前推挤，左俯掌在后面随跟，眼观右横掌前。(照片306)

▲注意

两掌变俯掌置胸前有向下按采的含义，重心向前沉移时横于胸前的右臂掌有向前推挤的含义。

（8）右拗弓步掤按（架推）

右前腿仍曲膝弓形，腰胯继续右转，同时左后腿由弯曲渐成自然伸直成右弓步；同时随动右掌向前、向右上方掤架提起置右额前上方，同时左掌向前东南AC处按出成立掌，形成右拗弓步架推势；同时身体由垂直渐成稍前斜，眼观左立掌前。(照片307)

照片307

▲注意
向前按出的左立掌食指尖和右脚尖及鼻尖要以三尖相对来取中。

>>>动作59玉女穿梭之（2势）右穿梭用法

（1）作为动作“揽雀尾”的“掤、挤、捋、按”来用

①当对方用右手攻我胸，我右仰掌粘搭住其右臂外侧将其向右掤开化解其攻势。

②如果对方捋我右臂破我掤势，我即刻两掌臂抱圆用挤势破其捋势。

③如果对方用按势破我挤势，我即刻两掌从我身前向我右前侧绕到其左臂外侧，以我右掌粘搭其左肘，以我左掌粘搭其左腕并向我左侧捋带破其按势。

④如果对方用挤势破我捋势，我即刻用右臂掌回曲横掌下按破其挤势并把劲向前发出。

（2）穿腋搠带

当对方用右手攻我胸，我腰胯稍左转侧身让开，我在其右臂内侧同时用左掌粘搭住其右腕臂，同时我上右步封住其脚或插裆，同时我右仰掌从其身内侧经其右大臂下向其右外侧穿出，并使我右仰掌搠粘住其右腋肋近背处，然后我即刻腰胯右转搠带，使其拔根跌倒。

（3）托架前击

当对方用左手攻我头或胸，我腰胯稍右转侧身让开，同时我在其左臂内侧用右掌掌沿部分向上粘住其左臂并向上托起使其拔根失势，同时上右步进身用左掌击其头或胸。如果对方用右手攻我头或胸，我腰胯稍右转侧身让开，同时我在其右臂外侧用右掌掌沿部分向上粘住其右臂并向上托起使其拔根失势，同时上右步进身用左掌击其右腋肋。

（3势）右野马分鬃（东南AC）

照片308

（1）右虚步合臂（提手上势）

身体重心向后下沉坐，左后腿由自然伸直渐成弯曲，身体由稍前斜变成垂直；然后重心缓缓向后沉移到左脚，成右前脚的脚跟虚落地、脚尖上翘的右虚步，同时随动原向前按出的左立掌逆转约90°并回收胸前成掌心向右的侧掌，使左直臂成曲臂；同时原置右额前上方的右掌顺转约180°并下落到身前成掌心向左的侧掌，使右曲臂成直臂，并在左臂掌回收和右臂掌下落身前时，使左掌尖虚搭右脉腕，然后再右肘稍下沉（左肘随之稍下沉）并带动两侧掌稍回引形成合臂，同时身体由垂直变成稍前斜；这时右肘和腹部相距约一手掌半长距离，右臂的大小臂交角约135°，右侧掌食指尖对鼻尖，眼观朝向东南AC的右侧掌前。(照片308)

▲注意

重心向后沉移，左掌臂回曲和右臂掌下落时两掌转成侧掌和合臂，合臂后的两肘稍下沉和同时身体稍前斜的整体配合过程应自然、连贯、轻灵；应松肩、沉肩、松臂、松胯。

(2) 右虚步上下分挂

动作说明和动作58“野马分鬃”之（1势）“右野马分鬃”的分动作（2）“右虚步上下分挂”相同。(照片309)

照片309

照片310

照片311

照片312

（3）右弓形胸前合手

动作说明与注意事项和动作58“野马分鬃”之（1势）“右野马分鬃”的分动作（3）“右弓形胸前合手”相同。(照片310)

（4）左转脚挤靠

动作说明与注意事项和动作58“野马分鬃”之（1势）“右野马分鬃”的分动作（4）“左转脚挤靠”相同。(照片311)

（4势）右野马分鬃（东南AC）

（1）右虚步合臂（提手上势）

动作说明与注意事项和动作58“野马分鬃”之（2势）“右野马分鬃”的分动作（1）“右虚步合臂”相同。(照片312)

（2）右虚步上下分挂

动作说明和动作58“野马分鬃”之（1势）“右野马分鬃”的分动作（2）“右虚步上下分挂”相同。(照片313)

（3）右弓形胸前合手

动作说明与注意事项和动作58“野马分鬃”之（1势）“右野马分鬃”的分动作（3）“右弓形胸前

合手”相同。(照片314)

（4）左转脚挤靠

动作说明与注意事项和动作58“野马分鬃”之（1势）“右野马分鬃”的分动作（4）“左转脚挤靠”相同。(照片315)

照片313

>>>动作59玉女穿梭中的（3势）和（4势）右野马分鬃用法

和动作58“野马分鬃”之（1势）“右野马分鬃”用法相同。

照片314

（5势）左玉女穿梭（东北AD）

▲备注

（5势）“左玉女穿梭”动作和（1势）“左玉女穿梭”动作相同，都为左势。所不同的只是动作朝向不同，（1势）朝向西南BC，而（5势）朝向东北AD。

照片315

（1）右单踮脚转掌

动作说明与注意事项和动作39“左分脚”的分动作（1）“右单踮脚转掌”相同。(照片316)

（2）右落脚前立掌

动作说明和动作39“左分脚”的分动作（2）“右落脚前立掌”相同。（照片317）

（3）叉步上下分挂

动作说明和动作39“左分脚”的分动作（3）“叉步上下分挂”相同。(照片318)

（4）左脚跟左前侧虚落

动作说明和动作（1势）“左玉女穿梭”的分动作（4）“左脚跟左前侧虚落”相同。(照片319)

照片316

照片317

照片318

照片319

（5）左掤势

动作说明与注意事项和动作（1势）“左玉女穿梭”的分动作（5）“左掤势”相同。（照片320）

（6）正前挤势

动作说明与注意事项和动作（1势）“左玉女穿梭”的分动作（6）“正前挤势”相同。（照片321）

（7）后坐侧挤掤带

动作说明与注意事项和动作（1势）“左玉女穿梭”的分动作（7）“后坐侧挤掤带”相同。（照片322）

（8）右转捋势

动作说明与注意事项和动作（1势）“左玉女穿梭”的分动作（8）“右转捋势”相同。（照片323）

照片320

照片321

照片322

照片323

（9）下按挤势

动作说明与注意事项和动作（1势）“左玉女穿梭”的分动作（9）“下按挤势”相同。(照片324)

（10）左拗弓步掤按（架推）

动作说明与注意事项和动作（1势）“左玉女穿梭”的分动作（10）“左拗弓步掤按（架推）”相同。(照片325)

>>>动作59玉女穿梭之（5势）左穿梭用法

和动作59“玉女穿梭”之（1势）“左玉女穿梭”用法相同。

（6势）右玉女穿梭（西北BD）

▲备注

（6势）“右玉女穿梭”动作和（2势）“右玉女穿梭”动作相同，都为右势。所不同的只是动作朝向不同，（2势）朝向东南AC，而（6势）朝向西北BD。

（1）扣步转身

动作说明和（2势）“右玉女穿梭”的分动作（1）“扣步转身”相同。（照片326）

（2）转身虚落脚

动作说明与注意事项和（2势）“右玉女穿梭”的分动作（2）“转身虚落脚”相同。（照片327）

（3）右掤势

动作说明与注意事项和（2势）“右玉女穿梭”的分动作（3）“右掤势”相同。（照片328）

（4）正前挤势

动作说明与注意事项和（2势）“右玉女穿梭”的分动作（4）“正前挤势”相同。（照片329）

（5）后坐侧挤掤带

动作说明与注意事项和（2势）“右玉女穿梭”的分动作（5）“后坐侧挤掤带”相同。（照片330）

（6）左转捋势

动作说明与注意事项和（2势）“右玉女穿梭”的分动作（6）“左转捋势”相同。（照片331）

（7）下按挤势

动作说明与注意事项和（2势）“右玉女穿梭”的分动作（7）“下按挤势”相同。（照片332）

（8）右拗弓步掤按（架推）

动作说明与注意事项和（2势）“右玉女穿梭”的分动作（8）“右拗弓步掤按（架推）”相同。（照片333）

照片330

照片331

照片332

照片333

>>>动作59玉女穿梭之（6势）右穿梭用法

和动作59“玉女穿梭”之（2势）“右穿梭”用法相同。

60. 揽雀尾（西B）

（1）右虚步合臂（提手上势）

由于前面的动作（6势）“右玉女穿梭”中右弓步朝向西北BD，其左后脚脚尖也向西北BD处，所以在做“右虚步合臂”时先要把左脚尖调作转向西B。

同时重心向身后下沉坐，左后腿由自然伸直渐成弯曲，身体由原稍前斜变成垂直。腰胯稍左转，同时左脚以脚跟为轴心使左脚尖稍外展后朝向西B，同时重心坐左脚使左腿曲膝承重，再把右脚向左拎移到身前西B处成右脚跟虚落地、脚尖上翘的右虚步，并注意两脚左右应留出空当；同时随腰胯左转原向前按出的左立掌逆转约90°并回收胸前成掌心向右的侧掌，使左直臂成曲臂；同时原置右额前上方的右掌顺转约180°并下落到身前成掌心向左的侧掌，使右曲臂成直臂，并在左臂掌回收和右臂掌下落身前时，使左掌尖虚搭右脉腕，右侧掌食指尖对鼻尖；身体这时垂直，眼观右侧掌前。(照片334-1)

照片334-1

然后右肘稍下沉（左肘随之稍下沉）并带动两侧掌稍回引形成合臂，同时身体由垂直变成稍前斜；这时右肘和腹部相距约一手掌半长距离，右臂的大小臂交角约135°，右侧掌食指尖对鼻

尖，眼观右侧掌前。(照片334-2)

照片334-2

▲注意

要利用腰胯左转，左脚尖外展，重心向后沉移，松肩、沉肩、松臂、松胯，还有合臂时的两肘稍下沉并带动两侧掌稍回引和同时身体稍前斜的整体配合来产生合劲，做好合臂这个动作。在左脚尖外展，右脚跟向左拎移，要和腰胯左转配合把两臂整体转带，做到动作过渡平稳，身体不要晃动。

(2) 怀抱七星

动作说明与注意事项和动作4“揽雀尾”的分动作(4)“怀抱七星”相同。(照片335)

照片335

(3) 掤挤势

动作说明与注意事项和动作4“揽雀尾”的分动作(5)“掤挤势”相同。

(4) 捋势

动作说明与注意事项和动作4“揽雀尾”的分动作(6)“捋势”相同。

(5) 按势

动作说明与注意事项和动作4“揽雀尾”的分动作(7)“按势”相同。

>>>动作60揽雀尾用法

请参照动作4“揽雀尾”用法之(3)、(4)、(5)、(6)、(7)、(8)。

61. 单鞭（正身向南C，眼观向东南AC的左掌）

动作说明与注意事项及用法和动作5“单鞭”相同。

62. 云手（共2势，向东A移动）

（1势）云手

动作说明与注意事项和动作34“云手”之（1势）的分动作（1）“右弓形右手画弧”，（2）“左扣脚升掌搭腕”，（3）“左侧弓步抹面掌”，（4）“右扣脚立掌”，（5）“蹲式推掌”相同。（照片336、337、338、339、340）

照片336

照片337

照片338

照片339

照片340

（2势）云手

动作说明与注意事项和动作34“云手”之（3势）的分动作（1）“右展脚右云手”，（2）“左踮脚双转掌”，（3）“升掌搭腕”，（4）“左侧弓步抹面掌”，（5）“右扣脚立掌”，（6）“蹲式推掌”，（7）“右展脚右云手”，（8）“左踮脚双转掌”，（9）“升掌搭腕”相同。（照片341、342、343、344、345、346、347、348、349）

照片341

照片342

照片343

照片344

照片345

照片346

照片347

照片348

照片349

>>>动作62云手用法

和动作34“云手”用法相同。

63. 单鞭（正身向南C，眼观向东南AC的左掌）

由于是连接“云手”结尾的单鞭，所以可以少做1个分动作，只做4个。其动作说明与注意事项和动作35“单鞭”的4个分动作（1）“扣脚勾手”，（2）“后下沉坐”，（3）“左转掤带”，（4）“右转左前按掌”相同。其动作用法和动作5“单鞭”用法相同。

64. 下势（东A）

（1）弓步前合掌

下肢动作：右脚先不动，重心大部分移左脚，同时左脚以脚跟为轴逆拧转使左脚尖向左外展至朝向身前东A，这时左腿成曲膝弓形。然后左脚不动，右后脚以脚跟为轴逆拧转使脚尖内扣至右脚尖成外撇45°状，右后腿由原弯曲变成自然伸直，下肢形状成左弓步形。

照片350

上肢动作：马步先不动时，在腰胯稍右转的带动下使右肘稍向右引带并稍下沉，并牵动右勾手变俯掌并以右腕为轴使右掌尖稍向上画一段短小顺弧，同时右掌顺转约90°成侧掌（掌心向左、掌尖向前）并随身体左转和重心前移时向身前约齐

胸高处捌去（使右臂由曲变直）；同时原左按掌逆转约90°成侧掌（掌心向右、掌尖向前）并随身左转以直臂掌向左以齐胸高捌去，在弓形步定势时两侧掌在身前东A处以齐胸高使两掌心相合成合掌（两掌尖向前）；身体由垂直变成稍前斜，眼睛由原观左按掌前变成观画弧左捌的右掌再转为观两合掌前。(照片350)

▲注意

在身左转合掌时，动作要平稳，不要摆晃。右后脚内扣不要太多，太多要影响动作平稳度。因为这个动作的弓步是从原先的马步变化而来，而马步两脚后跟是站在一条直线上的，所以身左转成弓步时两脚跟在同一条直线上，左右缺少空当，如这时右后脚脚尖再过分内扣要影响动作平稳度，所以右后脚脚尖只要内扣成外撇约45°即可，以加大底面积，增加稳度。

（2）弓步下落臂

原左弓步形不动，原身前约齐胸高的两合掌下落裆前，使两直臂下垂，身体稍竖起，眼观身前。(照片351)

照片351

（3）两掌回拉

右脚向后稍撤步后退，使右后脚落地时脚尖外撇约接近90°，右后腿成曲膝全蹲，重心大部分移右后脚，右膝和右脚尖朝向一致，然后左脚以脚跟为轴使脚尖内扣约90°，左前腿成自然伸直，为后面仆步做准备；同时腰胯右转，同时原两合掌由下向上回拉于胸前，并在

照片352

回拉中两合掌分开，两直臂成曲臂，使后面的右侧掌掌心向里对右胸，前面的左侧掌掌心向外置左胸前侧，身体垂直，眼观身前。(照片352)

▲注意

年纪大的身体弱的练习者，右脚后撤步子可适当小一点，量力而行，要等右后脚落步稳了再转前面的左脚。

照片353

（4）仆步下势

以两脚全脚着地重心下蹲成左仆步，同时回拉于胸前的两掌随下势分别同时向下沉移，使右侧掌向下沉移于小腹前，左侧掌向下沉移于左胯内侧前，眼观身前。(照片353)

▲注意

年老体弱的及高血压的练习者做仆步时身体可适当蹲得高一点，量力而行。下蹲时不要憋气，要松沉，要趁下势时把气轻缓吐出来，以减少身体内压力，避免损伤。可在下蹲前先吸气，下蹲时把气轻缓吐出，如还未蹲到底，气快吐完，可先再轻快吸进一口，再轻缓吐出。血压高的练习者做这个动作注意，两掌回拉时后撤步子小一点，或干脆不后撤，下蹲时身体站得高一点，把意思做出来就行了。

（5）弓步前托

重心缓缓前移并起身，同时腰胯左转，同时左前脚以脚跟为轴脚尖外展使左脚尖朝向身前东A，左腿成曲膝弓形；然后右后脚以脚跟为轴脚尖稍内扣成右脚尖外撇约45°以增加稳度，同时右后腿由弯曲变成自然伸直，形成左弓形步；同时随动原在前面的左侧掌逆转90°成仰掌（掌尖向前），同时原在后面的右侧掌顺转90°成仰掌（掌尖向前），两仰掌以左掌在前右掌在后随着重心前移和起身向前托送置身前，使左仰掌约对胸高，使右仰掌约对腹，并使右仰掌置左肘内侧；身体顺势稍前斜，眼观左仰掌前。(照片354)

照片354

▲注意

两掌向前托送时，左臂不要伸得太直，最多大小臂交角不超135°，左肘下沉。右臂曲臂，右肘臂不要碰到右腋肋，右肘在右腰侧稍前面一点。左仰掌在前，右仰掌在后，两掌随重心前移和起身整体向前托送。由“仆步下势”转换成“弓步前托”时，须左前脚脚尖先外展成脚尖朝前，同时左腿曲膝弓形到位时，再利用腰胯继续左转时再带动右后脚脚尖稍内扣成外撇约45°，右后腿由弯曲变成自然伸直，形成左弓形步。

>>>动作64下势用法

（1）当对方用右手或者双手攻我胸部时，我向右侧身让开，同时我右掌粘抓住其右腕臂，左掌粘抓住其右肘臂，同时我右脚后撤并下蹲将其右臂向前下牵引沉采，使其向前跌扑。如果我将其向前下牵引时其想用回拉劲来保持平衡，我即刻趁机向前发劲将其掷出使其后跌，或者我用掌向前攻其裆、腹。

（2）当对方用右脚或蹬或踢我裆、腹或者胸部时，我趁其攻来之势右脚后退重心后移并向右稍侧身让开消其力，同时我左掌以掌心向上托抓其右脚的脚踝处，同时我右掌以大拇指向上粘抓住其足底前掌部分，趁其蹬踢之劲“旧力略过，新力未生”，我即刻向前推出发劲使其后跌。

65. 金鸡独立（左、右2势，东A）

（1势）左金鸡独立（东A）

照片355

（1）捋臂穿掌

原左弓步不变，左脚尖仍朝前，腰胯稍左转，同时左臂稍沉肘带动左仰掌稍回收于右胸前，使左仰掌掌尖斜向右前方，同时右仰掌上移胸前以掌尖向前、掌背虚贴着下面的左仰掌掌心；然后右仰掌向前穿出，同时在下面的左仰掌继续向里回收并顺着在上面的右仰掌掌背和右小、大臂下方捋擦而过至右腋前虚贴右大臂尽处，这时左仰掌掌尖指向身右侧；身体稍前斜，向前穿出的右仰掌掌尖约齐鼻尖高，眼观右仰掌掌尖前。(照片355)

▲注意
向前穿出的右仰掌掌臂不要太直，右大小臂交角应约不超过135°。

（2）向前摆踩腿

以左腿为支撑腿，右脚以脚尖朝右侧外撇、脚尖上翘，并以右脚底向身前下摆踩，同时腰胯稍右转；同时原向前穿出的右仰掌逆转约270°同时向上回收并掤提至右额前，同时原置右腋前的左仰掌顺转约90°后，以掌心朝里用全掌虚贴右腋肋，向下捋擦过右胸肋至右下腹；同时身体竖起，眼观右踩腿前。(照片356)

照片356

▲注意
右脚向前摆踩应以左腿为支撑腿，原自然伸直的右后腿先松掉弯曲，使右脚前掌虚踮地然后向前下摆踩。动作要平稳，身体不要摇晃。眼观右踩腿前不要低头，也可用眼睛下余光看。

照片357

(3) 左独立势

身体起立成左支撑腿自然直立微曲，右腿膝盖上顶曲膝提起，右大腿稍高于水平，右小腿自然下垂，右脚尖外撇上翘，同时腰胯继续稍右转；同时向下捋擦至右下腹的左掌继续向下顺右大腿内侧捋擦至右膝内侧边成立掌（掌心向右膝内侧），同时原置右额前的右掌继续向上提掤至右额前上方，右掌心向外，眼观身前。(照片357)

▲注意

为了便于教和学，把“左金鸡独立”分解成3个分动作来教学。练习中要保持“捋臂穿掌”“摆踩”“独立势”这些分动作之间的连贯和协调。同时左掌心从右掌背至右小、大臂，右腋肋、右胸肋、右腹直到右大腿内侧和右膝内侧这么一路捋擦、按摩下去也要一气呵成，连绵不断。

>>>动作65金鸡独立之（1势）左金鸡独立用法

（1）当对方用左手或者两手攻我胸部时，我腰胯稍左转侧身让开，同时我在其左臂外侧用左仰掌之掌背粘搭住其左腕臂并下压，同时我右仰掌从左仰掌上经过向前穿去刺其喉或眼，然后我右脚向前下摆踩其小腿迎面骨或膝盖。

（2）当对方用两手攻我胸部时，我左掌粘搭住其右腕臂向下按，同时我右掌粘搭住其左腕臂向上提掤，同时我右脚向前摆踩其小腿迎面骨或膝盖，或我右膝上提撞击其裆、腹，用右脚尖勾踢其裆部。

（3）当对方用右手攻我胸时，我腰胯稍左转侧身让开，同时我在其身内侧用左掌粘搭住其右腕臂向下按，同时我右仰掌从其右腋下向外穿出并紧粘贴住其右后背肩胛骨处后，我即刻腰胯右转同时右仰掌在逆拧转中向上提掤并回引，使其身体拔根前倾，同时我提右膝撞击其裆、腹、胸，用右脚尖勾踢其裆部。

▲备注
这3个用法有危险性，不要乱用。

（2势）右金鸡独立（东A）

（1）右脚跟前虚落

身体重心稍下蹲使左支撑腿曲膝承重，同时右脚脚跟向身前下轻缓虚落地成右脚尖上翘的右虚步，同时腰胯稍左转；同时原左立掌在腹前由立掌成俯掌（掌尖向右），右掌仍置右额前上方，右肘顺势稍下落，身稍前斜，眼观身前。（照片358）

照片358

（2）捋臂穿掌

腰胯稍右转，同时重心缓缓向前沉移成右弓步，并使右脚尖朝向正前方；同时原置右额前上方的右掌顺转270°成仰掌并下落到胸前，右仰掌掌尖斜向左前方，同时原置腹前的左俯掌逆转180°成仰掌并上移胸前以掌尖向前、掌背虚贴着下面的右仰掌掌心；然后左仰掌向前穿出，同时在下面的右仰掌向里回收并顺着在上面的左仰掌掌背和左小、大臂下方捋擦而过至左腋前虚贴左大臂尽处，这时右仰掌掌尖指向身左侧；身体稍前斜，向前穿出

照片359

照片360

的左仰掌掌尖约齐鼻尖高，眼观左仰掌掌尖前。(照片359)

> ▲注意
>
> 向前穿出的左仰掌掌臂不要太直，左大小臂交角应约不超过135°。重心向前沉移至右脚向前全脚着地时，右脚尖应朝正前方东A，这样可以为后面的动作“倒撵猴”做方向上的准备。

（3）向前摆踩腿

以右腿为支撑腿，左脚以脚尖朝左侧外撇、脚尖上翘，并以左脚底向身前下摆踩，同时腰胯稍左转；同时原向前穿出的左仰掌顺转约270°同时向上回收并掤提至左额前，同时原置左腋前的右仰掌逆转约90°后，以掌心朝里用全掌虚贴左腋肋，向下捋擦过左胸肋至左下腹；同时身体竖起，眼观左踩腿前。(照片360)

> ▲注意
>
> 左脚向前摆踩应以右腿为支撑腿，原自然伸直的左后腿先松掉弯曲，使左脚前掌虚踮地然后向前下摆踩。动作要平稳，身体不要摇晃。眼观左踩腿前不要低头，可用眼睛下余光看。

（4）右独立势

照片361

身体继续起立成右支撑腿自然直立微曲，左腿膝盖上顶曲膝提起，左大腿稍高于水平，左小腿自然下垂，左脚尖外撇上翘，同时腰胯继续稍左转；同时向下捋擦至左下腹的右掌继续向下顺左大腿内侧捋擦至左膝内侧边成立掌（掌心向左膝内侧），同时原置左额前的左掌继续向上提掤至左额前上方，左掌心向外，眼观身前。（照片361）

▲注意

为了便于教和学，把“右金鸡独立”分解成4个分动作来教学。练习中要保持“右脚跟前虚落”“捋臂穿掌”“摆踩”“独立势”这些分动作之间的连贯和协调。同时右掌心从左掌背至左小、大臂，左腋肋、左胸肋，左腹直至左大腿内侧和左膝内侧这么一路捋擦、按摩下去也要一气呵成，连绵不断。

>>>动作65金鸡独立之（2势）右金鸡独立用法

（1）当对方用右手或两手攻我胸部时，我腰胯稍右转侧身让开，同时我在其右臂外侧用右仰掌之掌背粘搭住其右腕臂并下压，同时我左仰掌从右仰掌上经过向前穿去刺其喉或眼，然后我左脚向前下摆踩其小腿迎面骨或膝盖。

（2）当对方用两手攻我胸部时，我右掌粘搭住其左腕臂向下按，同时我左掌粘搭住其右腕臂向上提掤，同时我左脚向前摆踩其小腿迎面骨或膝盖，或我左膝上提撞击其裆、腹，用左脚尖勾踢其裆部。

（3）当对方用左手攻我胸时，我腰胯稍右转侧身让开，同时我在其身内侧用右掌粘搭住其左腕臂向下按，同时我左仰掌从其左腋下向外穿出并紧粘贴住其左后背肩胛处后，我即刻腰胯左转同时左仰掌在顺拧转中向上提掤并回引，使其身体拔根前倾，同时我提左膝撞击其裆、腹、胸，用左脚尖勾踢其裆部。

▲备注
这3个用法有危险性，不要乱用。

66. 倒撵猴（左、右、左3势，面向东A，退西B）

（1势）左倒撵猴

照片362

（1）身体垂直，腰胯稍右转，同时身体重心稍下蹲使右前腿成曲膝弓形，右膝对右脚尖而不冲出右脚尖，同时左脚退右脚后以左脚前掌先落地然后全脚着地，左后腿弯曲；同时以左肘沉肘带动原置左额前上方的左掌下落身前约齐胸高成俯掌（掌尖向前），前伸的左大小臂交角约135°，同时原置左提膝内侧的右立掌成俯掌横于小腹前。

（2）随腰胯继续稍右转，右俯掌从小腹前向右前方并经过右膝前上方向右搂去并以俯掌置右膝外侧之上方，右俯掌掌尖朝前并离右大腿近膝处外侧约一平拳空当；同时左掌坐腕向前推出成立掌，左腕约齐肩平，左掌尖约高不过眼；同时左后腿由弯曲变成自然伸直，由于前面左脚后退时身体有点向左侧身而使左脚尖有点稍外撇，因此在这里同时左脚以脚前掌为轴使脚跟稍外推使左脚尖朝前成川字步；同时身体由垂直变成向前斜直，眼观左推掌前。（照片362）

> ▲注意
> 注意事项请参照动作22“倒撵猴”之（1势）“左倒撵猴”的分动作（3）“搂膝推掌”中的注意事项。

>>>动作66倒撵猴之（1势）左倒撵猴用法

（1）从前面用

当对方用右手攻我胸、腹部并用其右脚从我左脚外侧后将我封住。这时我左脚提起向身后伸落，同时我右掌将其右臂向我身右侧搂开，同时我左掌击其头。或者我右掌采抓住其右臂并将其引直，同时左掌心按住其后脑向下压，使其失势向前下跌扑。

（2）从后面用

和动作22“倒撵猴”之（1势）“左倒撵猴”用法（2）“从后面用”相同。

（2势）右倒撵猴

（1）沉坐提臂

动作说明与注意事项和动作22“倒撵猴”的（2势）“右倒撵猴”之分动作（1）“沉坐提臂”相同。(照片363)

（2）后移十字合掌

动作说明和动作22“倒撵猴”的（2势）“右倒撵猴”之分动作（2）“后移十字合掌”相同。

照片363

（照片364）

（3）虚步前后分掌

动作说明和动作22“倒撵猴”的（2势）“右倒撵猴”之分动作（3）“虚步前后分掌”相同。（照片365）

（4）退步按掌穿掌

动作说明和动作22“倒撵猴”的（2势）“右倒撵猴”之分动作（4）“退步按掌穿掌”相同。（照片366）

（5）搂膝推掌

动作说明与注意事项和动作22“倒撵猴”的（2势）“右倒撵猴”之分动作（5）“搂膝推掌”相同。（照片367）

照片364

照片365

照片366

照片367

>>>动作66倒撵猴之（2势）右倒撵猴用法

和动作22“倒撵猴”之（2势）“右倒撵猴”用法相同。

（3势）左倒撵猴

（1）沉坐提臂

动作说明与注意事项和动作22“倒撵猴”的（3势）“左倒撵猴”之分动作（1）“沉坐提臂”相同。（照片368）

（2）后移十字合掌

动作说明和动作22“倒撵猴”的（3势）“左倒撵猴”之分动作（2）“后移十字合掌”相同。（照片369）

照片368

照片369

照片370

照片371

照片372

（3）虚步前后分掌

动作说明和动作22“倒撵猴”的（3势）“左倒撵猴”之分动作（3）“虚步前后分掌”相同。（照片370）

（4）退步按掌穿掌

动作说明和动作22“倒撵猴”之（1势）“左倒撵猴”之分动作（2）“退步按掌穿掌”相同。（照片371）

（5）搂膝推掌

动作说明与注意事项和动作22“倒撵猴”的（1势）“左倒撵猴”之分动作（3）“搂膝推掌”相同。（照片372）

>>>动作66倒撵猴之（3势）左倒撵猴用法

和动作22“倒撵猴”之（3势）“左倒撵猴”用法相同。

▲备注

动作66“倒撵猴”向后退的两种方法可参照动作22“倒撵猴”的“备注”中两种退法：1.身体垂直曲腿后退，再拧脚推掌身体前斜；2.直腿后退同时身体前斜推掌。

67. 斜飞势（向背后北D挤靠，面向南C）

（1）左掌下落

动作说明和动作23“斜飞势”之分动作（1）“左掌下落”相同。（照片373）

（2）单踮脚开肘

动作说明与注意事项和动作23“斜飞势”之分动作（2）“单踮脚开肘”相同。（照片374）

（3）双踮脚开肘

动作说明与注意事项和动作23“斜飞势”之分动作（3）“双踮脚开肘”相同。（照片375）

照片373

照片374

照片375

照片376

照片377

（4）后挂腿抱臂

动作说明与注意事项和动作23“斜飞势”之分动作（4）“后挂腿抱臂”相同。(照片376)

（5）脚跟后虚落

两手臂成抱臂状不变，右脚不动，右腿仍曲膝弓形承重。腰胯稍右转，同时原左挂腿的左脚跟虚落正后方的北D处，这时左脚尖稍离地上翘并外撇约45°，左腿在身后自然伸直，这时在身前原位不动的右脚尖刚好成内扣约45°而斜向左前，身体向前南C处稍斜倒，眼观身前。(照片377)

（6）背靠势

左后脚全脚着地成左脚尖外撇约45°，重心缓缓向左后脚沉移，使左腿由自然伸直变成曲膝弓形，同时右脚以脚前掌为轴心顺拧转约45°，使右脚尖朝向身前南C，右腿由曲膝弓形变成自然伸直微曲，同时腰胯继续稍右转，这时左右两脚之间横向空当极小；同时随着重心后移，原两抱臂中的左臂仍曲臂并置左耳外侧，左掌心斜向身后下，同时原贴在左小臂上的右立掌

照片378

照片378a

以俯掌向身前南C处以约齐胸高伸出，右俯掌掌尖向前南C，右臂由曲臂变成直臂；身后背向背后北D处斜倒挤靠，眼观身前南C。(照片378、378a)

>>>动作67斜飞势用法

当对方用两手无论是向我上面攻来还是向我下面攻来，这时我在对方身体内侧，我左掌粘搭住其右手臂，同时我右掌粘搭住其左手臂并将其两臂向左右分开。我即刻左脚向前插入其裆内，然后我腰胯右后转，同时随动我左脚以脚跟为轴、脚尖内扣拧转，同时我背部粘贴住对方胸前，同时我右脚转脚蹬劲，使我以背靠劲击倒对方。

68. 提手上势（南C）

（1）右弓步挤势

腰胯先稍左转，然后再向右转成正身，同时重心缓缓向前沉移成右弓步；同时原身前的右俯掌顺拧转约90° 并向胸前回收抱圆置胸前，同时原置左耳侧的左掌顺拧转约180° 成掌心朝前并以左腕缓缓下沉成立掌向前推移，使左掌心上部向前虚搭右脉腕成两掌抱圆于胸前并随重心前移而向前挤出。根据前面动作转化过来，使得在做“右弓步挤势”时左后脚脚尖外撇约45°，而且两脚左右空当极小，这时左后脚可以落地生根不拧转；如果左后脚脚尖外撇超过45°，感到左侧胯受到牵拉，也可以左脚跟为轴拧转使脚尖稍内扣；如果有的人左脚尖原先已外撇约45° 而还感到左侧胯仍受牵拉，这时也可以左脚前掌为轴使左脚跟稍外推。(照片可参照动作7“提手上势”的分动作（2）“右弓步挤势”的照片37)

▲备注

后面的分动作说明与注意事项可参照动作7“提手上势”的分动作（3）“上步平行步蹲式合掌”，（4）“起身上提掤下按采”，（5）“前下按采”。其动作用法和动作7“提手上势”用法相同。

69. 白鹤亮翅（南C→东A→南C）

动作说明与注意事项及用法和动作8“白鹤亮翅”相同。

70. 左搂膝拗步（东A）

动作说明与注意事项及用法和动作9“左搂膝拗步”相同。

71. 手挥琵琶（东A）

动作说明及用法和动作10“手挥琵琶”相同。

72. 海底针（东A）

动作说明与注意事项及用法和动作28“海底针”相同。

73. 扇通背（东A）

动作说明与注意事项及用法和动作29“扇通背”相同。

74. 翻身撇身捶（西B）

动作说明与注意事项和动作30“翻身撇身捶”的分动作（1）“转身弓形一字伸掌”，（2）“双抓拳”，（3）“丁步叉臂”，（4）“脚跟前虚落”，（5）“转体劈打”相同。

>>>动作74翻身撇身捶用法

和动作30“翻身撇身捶”用法相同。

75. 上步搬拦捶（西B）

（1）上步虚步合掌

右前腿仍曲膝弓形，左后腿由自然伸直渐成弯曲，左后脚脚跟渐离地使左脚前掌虚踮地，身体由稍前斜渐变成垂直；同时原右仰拳变成仰掌并逆转90°成侧立掌（掌心向左）稍后引，同时原左侧立掌（掌心向右）稍前移，两侧立掌掌心相对全掌虚合身前。然后左脚向前轻缓迈出成左脚跟虚落地、脚尖上翘的左虚步，同时两合掌向前稍推出，同时身体由垂直变成稍前斜，两合掌掌尖斜向前上，两合掌食指尖约对鼻尖，眼观两合掌前。（照片379）

照片379

（2）后坐搬拦

原左虚步不动，腰胯稍右转，同时身前两合掌之右侧立掌变成立拳（虎口向上）由身向后向下拉到右跨侧，再后肘以向身后稍顶移带动右立拳以弧形从右跨侧稍向后、再向上移动于右腰侧；同时左侧立掌（掌心向右）护胸前，左掌食指尖约齐鼻尖高，同时身体由原稍前斜变成垂直，眼观左侧立掌前。（照片380）

（3）弓步冲捶

动作说明和动作14“上步搬拦捶”的分动作（4）“弓步冲捶”相同。（照片381）

照片380

照片381

>>>动作75上步搬拦捶用法

和动作14“上步搬拦捶”用法之（2）、（3）、（4）相同。

76. 上步揽雀尾（西B）

动作说明与注意事项和动作32“上步揽雀尾”的分动作（1）“后移虚步

抱七星”，(2)“弓步抱七星”，(3)“垂身松腿抱七星”，(4)“上步虚步抱七星”，(5)“怀抱七星”，(6)“掤挤势”，(7)“捋势”，(8)“按势”相同。

>>>动作76上步揽雀尾用法

可参照动作32“上步揽雀尾”用法。

77. 单鞭（正身向南C，眼观向东南AC的左掌）

动作说明与注意事项及用法和动作5“单鞭”相同。

78. 云手（共2势，向东A移动）

（1势）云手

动作说明与注意事项和动作34“云手”之（1势）的分动作（1）“右弓形右手画弧”，(2)“左扣脚升掌搭腕”，(3)“左侧弓步抹面掌”，(4)“右扣脚立掌”，(5)“蹲式推掌”相同。

（2势）云手

动作说明与注意事项和动作34“云手”之（3势）的分动作（1）“右展脚右云手”，(2)“左踮脚双转掌”，(3)“升掌搭腕”，(4)“左侧弓步抹面掌”，(5)“右扣脚立掌”，(6)“蹲式推掌”，(7)“右展脚右云手”，(8)“左踮脚双转掌”，(9)“升掌搭腕”相同。

>>>动作78云手用法

和动作34“云手”用法相同。

79. 单鞭（正身向南C，眼观向东南AC的左掌）

由于是连接动作“云手”结尾的单鞭，所以可以少做1个分动作，只做4个。其动作说明与注意事项和动作35“单鞭”的4个分动作（1）“扣脚勾手”，（2）“后下沉坐”，（3）“左转掤带”，（4）“右转左前按掌”相同。其动作用法和动作5“单鞭”用法相同。

80. 左高探马（东A）

（1）左转虚步伸捌掌

动作说明和动作36“左高探马”的分动作（1）“左转虚步伸捌掌”相同。（照片382）

（2）丁步抱掌

动作说明和动作36“左高探马”的分动作（2）“丁步抱掌”相同。（照片383）

照片382

照片383

>>>动作80左高探马用法

可参照动作36“左高探马”用法之（1）和（2）。

81. 迎面掌（东A）

（1）脚跟前虚落

身体仍垂直，右后腿仍曲膝承重，两手仍抱掌，眼仍观身前。左脚向前轻缓迈出成脚跟虚落地、脚尖上翘的左虚步。(照片384)

（2）弓步迎面掌

①重心缓缓向前沉移使左脚全脚着地，同时左腿成曲膝弓形，右后腿仍弯曲，右后脚全脚着地；同时原两手抱掌中的右侧立掌稍前移并向下按压成俯掌（掌尖向左）横于左胸前，然后原置身左腰侧前的左仰掌以掌尖向前从横于左胸前的右俯掌上面经过向前穿刺并同时顺拧转180°成俯掌，同时原横于左胸前的右俯掌稍回收，这时身体仍垂直，眼观左俯掌掌尖前。

照片384

照片385

②然后右后腿由弯曲渐变成自然伸直成左弓步，同时原向前穿刺的左俯掌坐腕前推成立掌，同时原横于左胸前的右俯掌再继续稍回收横于左胸腋前，左腕约齐肩平，左掌尖约高不过眼，同时身体由垂直变成稍前斜，眼观左立掌前。(照片385)

>>>动作81迎面掌用法

（1）当我用前面动作80“左高探马”中两掌回收抱掌化解对方攻势并使对方拔根失势后，我即刻用左脚上步封住其脚或插裆，同时用左俯掌掌尖向前穿刺其喉或眼睛后不管对方是后退化解我攻势还是不退，我即刻左俯掌坐腕用推掌击其头或胸。

（2）当对方用双手或者单手攻我胸部时，我右曲臂俯掌横于胸前并粘住对方手臂向下沉按化解其攻势，同时我上左步封住其脚或插裆，同时用左俯掌掌尖向前穿刺其喉或眼睛后不管对方是后退化解我攻势还是不退，我即刻左俯掌坐腕用推掌击其头或胸。

迎面掌用法做了连环两次攻击。

▲备注
这个动作有危险性，不能乱用。

照片386

82. 转身单摆莲（西B）

（1）转体虚步上拐臂

左腿仍曲膝弓形，腰胯右后转，同时随转左脚以脚跟为轴心使脚尖尽量内扣，并在右后转中使左脚变成全部承重，同时随转右脚跟稍离地使右脚前掌虚踮地顺拧转，使动作由朝向东A变成朝向西B，同时身体由原稍前斜变成垂直；同时随身右后转体使原向前推的左掌逆拧转约180°同时回收上扬并向身右后捌络，并在转身定势时使左掌上扬于头前，左掌心朝向身后，左掌尖斜向右上并稍高过头顶，这时原左直臂变成曲臂，原右俯掌仍横置左胸腋前，眼观身前。(照片386)

▲注意

转体时须头身正直，沉肩、松肩、松胯，动作要沉稳，不要摇晃。

（2）单摆莲

照片387

右俯掌仍横置左胸腋前，头身正直。身体由半蹲起立，使左腿由曲膝弓形承重变成自然伸直微曲承重。右腿从左侧经胸前向右外侧作弧形摆踢，同时左掌从头前上方移过绕向身右侧上方，同时左掌顺转约90°使掌心向下并以左掌心拍擦向右外侧摆踢的右脚面，眼观左掌拍擦右脚的方向。(照片387)

▲注意

年纪大和身体弱的练习者右腿外摆可低一点，摆动幅度可小一点，左掌不一定要拍到右脚。在拍脚时可以同时把气吐出来以减少腹内压力，有利于心脏、血管和腹内脏器。也可以在做前面分动作（1）“转体虚步上拐臂”定势时先吸一口气，然后在摆腿拍脚时再把气吐出来。

>>>动作82转身单摆莲用法

对方如从我身后攻来，我右后转身同时左掌上扬向后上、向右下粘搭住其臂、肘并向我左侧捌带化开，同时用右脚向右摆踢其腰腹或者胸腋。或者我左掌封住其攻来之手后，即刻用左掌向前滑移击拍其耳门或面部，同时右脚向其腰腹或者胸腋部摆踢。

照片388

照片389

照片390

83. 右搂膝拗步（西B）

（1）虚步前后分掌

身体重心稍下蹲，使左腿曲膝承重，同时右脚落身前成右脚跟虚落地、脚尖上翘的右虚步；同时原拍脚的左掌逆转约90°成侧掌回引至左耳侧（掌心向右，掌尖向前），同时原置左胸肋前的右俯掌成侧立掌向前推出，右侧立掌食指尖约齐鼻尖高，身体仍垂直，眼观右侧立掌前方。（照片388）

（2）按掌穿掌

动作说明和动作11“搂膝拗步”中的（2势）“右搂膝拗步”之分动作（4）“按掌穿掌”相同。（照片389）

（3）搂膝推掌

动作说明与注意事项和动作11“搂膝拗步”中的（2势）“右搂膝拗步”之分动作（5）“搂膝推掌”相同。（照片390）

>>>动作83右搂膝拗步用法

和动作11“搂膝拗步”之（2势）“右搂膝拗步”用法相同。

84. 搂膝指裆捶（西B）

（1）提臂松后腿

动作说明与注意事项和动作11“搂膝拗步”中的（3势）“左搂膝拗步”之分动作（1）“提臂松后腿”相同。（照片391）

（2）十字合掌

动作说明与注意事项和动作11“搂膝拗步”中的（3势）“左搂膝拗步”之分动作（2）“十字合掌”相同。（照片392）

（3）上步前后分掌

动作说明与注意事项和动作11“搂膝拗步”中的（3势）“左搂膝拗步”之分动作（3）“上步前后分掌”相同。（照片393）

（4）搂膝指裆捶

重心缓缓向前沉移成左弓步，同时腰胯缓缓左转，同时原向前推出的左侧立掌稍回收并下按横于胸前成俯掌，随动左俯掌向下按经小腹前向左前方搂并经过左膝前上方继续向左搂去，并以俯掌置左膝外

照片391

照片392

照片393

侧之上方，左掌尖朝前并离左大腿近膝处外侧约一个平拳空当；同时原右耳侧的右侧掌向身前下移落，当左俯掌下按横于腹前时，右侧掌变立拳紧跟其后，并随着左俯掌向左搂去，右立拳同时向身前下约齐裆高处击出；身稍前斜，眼观右立拳前。(照片394)

(5) 沉坐上挑捶

身体重心渐垂直向后下沉坐，同时右后腿由自然伸直渐变成弯曲，同时身体由稍前斜渐变成垂直，左前腿仍曲膝弓形，两腿全脚着地；同时右拳臂以曲臂向上挑起如向上打勾拳，左掌护右臂手腕内侧，右勾拳约齐鼻尖高，眼观右勾拳前。(照片395)

照片394

照片395

>>>动作84搂膝指裆捶用法

(1) 我用右侧掌向上提掤向右侧掤粘开对方击来之手臂，同时用左掌击其脸后，即刻上左步封住其脚或插裆同时用右拳击其裆腹部。

(2) 当对方用右手攻我胸、腹部时，我左俯掌将其右臂肘粘搭住并向我左侧搂开化解；同时我上左步封住其脚或插裆，同时我用右拳向前击其裆或腹部；如果这时对方若用向后收腹来避我攻势，我即刻右拳上挑勾击其胸腹；如果对方不收腹，我击其裆后即刻右拳上挑击其下颚。

85. 上步揽雀尾（西B）

（1）后移虚步抱七星

身体仍垂直，重心缓缓向后沉移成右腿曲膝承重，左脚成左脚跟虚落地、脚尖上翘的左虚步；同时原右曲臂上挑捶的右拳变掌并顺转约90°成掌心斜向里上的仰掌，同时原护右小臂腕内侧的左掌也顺转约90°成俯掌并以左掌尖虚搭右脉腕；右肘和腹部相距约一手掌长间距，两手臂姿势以抱七星势随着重心缓缓向后沉移而被整体后带，右仰掌食指尖约齐鼻尖高，但鼻尖正对右仰掌中指，眼观右仰掌前。

▲注意

当右上挑捶变掌同时顺转90°成仰掌时不要回收。当身体重心缓缓向后沉移时左掌尖虚搭右脉腕的姿势应整体后带也不要回收，右肘和腹部间距应始终一手掌长而不要缩短。

▲备注

后面的动作说明与注意事项可参照动作32“上步揽雀尾”的分动作（2）“弓步抱七星”，（3）“垂身松腿抱七星”，（4）“上步虚步抱七星”，（5）“怀抱七星”，（6）“掤挤势”，（7）“捋势”，（8）“按势”。

>>>动作85上步揽雀尾用法

可参照动作32“上步揽雀尾”用法。

86. 单鞭（正身向南C，眼观向东南AC的左掌）

动作说明与注意事项及用法和动作5“单鞭”相同。

87. 下势（东A）

动作说明与注意事项及用法和动作64“下势”相同。

88. 上步七星（东A）

（1）弓形步上下分挂

左腿仍曲膝弓形，身体仍稍前斜，腰胯稍左转，同时原在身前的左仰掌顺转约90°并同时回收至左肩腋前成立掌（左掌心向右），同时原置左仰掌后面的右仰掌逆转90°并下移裆前，使右掌心向左，右掌尖向下，两臂掌成上下分挂，眼观身前。（照片396–1）

（2）虚步上勾拳

重心渐移左腿曲膝承重，同时右后腿松掉并轻缓上前成右脚跟虚落地、脚尖上翘的右虚步，同时身体由原稍前斜变成垂直；同时原置裆前的右掌变拳并向身前上挑起成勾拳形约齐鼻尖高，右拳心向左，右肘向下；同时原置右肩腋边的左立掌变拳并稍顺拧转使大拇指斜向里下，使左拳心斜向前下，同时左拳向前移到右肘窝处，使左拳大拇指虚贴右肘窝处，左拳心虚贴右小臂近肘窝处，左小臂横于胸前，左臂大小臂约成直角，眼观右勾拳。（照片396–2）

照片396-1

照片396-2

> ▲注意
> 右拳向前上勾起时，应松肩、沉肩、松胯，两肩要平。

>>>动作88上步七星用法

（1）走外圈

当对方用右手攻我胸部时，我左掌粘抓住其右腕臂并向我右侧防开，同时我进右步在其右外侧用右拳从其右臂下方穿入并向上挑起击其右腋或右胸腹处及下颌；如果这时如其右脚在前面，同时我也可右脚上前紧贴住其右脚外侧并向上提踢，这样我手脚并用，使其向后跌出。

（2）走里圈

当对方用左手攻我胸时，我左掌粘抓住其左腕臂并向我右侧防开，同时我在其身内侧用右拳向上挑起击其腹、胸或下颌处，同时右脚向前踢踩其小腿迎面骨或膝盖。

89. 退步跨虎（东A）

（1）退步叉掌下压（东A）

右脚退左脚后并使右脚尖外撇45°，这样有利于后面做动作，再重心缓缓向后沉移至右腿曲膝承重，使左前脚成脚跟虚落地、脚尖上翘的左虚步；同时原身前的右拳变掌向身前下压成俯掌，同时随动原置右肘窝处的左拳变成俯掌并顺右小臂向前移使两掌以手腕处为交叉点成两俯掌交叉下压，左俯掌在上掌尖斜向右前，右俯掌在下掌尖斜向左前；同时随势身体向前斜，眼观两交叉掌前。(照片397)

照片397

照片398

照片398a

（2）悬腿跨虎势（东A）

右脚不动，以右腿为支撑腿独立承重并使身体立起，同时左脚悬起向身右前方摆踢，左脚稍内扣并且脚背平，这时左腿稍弯曲，左膝尽量不低于腰（年老体弱者可酌情低一点）；同时原置身前下的两交叉俯掌中的左俯掌变成勾手（勾尖朝下）向左边分开，同时右俯掌变成立掌（掌心朝前东A）向右边分开，两腕约齐肩高，眼观身前东A。（照片398、398a）

▲注意

应松肩、沉肩，两肩平，头身正直，左勾手和右立掌分别向左右分开时不要太侧面，应偏前一点，以免影响含胸拔背。

>>>动作89退步跨虎用法

当对方用脚踢我裆腹部时，我速右脚后退，同时两掌臂交叉向下按压其脚。如果其踢来之脚落空后改用两手攻我，我两掌将其攻来之手臂向左右化开，同时用左脚踢其裆腹部。或者其攻来这两手被我化开后又用脚踢我裆腹部，我即刻向右前提起左脚将其踢来之脚拦托化开。

90. 转身迎面掌（西B）

（1）转身虚步按压

腰胯右后转，同时右腿独立承重并以右脚前掌为轴顺拧转使身体由原向东A变成向西B，然后身体重心稍下蹲成右腿曲膝承重，同时随右后转使原悬空的左脚回收并最后落身前西B处成脚跟虚落地、脚尖上翘的左虚步；同时随转原左勾手变成仰掌回收置左腰侧，左仰掌掌尖向前，同时随转原右直臂稍回曲并使原右立掌稍回收并向下按压成俯掌（掌尖向左）横于左胸前；身体垂直，眼观身前。(照片399)

照片399

▲注意

右独立腿的右脚拧转使身体右后转时，同时依靠原先身前悬起的左腿回曲时产生的惯性力来帮助以右脚前掌为轴顺拧转，从而使身体右后转顺畅。

（2）左弓步迎面掌

①重心缓缓向前沉移使左脚全脚着地，同时左腿成曲膝弓形，右后腿仍弯曲，右后脚全脚着地；同时原置身左腰侧的左仰掌以掌尖向前从横于左胸前的右俯掌上面经过向前穿刺并同时顺拧转180°成俯掌，同时原横于左胸前的右俯掌稍回收，这时身体垂直，眼观左俯掌掌尖前。

②然后右后腿由弯曲渐变成自然伸直形成左弓步，同时原向前穿刺的左俯掌坐腕前推成立掌，同时原横于左胸前的右俯掌继续稍回收横于左胸腹前，左腕约齐肩平，左掌尖约高不过眼，同时身体由垂直变成稍前斜，眼观

左立掌前。（照片400）

照片400

>>>动作90转身迎面掌用法

当对方用双手或者单手从我身后攻来时，我急右后转身，同时我右臂俯掌横于胸前并粘住对方手臂向下沉按化解其攻势，同时我上左步封住其脚或插裆，同时用左俯掌掌尖向前穿刺其喉或眼睛后不管对方是后退化解我攻势还是不退，我即刻左俯掌坐腕用推掌击其头或胸。这个动作做了连环两次攻击。这个动作有危险性，不能乱用。

91. 转身双摆莲（东A）

（1）转体虚步上拐臂

左腿仍曲膝弓形，腰胯右后转，同时随转左脚以脚跟为轴心使脚尖尽量内扣，并在右后转中使左脚变成全部承重，同时随转右脚跟稍离地使右脚前掌虚踮地顺拧转，使动作由原朝向西B变成朝向东A，同时身体由原稍前斜变成垂直；同时随身右后转体使原向前的左推掌逆拧转约180°同时回收上扬并向身右后捌格，并在转身定势时左掌上扬于头前，左掌心朝向身后，左掌尖斜向右上并稍高过头顶，这时原左直臂变成曲臂，原右俯掌仍横置左胸腋

前，眼观身前。(照片403)

▲注意

转体时要动作沉稳，不要摇晃，要头身正直，要松肩、沉肩、松胯。

（2）丁步鸳鸯掌

身体仍垂直，左腿仍曲膝弓形承重；腰胯继续右转，随转原置左胸腋前的右俯掌顺拧约90°后以手心向里顺左臂外侧向上升移，并在经过脸前时再逆拧转约180°并同时向上、向右、向下至身右侧走了一条顺弧成立掌，右立掌掌心向身右前，右立掌食指尖约齐鼻尖高；同时随动左掌从上顺右臂内侧顺拧转约90°成俯掌并向下按落于身右侧以立掌置右肘窝边，两掌成鸳鸯掌形；同时原虚踮地的右脚脚前掌后移至左脚内侧前成右丁步，眼观身右侧的右立掌前。(照片404)

▲注意

眼睛跟着做弧形运动的右掌走。右掌的弧形运动和左掌的下落到右肘窝边这两者必须在腰胯右转的带动下整体向右摆移。动作过程中须松肩、沉肩、松胯，两肩平，身体不要摇晃。

照片403

照片404

照片405

(3) 双摆莲

身体由半蹲起立，使左腿由曲膝弓形承重变成自然伸直微曲承重。右腿从身左侧经胸前向右外侧做弧形摆踢，两掌从身右侧上方向左以掌心依次拍擦向右外侧摆踢的右脚面，眼观两掌拍擦右脚的方向。(照片405)

▲注意

年纪大和身体弱的练习者右腿外摆可低一点，摆动幅度可小一点，两掌不一定要拍到右脚。在拍脚时可以同时把气吐出来以减少腹内压力，有利于心脏、血管和腹内脏器。也可以在做前面分动作（2）“丁步鸳鸯掌”的定势时先吸一口气，然后在摆腿拍脚时再把气吐出来。

>>>动作91转身双摆莲用法

（1）捋挒加摆踢

当对方从我身后用右手攻来，我右后转身同时用左掌粘搭其右手腕，右掌臂粘搭其右肘部向我右侧捋挒开后，即刻用右脚摆踢其腰腹或右腋肋，同时我两掌向左前击拍其耳门或面部。

（2）反关节加摆踢

当对方用右手从我身后抓住我右肩时，我用左掌按压住其右手使其不能逃脱，同时我右后转身，同时我右掌先以掌心向里再向外逆拧转中使右掌向上穿高过其右臂，然后我右掌臂向右、向下压采其右肘实施反关节，然后我即刻用右脚摆踢其右腰部，同时我两掌向左前击拍其耳门或面部。

92. 弯弓射虎（东北AD）

（1）弓步双下采

双拍脚后左支撑脚不动，腰胯左后转约135°使身体由向东A变成向西北BD，同时身体重心稍下落使左腿成曲膝弓形，这时左脚尖指向约东北AD，同时右脚落身后右侧，右脚尖约指向西北BD，右后腿自然伸直；同时身体稍前斜，两掌向前下按落约齐胯高成俯掌，两掌尖向前，两掌之间约同胸宽，眼观两俯掌前下。(照片406，相机移身左后侧；照片406a，相机移身正前)

照片406

照片406a

▲注意

眼观两俯掌前下时不要低头。

（2）后坐转脚捋势

重心渐后下沉坐，身体由原稍前斜变成垂直，右后腿由自然伸直渐成弯曲；然后重心缓缓向后沉移使右腿成曲膝弓形，左腿由曲膝弓形渐成自然伸直，同时左脚以左脚跟为轴使左脚尖内扣成脚尖朝向东A；同时腰胯稍右转并带动原两俯掌以左掌在前右掌在后向右侧回带做捋势，眼观两俯掌前。（照片407，相机右移身右后侧；照片407a，相机移身左前侧）

照片407

照片407a

▲注意

眼观两俯掌做捋势时不要低头，用眼睛下余光观看。

（3）转脚弓步捋势

左脚不动，腰胯继续稍右转，随转两俯掌继续做捋势后分别置右膝前上方左右侧，同时右脚以脚跟为轴使右脚尖外展使其朝向东A成右弓步，眼观两俯掌。（照片408，相机在身右前侧；照片408a，相机移身左侧）

▲注意

眼观两俯掌做捋势时不要低头，用眼睛下余光观看。在做分动作(2)和(3)的捋势时，要注意腰胯右转所带动的两掌做捋势时的连续性。

（4）弓步升拳

右弓步不动，腰胯继续稍右转，同时两俯掌变拳以近身向上升移至左拳

约对右胸，右拳约齐右耳高，眼观两拳前。（照片409，相机在身右前侧；照片409a，相机在身左侧）

（5）右弓步左前侧双冲拳（东北AD）

右弓步仍不动，腰胯稍左转并带动两拳分别由胸、耳前向身左前侧东北AD方向推击，左立拳在下，右反冲拳在上高约与头平，两拳虎口上下

照片408

照片408a

照片409

照片409a

照片410

照片410a

相对，两拳上下相距约一小臂长，眼观右反冲拳前，身体顺势稍向左前斜。（照片410，相机在原身右前侧；照片410a，相机在身左侧）

▲注意

须肩胯松沉，松臂。由于腰胯左转和身体顺势稍向左前斜，所以使得右胯微向右侧凸出才能帮助动作顺势，反之必对动作要起牵制作用使其不通顺。但右胯也不能过分向右侧凸出，肩也不能过分向前送出，两臂也不能前伸太直而使自己重心过分向前失控而易被敌所制。要注意分动作（1）、（2）、（3）、（4）、（5）的连贯流畅及一气呵成。

>>>动作92弯弓射虎用法

（1）摔法

①当对方用两手分别将我的两肘向上托时，我两俯掌向下分别按住其两肘窝，我腰胯右转重心后移右脚同时将其两臂向我右下捋采使其拔根失势，然后我将其两臂向上提起即刻腰胯稍左转将其向我左前掷出，使其后跌。如果对方用两手分别抓住我两腕臂时，我两掌反抓其两腕臂将其向我右侧牵引使其拔根失势，然后我即刻将其两臂向上提起向我左

前掷出。

②当对方用右手攻我胸时，我腰胯稍右转侧身让开，同时我在其右臂外侧用右掌抓住其右腕臂，左掌抓住其右肘臂，同时我腰胯继续右转重心后移将其右臂向我右侧下捋采牵引使其拔根失势，然后我即刻将其手臂向上提起向左前掷出，使其后跌。

（2）击法

①当对方用双手抱我左腿时，我用两掌向前下拍击其头或背部。

②前面用法（1）中摔法之②当我把对方右臂向上提起时，我即刻用双拳击其右胸腋。

③当对方用右拳攻我胸时，我腰胯稍右转让开，同时在其右臂外侧用右拳臂粘搭住其右肘臂向外向上提托至齐耳高，即刻我腰胯稍左转同时双拳向前击其右胸腋和头。当对方攻我胸的如果是左手，我腰胯稍右转让开，同时我在其左臂内侧我用右拳臂粘搭住其左肘臂向外向上提托至齐耳高，即刻我腰胯稍左转同时双拳击其左胸腋和头。

93. 左高探马（东A）

右腿曲膝承重，左后腿松掉由原自然伸直变成弯曲并使左脚前掌虚踮地后向前东A处轻缓迈出成脚跟虚落地、脚尖上翘的左虚步；同时身体由原稍向左前斜变成垂直，同时左肘回收置左腰外侧（肘不碰肋）并带动原左立拳变掌同时逆转约90°成仰掌回收左胸前；同时原右反冲拳变掌并同时顺转约180°随右肘下沉的带动成右侧立掌（掌心向左），并以右侧立掌下面的掌根处虚搭左仰掌掌沿处成合手势，眼观身前。（照片411）

照片411

>>>动作93左高探马用法

可参照动作36“左高探马”用法之（2）。

94. 迎面掌（东A）

动作说明和动作81“迎面掌”的分动作（2）“弓步迎面掌”相同。其动作用法和动作81“迎面掌”用法相同。(照片412)

95. 翻身撇身捶（西B）

（1）转身丁步叉臂

左腿仍曲膝弓形，腰胯右后转，同时随转左脚以脚跟为轴心使脚尖尽量内扣，并在右后转中使左脚变成全部承重，同时随转右脚跟稍离地使右脚前掌虚踮地顺拧转，使身体由原朝向东A变成朝向西B，同时身体由原稍前斜变成垂直；同时随转原向前推的左掌逆转约180°同向下向身边回收于左腹前侧成仰拳，左臂由直臂变成曲臂（左肘朝向身后东A）；同时原置左胸腋前的

照片412

照片413

右俯掌变俯拳稍向下移插于左腰侧，这时左小臂在下，右小臂在上成两小臂近腕处交叉，这时身体向左侧身，眼观身后左肘前。(照片413)

▲注意

曲臂叉臂时肩要松沉，不要做成叉臂上抬而耸肩。两叉臂拳不要碰到左胸肋和腹部，应相距约一个平拳空当，使它们之间舒空，使两叉臂拳动作饱满，使右小臂侧向外有靠意。两叉臂拳仅为两小臂内侧近腕处虚搭，不要太向里插入，以免影响含胸拔背。

（2）脚跟前虚落

动作说明和动作30“翻身撇身捶”的分动作（4）“脚跟前虚落”相同。(照片414)

（3）转体劈打

动作说明和动作30“翻身撇身捶”的分动作（5）“转体劈打”相同。(照片415)

照片414

照片415

>>>动作95翻身撇身捶用法

和动作30“翻身撇身捶”用法相同。

96. 上步仆面掌（西B）

（1）松腿抱掌

右前腿曲膝弓形承重，左后腿松掉由自然伸直渐成弯曲，并使左脚跟离地左脚前掌虚踮地，身体由原稍前斜渐成垂直；同时在右肘回收右腰侧的带动下使原身前的右仰拳变成仰掌回收右胸前，并使原左侧立掌在稍回收中使其掌根顺着回收的右小臂近腕处向前粘移至右小指一侧的右掌沿处相虚合成抱掌形，眼睛由原观右仰拳前变成观身前。（照片416）

▲注意

右肘回收右腰侧时，右肘和右大臂不要紧贴右腋肋，大约应相离一平拳空当。

照片416

(2) 脚跟前虚落

右前腿仍曲膝弓形承重，身体仍垂直，两掌仍置右胸前成抱掌形，眼仍观身前。左脚向前轻缓迈出成脚跟虚落地、脚尖上翘的左虚步。(照片417)

(3) 左弓步仆面掌

原左虚步和置右胸前的抱掌先不动，腰胯先稍右转，然后腰胯再稍左转，同时随左转重心缓缓向前沉移成左弓步；同时随左转原右胸前侧的左侧立掌在胸前向前翻压并同时逆转约90°成仰掌（掌尖向前），同时原右仰掌逆转约180°成俯掌从左仰掌上经过向前推出，右腕约齐肩平，向前推的右掌可以是俯掌，也可竖起不超45°；在下面的左仰掌掌尖可虚搭右脉腕，也可以在这个位置稍离开一点不接触，身体由原垂直变成稍向前斜，眼睛由原观身前变成先观左掌转到再观右仆面掌前。(照片418)

照片417

照片418

>>>动作96上步仆面掌用法

(1) 反关节掷出

当对方用左手攻我胸、腹部时，我腰胯稍左转侧身让开，我在其左臂外侧用左俯掌在上采抓住其左腕，同时我右仰掌由其手臂下方抓住其左肘部，即刻我两手同时逆拧缠其臂实施反关节，同时我上左步进身将其向前掷出。

（2）击法

①当我右腕被对方右手所抓，或者对方用右手攻我胸部时，我右掌背粘压住其右腕臂上并回收，同时我左掌粘封住其右肘，同时我在其右臂外侧腰胯稍右转使其攻势失效。然后我即刻腰胯稍左转，同时上左步进身转掌仆击其头面部。

②当对方用左手攻我胸部时，我腰胯稍左转侧身让开，同时我在其左臂外侧用左掌背向外向下滚压其左臂，同时上左步进身用右掌仆击其头面部。

97. 上步揽雀尾（西B）

（1）后移虚步抱七星

左前腿仍曲膝弓形，重心渐后下沉坐先不要后移，右后腿由自然伸直渐变成弯曲，身体由稍前斜渐变成垂直；同时原身前右俯掌在右沉肘带动下顺转180°成掌心斜向里上的仰掌，同时原身前左仰掌随动也顺转180°成俯掌在上并以左掌尖虚搭右脉腕，原右直臂变成曲臂，右肘和腹部相距约一手掌长成抱七星势；右仰掌食指尖约齐鼻尖高，但鼻尖正对右仰掌中指，眼观右仰掌前。然后重心缓缓向后沉移成左脚跟虚落地、脚尖上翘的左虚步，同时两臂掌的抱七星形状被整体后带，身体仍垂直，眼观右仰掌前。

▲注意

当身体重心缓缓向后沉移时，置身前的左掌尖虚搭右脉腕的两臂掌不能回收，右肘和腹部间距应始终保持一手掌长而不缩短，以上掌臂以这样的抱七星形状被整体后带。

▲备注

后面的动作说明与注意事项可参照动作32“上步揽雀尾”的分动作（2）“弓步抱七星”，（3）“垂身松腿抱七星”，（4）“上步虚步抱七星”，（5）“怀抱七星”，（6）“掤挤势”，（7）“捋势”，（8）“按势”。

>>>动作97上步揽雀尾用法

可参照动作32“上步揽雀尾”用法。

98．单鞭（正身向南C，眼观向东南AC的左掌）

动作说明与注意事项及用法和动作5“单鞭”相同。

99．合太极（南C）

（1）两掌合拢

原马步不变，身体仍垂直。原左推掌和右勾手同时变成俯掌，并在两直臂的带动下把两俯掌从身体左前侧和右前侧同时向身前平移合拢约齐肩宽，两俯掌约齐肩平，两俯掌掌尖向前，眼睛由原观左掌前变成观两俯掌前。（照片419）

照片419

照片420

照片421

照片422

（2）重心移右脚

两俯掌位置不动，两眼仍观两俯掌前，身体仍垂直曲膝半蹲。重心缓缓向右移至右脚承重，然后左腿松掉使左脚跟渐上提，使左脚前掌虚踮地。（照片420）

（3）平行步蹲式

两直臂俯掌仍以原位置平伸身前，两眼仍观两俯掌前，身体仍垂直曲膝半蹲。左腿继续轻缓上提，使左脚前掌离地向右移落于右脚内侧的两脚齐肩宽处，以左脚前掌虚踮地。（照片421）

左脚掌缓缓全脚落地踏实踏稳并使左脚尖向前，然后全身重量渐渐分一半到左脚，同时原马步时已外撇30°的右脚尖可以右脚跟为轴使其稍内扣而朝向前。（照片422）

（4）两肘收腰侧

原平行步蹲式不动，身体仍垂直，两肘向后向下缓缓回收到各自相对应的两腰侧，两肘和两大臂不要贴住腋肋，大约相距约一平拳空当。在两肘回收的牵动下，两俯掌以肩宽距离向下按采，两直臂变成曲臂。两小臂置两腰左右侧前互相平行并和地面平行，两大臂置两腋肋边下垂，大小臂约相交成直角，两眼向前平视。(照片423)

照片423

（5）起身平行步站立

两脚不动，两眼仍向前平视，身体垂直。缓缓起身使原平行步蹲式变成平行步站立。同时两俯掌继续缓缓向下向后按采，到两俯掌要接近两大腿外侧时，两肘离开两腰侧向后稍顶出，并带动两俯掌回收到两大腿外侧成直臂下按势，两俯掌大拇指尖分别对两裤缝处。(照片424)

照片424

（6）两掌尖下垂

仍平行步站立，身体垂直，两眼向前平视。原下按于两大腿外侧的两俯掌变成两掌尖下垂（掌心向后)，两臂自然下垂松挂在肩关节下。(照片425)

照片425

（7）两掌心转向大腿

仍平行步站立，身体垂直，两眼向前平视。原左大腿外侧的左掌逆转90°使掌心向内，左掌中指对左裤缝；同时右大腿外侧的右掌顺转90°使掌心向内，右

照片426

掌中指对右裤缝，两臂自然下垂松挂在肩关节下。（照片426）

▲注意

做“合太极”的分动作（1）至（7）时须松肩、沉肩，两肩松平，头身正直，移重心时身体须平稳，不要摇晃，做平行步站立时要注意须两膝微曲。

>>>动作99合太极用法

当我姿势较低时，若对方用双手向上托我两肘，我两小臂置对方两臂上面，我两俯掌向下粘握其两肘窝部，我利用起身站立时两脚向下的蹬劲，和同时用沉肩、沉肘并以两臂带动双掌及腕向下一按沉采，使对方拔根失势。如果我为防止对方趁势前撞或者前跌时撞到我，这时我也可以同时身体左转或右转，并用采挒劲使其向我左侧或右侧跌出。

100. 收势（南C）

两眼仍向前平视，身体垂直，两臂仍自然下垂松挂在肩关节下，两掌仍虚贴两大腿外侧。然后做以下动作：

（1）重心移右脚

原平行步站立的重心缓缓向右移至右脚承重，然后左腿松掉使左脚跟渐渐上提，使左脚前掌虚踮地。(照片427)

（2）左脚移踮右脚边

左腿继续轻缓上提，使左脚前掌离地向右移落于右脚内侧边，以左脚前掌虚踮地。(照片428)

（3）并步站立

左脚掌缓缓全脚落地踏实踏稳，然后全身重量渐分一半到左脚成并步站立，两腿并拢，两膝微曲。(照片429)

照片427

照片428

照片429

▲注意

做动作100“收势”时须松肩、沉肩，两肩要平，头身正直。动作做完了可站着做6次深呼吸再稍静片刻后结束，或者做腹式顺呼吸6次，如吸气时丹田鼓出，呼气时丹田内收，用力自然轻缓，不要憋气，过分追求一次呼吸中过长过强，也要造成憋气，气松沉不到丹田不要硬憋，慢慢学会，切不可心急。

后记

我经过6年半的努力，通过对吴式方架太极拳深入细致地研究，写就了这本《零基础学习吴式方架太极拳》。原先认为只要一年就能完成，想不到“上马”后才发现它是一个如此庞大的工程，所以时至今日才终于成书。吴式方架太极拳过去传下来的都是大动作名称，如“揽雀尾”“白鹤亮翅”等，没有小动作（即分动作）名称。于是我在第一年中把原先的每个大动作都分解开来成为数个小动作并配上分动作名称，还附上与其相对应的照片，使动作分得细，便于读者学习。这也符合吴式方架太极拳动作分得细的特点。如动作11“搂膝拗步”的2势和3势。由“提臂松后腿”“十字合掌”“上步前后分掌”“按掌穿掌”和“搂膝推掌”共5个分动作组成。其中“按掌穿掌”原先定为“压掌穿掌”，但后来考虑到这个分动作一俯掌向下压有向下按采的内容，所以把“压”改为“按”成为“按掌穿掌”，使其内容表达更加符合太极拳的要求。

如动作36、38、44的“高探马”和动作58“野马分鬃”的最后分动作定势时都差不多，都是一腿在身侧成弓形，与其对应的掌臂向侧前上方斜伸，另一腿在身前自然伸直，与其相对应的俯掌捌于胸前。但由于它们的攻防作用不同，所以名称也不同。如“高探马”是我一手把对方攻来之手臂向上托起，上步封其脚，另一手按住其后颈向前下按采，同时我转脚发劲使其向前跌扑。所以其定势时的动作名称为“转脚分掌”，或者“转脚托按”，而“野马分鬃”是我一手将对方攻来之手臂向我外侧挒开，上步封其脚，另一手臂从其攻来之手臂腋下穿入贴住其身，同时我转脚发劲挤靠。所以其定势时的分动作名称为“转脚挤靠”。

在做动作“揽雀尾”之分动作“捋势”时，原先做“挤势”时抱圆于胸前的右掌以腕为轴先逆后顺自转同时右掌尖向上画一小逆弧成掌心向左的侧掌，然后做捋势。这样做动作右腕舒松，也有利于攻防。其用法是，如我两掌抱圆于胸前向对方挤出，其两掌下按破我挤势时，我右掌走一小逆弧绕到其左臂外侧封其左肘，我左掌封其左腕向我侧后捋带。如果套路上做“捋势”时右掌尖不走小逆弧而直接使右掌由原挤势时的掌心由向里变成向左，同时把右掌尖指向前成侧掌再做捋，这样虽有取中之意，但感觉到右腕太僵死了，不舒松，影响动作自然和自动调控。套路动作练习时既要考虑攻防，也要考虑练习起来是否舒服、通顺。动作运用时可将其架势及内涵根据临场情况扩展、化开。

在写作中，我在家中客厅四周贴上标有东A、南C、西B、北D字样的方位纸块，有利于给每个动作和分动作标出准确方位。墙上还贴着画有人的左右两条手臂的图，以利于写动作及其攻防含义时清楚正确地描述出两人在攻防中里圈、外圈、身内侧、身外侧的位置变化。墙上还贴着顺圈、逆圈图，对正确描述掌臂拧转，掌尖画弧，脚跟和脚前掌为轴的拧转有好处。我在客厅中写书时的桌子朝向南C，这样我只要向周边一看，就可得到我所要写的套路动作和攻防用法的正确表达。

在写每一个动作的攻防用法时，我都要和夫人在一起手把手地来研讨攻防技法的运用，并把这种运用体会用文字表达出来。我认为太极拳是从少林长拳里演变过来的，所以太极拳的有些攻防技法的破译，既可以从太极拳本身的动作中去探求，也可以从少林长拳中的动作来推演，当然这并不忽视太极拳中特有的粘、听、螺旋劲等法。如太极拳的采抓对方手腕臂是受了鹰爪拳的影响，太极拳中的数个捶是受了罗汉拳、翻子拳的影响，太极拳的大捋及“伸筋拔骨，对拉拔长，曲中求直”的理论是受了大通背劈挂的放长击远、大开大合、开而合之、回环折叠、内外合一的影响。虽然太极拳中“对拉拔长”的理论中有许多内在的意念成分在内而并非单纯外形，但这种影响是存在的。如吴式方架太极拳的“倒撵猴”动作是其一脚向后退移，同侧的手向前推，形成了一前一后两个相反方向的剪刀力。像这样的动作形态在四路查拳中叫“进步转身挂趟”，在八极拳中叫“挂趟”，在摔跤中叫“弹撤”，他们也都是一前一后两个相反方向的剪刀力。其用法是我从对方身外侧采抓住其腕臂并将其臂引直，一腿插入其裆内向后撑或滑趟，同时我顺势转腰，另一手在少林长拳中是去击打或按其背部，而在吴式方架太极拳中另一手是按压住对方后脑，使其向前跌扑。如吴式方架太极拳中“高探马”的部分用法如防拳打、封臂、脱手向前发劲，都可从少林长拳中推演过来。

在写作过程中我几易其稿，在文字上逐段、逐句、逐字地斟酌推敲，想尽量把问题讲得仔细点、清楚明白点、正确点，可谓呕心沥血。为了传承祖国优秀传统文化，为了表达我对武林先辈的敬仰，使他们创造的文化遗产能继续流传下去而不灭绝，也为了表示我对广大读者们的感谢，所以我在《后记》后面特附上自己在过去秘不外传的《附图录（三点一线）》，并将其对外公开出来。读者们在认真学习了这张图录后能更深刻领悟到百会穴、会阴穴、脚后跟三点一线时全身姿势形态状况，能深刻感受到身体和意念向下松沉促使命门向后放出，丹田前鼓，尾闾内收，胯内收时人的虚灵状态是怎么回事。照此图练习能较快得气，较快实现自动调控，并能享受到站桩时的无穷乐趣，深刻领悟到静极则动是怎么回事，还能真真切切地认识到练习太极拳确实是不应该配音乐的啊！

我从2007年开始，至今为止摄像拍录重复多次，最终把认为最佳的作品呈现给广大读者；并克服了拍摄场地、周遭环境、阴霾天气这些不够理想的条件带来的困难，尽量精益求精。在写作过程中使我深知太极拳确实博大精深，武术界有句俗话：“用尽毕生精力也很难把太极拳研究透。”

希望广大读者在今后吴式方架太极拳的研究中能有新的发现、新的体会、新的进展，将吴式方架太极拳发扬光大。由于本人能力和水平有限，书定有许多不足之处，望广大读者指正。

吴维叔

2014年7月于杭州

附录图

（身体垂直站立时的三点一线）

图5

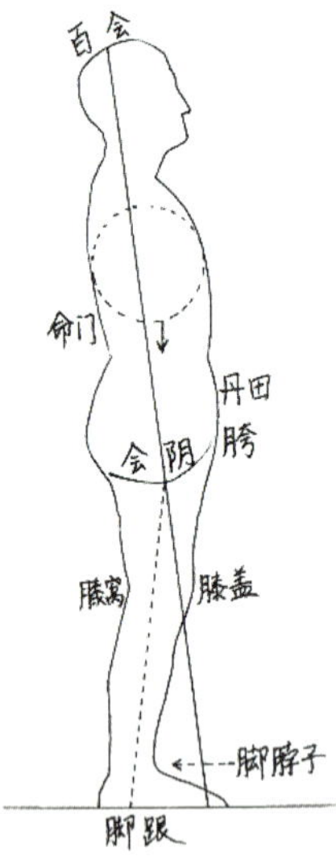

图6

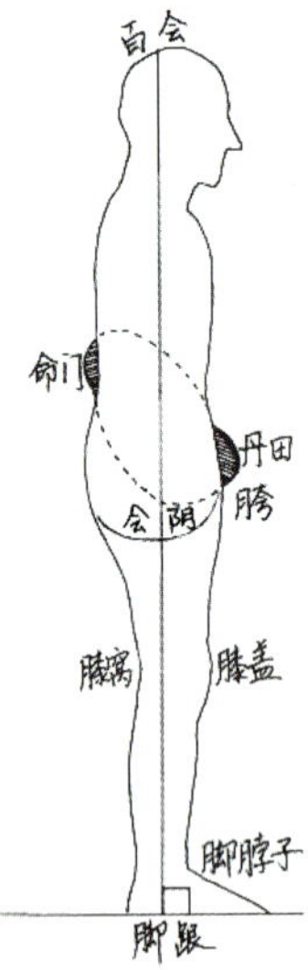

备注

为了使读者能够更清楚地了解“命门后放”和“丹田前鼓”时的状态，所以图示运用了部分夸张的绘图。

如图5所示，平时一般人在站立时，胸腹部有点向前挺出，同时胯也前挺，臀部后撅，命门向内收进，头略向上昂起，这时腿无论是弯曲还是伸直，百会穴、会阴穴两点的连线向前延伸的直线落在脚跟的前面，那么这时百会穴、会阴穴、脚跟这三点连成的是一条折线。为了学习站桩和吴式方架太极拳，必须如图6所示实现百会穴、会阴穴、脚跟这三点连成的一条直线垂直于地面，简称三点一线垂直地面。前面所讲三点连成的无论是折线还是直线，都是把人的侧面作为平面来看的。为了实现三点一线垂直地面有以下两种方法。

第一种方法是身体从上松到下，它像瀑布一样从上而下一泻到底，它像一件凌空挂着的衣服下面毫无阻拦，使其有下坠之劲意。如图5所示，设想每个人的胸内有一个气形球，由于平时人们的身体和意念没有向下松沉，所以这个气形球不能向下落。如图6所示，由于身体和意念向下松沉，并在意念的带动和调整下从头顶百会穴开始一节一节地往下松，形成虚灵顶劲、含胸拔背。虚灵顶劲时，眼球松并有点斜向前下视，眼睛半闭半开使眼神内收，眼光只能斜下看到约一尺距离处。气形球这时同时向下沉落使命门向后放出，同时丹田向前鼓出，促使尾闾内收并自动微提肛，耻骨前挺，胯也内收，同时臀部稍收进。这种丹田稍向前鼓出是身体和意念自然向下松沉造成的，它的核心内容是松沉，千万不要刻意用力憋气把腹部向前鼓得大大的，这样极有害。由于松腰、松胯、松臀使臀肌向下、向前、向里包裹起骨盆，并稍托起小腹保护它，使其实腹（松沉造成的气沉丹田）畅胸。这时在以上自上而下的整体行为和向下松沉的带动下使膝窝自动向身后挺移，同时带动膝盖随跟形成膝盖微曲的站立式，这时重心点由图5的在脚跟前向后移至图6所示的脚跟处。这时实现了百会穴、会阴穴、脚跟所连成的三点一线垂直于地面，同时身体和意念继续向下松沉到涌泉穴。这样站立时，脚脖子也应该是松的。如果重心点落在脚跟前，那么此时脚脖子会被压紧；如果重心点从脚跟处再稍后移一点，那么身体就有可能向后跌倒，为防止后跌，这时脚脖子会被刻意拉紧。所以重心点在脚跟时，脚脖子才能松，以这样的一个临界位置（临界点）站着会使身体极其虚灵。由于胯也是松的，这时上半身以胯为支点能够像毛竹梢头一样前后、左右微微摇动。这时全身以脚跟为根基支点，身体会像垂直竖着的筷子一样前后、左右微微摇动。身体会不会微微摇动是检查和感悟身体站立时有没有达到三点一线垂直于地面，人是否站在临界点上，身体是否虚灵的一种方法。但不要刻意地去故意摇动，把摇动忘掉，这样以后才会内动，才能使暗意念激发引导内气推动动作形成自动调控。

第二种方法是供一些一时还难以松下去的初学者练习的，这种方法是比较人为刻意的。可以先通过这种人为刻意的练习来明白其中的道理，渐渐地达到不刻意，学会自然向下松沉，实现三点一线垂直地面，实现自动调控。由于平时人的头略向上昂起，后颈部弧度较大，这时可把下巴往下稍一轻拉使后颈骨稍拉直而使弧度减少，形成虚灵顶劲使眼球松斜向前下视。平时稍挺胸的，这时两肩稍向内一轻合并松肩、沉肩就能含胸拔背。再做刻意用点力使尾闾内收提肛，使耻骨前突，胯内收，这时臀部会收进。由于尾闾内收和胯内收就会带动膝窝向身后移，同时膝盖随跟形成两腿成膝盖微曲的站立式，这时重心点从脚跟前向后移到脚跟。要使重心点后移到脚跟还有一种方法是，刻意使膝窝向身后一挺并带动膝盖随跟，由于反弹力使膝盖又稍前移成膝盖微曲的站立式。由于这时身体和意念还不会向下松沉，所以命门不会向后放出，丹田不会向前鼓。这时的向下垂直的三点一线是刻意用力在维持的，是不能持久的。所以在这刻意的基础上慢慢学会不刻意的自然向下松沉到涌泉穴。

站这个太极起势桩，学会三点一线垂直地面，向下松沉到涌泉穴后，两手臂会自动向上提掤，然后向下按采并以自动调控练习太极拳套路。如果这时想继续站桩怎么办，因为双手提到齐肩平后它自动会落下去地停不住。当两臂掌向前上提掤至齐肩平，两掌指还自然下垂时，两肘可同时向下一沉，带动两掌由原掌心向下变成向内并稍内收对胸抱圆，两掌尖相对并相距约20厘米左右。如果想停止站桩去练习太极拳套路，可两肘同时向上稍一抬并使两掌前移成齐肩平，腕上提，两掌指自然下垂，恢复成为动作2“起势”之分动作（1）“两掌向前起掤”中“照片7”所示的姿势，这时就可练习太极拳套路了。

学练这种站势不可心急，做到掌握要领，顺其自然，循序渐进，不急不躁，松静自然，毫无杂念，如睡觉前的思想“无”。站的时间不要贪多，思想上不要去钻“牛角尖”，呼吸可先用自然呼吸，基础好了也可用腹式呼吸，要以练太极拳为主，不可憋气，每天练一练，有空练一练，日积月累，功到自然成。

参考书籍

1.《太极拳全书》，人民体育出版社1994年版

2.《中华武术》2007年第8期《纪念母亲吴英华》《纪念鉴泉太极拳社成立七十五周年》，上海鉴泉太极拳社社长马海龙

3.《42式太极拳剑》（附竞赛规则），北京体育大学出版社1993年版

吴式方架太极拳传人吴维叔精诚之作
从入门到精通的吴式方架太极拳习练经典

零基础学习吴式方架太极拳DVD目录预览：

1.套路演练（演练：吴维叔）
2.练习中的注意事项（讲解及演示：吴维叔）
3.套路动作讲解（讲解及演示：吴维叔）

（1）第1段第1小节

动作：预备势　起势　左掤挤　揽雀尾　单鞭　斜飞势　提手上势　白鹤亮翅

（2）第1段第2小节

动作：左搂膝拗步　手挥琵琶　搂膝拗步（左、右、左3势）　手挥琵琶　按掌　上步搬拦捶　如封似闭　十字手

（3）第2段第1小节

动作：斜左搂膝拗步　抱虎归山　揽雀尾　斜单鞭　肘底看捶　倒撵猴（左、右、左3势）　斜飞势　提手上势　白鹤虎翅　左搂膝拗步　手挥琵琶

（4）第2段第2小节

动作：海底针　扇通背　翻身撇身捶　卸步搬拦捶　上步揽雀尾　单鞭　云手（3势）　单鞭

（5）第2段等3小节

动作：左高探马　右分脚　右高探马　左分脚　转身左蹬脚　搂膝拗步（左、右2势）　进步栽捶　翻身撇身捶

（6）第2段第4小节

动作：左高探马　披身右踢脚　退步打虎　右蹬脚　双峰贯耳　左踢脚　转身右蹬脚　上步搬拦捶　如封似闭　十字手

（7）第3段第1小节

动作：斜左搂膝拗步　抱虎归山　揽雀尾　斜单鞭　野马分鬃（5势）

玉女穿梭（6势） 揽雀尾 单鞭 云手（2势） 单鞭

（8）第3段第2小节

动作：下势 金鸡独立（左、右2势） 倒撵猴（左、右、左3势） 斜飞势 提手上势 白鹤亮翅 左搂膝拗步 手挥琵琶 海底针 扇通背 翻身撇身捶 上步搬拦捶 上步揽雀尾 单鞭 云手（2势） 单鞭 左高探马 迎面掌

（9）第3段第3小节

动作：转身单摆莲 右搂膝拗步 搂膝指裆捶 上步揽雀尾 单鞭 下势 上步七星 退步跨虎 转身迎面掌 转身双摆莲 弯弓射虎 左高探马 迎面掌 翻身撇身捶 上步扑面掌 上步揽雀尾 单鞭 合太极 收势

4.动作用法即攻防含义讲解（讲解：吴维叔 演示：吴维叔、徐有根）

（1）用法及攻防含义第1部分

动作：搂膝拗步 倒撵猴 揽雀尾 太极起势 云手 单鞭 提手上势 挤势 手挥琵琶 按掌 白鹤亮翅 如封似闭

（2）用法及攻防含义第2部分

动作：短刺（近刺） 高探马 抱虎归山 海底针 扇通背 迎面掌 下势

（3）用法及攻防含义第3部分

动作：补充左高探马之缠臂 补充倒撵猴 补充揽雀尾 补充扇通背 斜飞势 野马分鬃 弯弓射虎 上步搬拦捶 卸步搬拦捶 翻身撇身捶 肘底捶 栽捶 指裆捶 上步七星 双风贯耳

（4）用法及攻防含义第4部分

动作：分脚 蹬踢脚 单摆莲 双摆莲 左踢脚转身右蹬脚 金鸡独立 退步打虎 退步跨虎

（5）用法及攻防含义补充

动作：弯弓射虎 云手 独立跨虎 右蹬脚

5.花絮

（1）作者在花圃

（2）公园集体练方架

（3）作者家中著书